V&R

Biblisch-Theologische Studien

Herausgegeben von
Jörg Frey, Friedhelm Hartenstein,
Bernd Janowski und Matthias Konradt

Band 187

Jacob Thiessen / Christian Stettler (Hg.)

Paulus und die christliche Gemeinde in Korinth

Historisch-kulturelle und theologische Aspekte

Mit Beiträgen von
J. Frey, B. Schliesser, H. Seubert, Chr. Stettler und J. Thiessen

Vandenhoeck & Ruprecht

Bibliografische Information der Deutschen Nationalbibliothek:
Die Deutsche Nationalbibliothek verzeichnet diese Publikation in der Deutschen Nationalbibliografie; detaillierte bibliografische Daten sind im Internet über https://dnb.de abrufbar.

Satz: SchwabScantechnik, Göttingen
Druck und Bindung: CPI buchbücher.de, Birkach
Printed in the EU

Vandenhoeck & Ruprecht Verlage | www.vandenhoeck-ruprecht-verlage.com

ISSN 0930-4800
ISBN 978-3-7887-3479-4

Inhalt

Vorwort

Die Beiträge im vorliegenden Band gehen auf einen Studientag zurück, der am 28. April 2018 an der STH Basel durchgeführt wurde. Die Referate wurden im Anschluss an die Tagung überarbeitet und werden hiermit einem weiteren Publikum zugänglich gemacht. Sie befassen sich mit dem historisch-religiösen Kontext der christlichen Gemeinde in Korinth, mit ihrer soziokulturellen Situation und mit der Reaktion des Paulus auf Spannungen und Probleme in der Gemeinde.

Benjamin Schliesser geht auf die soziokulturelle Situation der Gemeinde in Korinth zur Zeit des Apostels Paulus ein. Schliesser zeigt auf, dass die Gemeindeglieder nicht nur aus der untersten Bevölkerungsschicht kamen, und führt anhand von Beispielen aus, was das für die Gemeinde und die einzelnen Mitglieder bedeutete. Auch die Frage nach den Lokalitäten der Gemeindeversammlungen spielt eine bedeutende Rolle, da damit wesentliche soziale Implikationen verbunden sind.

Harald Seubert legt dar, dass Paulus in den Korintherbriefen Begriffe und Themen aufgreift, die im Zusammenhang mit der Ersten und Zweiten Sophistik eine zentrale Rolle spielten. Kann man also davon ausgehen, dass in der christlichen Gemeinde von Korinth »Sophisten« aktiv waren? Wenn ja, um was für »Sophisten« handelt es sich dann? Die Klärung dieser Fragen ist wichtig, um die Kritik des Apostels in dieser Hinsicht präziser einordnen zu können.

Jacob Thiessen zeigt aufgrund der in 1. Kor 14 verwendeten Ausdrücke, dass die dort von Paulus kritisierte Art und Weise, wie die Korinther das »Zungenreden« praktizieren, auffällige Parallelen zum Dionysoskult aufweist. Auch das Zitat aus Jes 28,11 in 1. Kor 14,21 wird mit dem »Zungenreden« im Dionysoskult in Verbindung gebracht. Ziel der korinthischen Praxis scheint primär die »Selbsterbauung« gewesen zu sein, während der Apostel Paulus die Erbauung der ganzen Gemeindeversammlung in den Vordergrund stellt.

Christian Stettler fragt, in welchem Sinn Paulus in 1. Kor 1,25 von der »Schwachheit« oder »Ohnmacht« Gottes spricht. Eine Analyse des Kontexts und verwandter Aussagen in den beiden Korintherbriefen zeigt, dass Paulus nicht nur betont, dass Gott sich in Christus so sehr in die Welt hineingibt, dass er sich ihr ohnmächtig ausliefert bis hin zum Tod am Kreuz – so, wie der Text in manchen Entwürfen einer »Theologie nach dem Holocaust« verstanden wird. Vielmehr ist die »Schwachheit des Kreuzes« bei Paulus schlussendlich Ausdruck der Kraft und Weisheit Gottes, die zur Rettung der Menschen führt.

Jörg Frey zeigt, wie Paulus um die Einheit in der Gemeinde in Korinth ringt. Paulus ist bestrebt, auf der Basis der Kreuzes Jesu Christi die unterschiedlichen Gruppierungen in der Gemeinde in Wertschätzung und Korrektur zusammenzuführen. Frey analysiert, wie Paulus in verschiedenen Argumentationsgängen des 1. Korintherbriefs vorgeht, und leitet daraus Empfehlungen für analoge heutige Situationen ab.

Wir danken den Mitautoren herzlich für die gute Zusammenarbeit bei der Planung und Durchführung des Studientags sowie bei der Vorbereitung dieser Publikation. Ebenso danken wir Prof. Dr. Friedhelm Hartenstein, Prof. Dr. Bernd Janowski, Prof. Dr. Matthias Konradt und Prof. Dr. Jörg Frey, den Herausgebern der Reihe »Biblisch-theologische Studien«, sowie den zuständigen Personen beim Verlag Vandenhoeck & Ruprecht für die Aufnahme dieses Bandes in die erwähnte Reihe.

Riehen/Basel, im März 2020
Jacob Thiessen und Christian Stettler

Benjamin Schliesser

Streifzüge durch die Straßen von Korinth

Wer waren die ersten Christusgläubigen der Stadt und wo trafen sie sich?

1. Zur Einführung

Die Zahl der Konferenzen und die Flut an Literatur über die christliche Gemeinde in Korinth stehen in einem krassen Missverhältnis zur Zahl der christlichen Quellen, die wir aus den ersten Jahrhunderten haben. In seinem berühmten Werk »Die Mission und Ausbreitung des Christentums in den ersten drei Jahrhunderten« hält Adolf von Harnack fest:

> »Das Christentum auf der Balkanhalbinsel (Illyrische Diözese) ist uns für die ersten Jahrhunderte schlecht bekannt. Es fehlte an hervorragenden Männern. Dionysius, Bischof von Corinth, der z. Z. Marc Aurels mit zahlreichen Gemeinden in Ost und West ermahnend und beratend korrespondiert und seine Briefe selbst in ein Buch gesammelt hat …, steht ganz isoliert.«[1]

Auf welche Quellen können wir für die ersten gut hundert Jahre zurückgreifen?[2] Die wichtigsten Schriften sind natürlich die beiden Paulusbriefe an die Korinther aus den 50-er Jahren,[3] dann die Apostelgeschichte.[4] Noch aus dem ersten Jahrhundert stammt der sog. 1. Clemensbrief, ein Brief der römischen Gemeinde an die Korinther.[5] Von Euseb (HE 4,22) haben wir Kenntnis von Frag-

1 Harnack, Mission, 786 f. mit Verweis auf Euseb, HE 4,23.
2 Vgl. die Zusammenfassung bei Harnack, Mission, 789.
3 Nach einer Phase ausgeklügelter literarkritischer Operationen am 2. Korintherbrief (vgl. Koch, Briefsammlung) wächst die Zahl der Exegetinnen und Exegeten, die seine Einheitlichkeit vertreten.
4 Ihr Quellenwert ist bekanntermaßen umstritten, doch ist die Zeit übermäßiger Skepsis vorbei.
5 Zum literarischen Charakter der Schrift vgl. schon Wendland, Literaturformen, 312: »Dieser Brief ist durchaus ein Kunstprodukt, dem niemand den literarischen Charakter absprechen kann, und er ist doch ein wirklicher Brief.«

menten der fünf Bücher des Kirchenhistorikers Hegesipp. Er reiste zur Zeit des römischen Bischofs Aniket (ca. 154–165 n. Chr.) über Korinth nach Rom (wohl um 160 n. Chr.)[6] und weiß zu berichten, dass die Korinther »in der rechten Lehre« (ἐν τῷ ὀρθῷ λόγῳ) blieben, dass er bei ihnen und ihrem Bischof Primus für einige Tage verweilte und dass sie »durch die rechte Lehre« bestärkt wurden. Neben Dionysius, der um 170 n. Chr. wirkte und ein Netzwerk von Gemeinden entlang der Handelsrouten des östlichen Mittelmeerraumes aufbauen wollte,[7] ist noch zu verweisen auf die apokryphen Apostelakten: In den Andreasakten (um 160/170 n. Chr.) und Paulusakten (um 190 n. Chr.) erhalten wir einen fiktiven Einblick in das Gemeindeleben in Korinth aus einer kleinasiatischen Perspektive. Im vorliegenden Beitrag bleiben wir jedoch im 1. Jh.

Die Lücken sind beachtlich, offene Fragen zahlreich, und selbst die überlieferten Texte werfen etliche Probleme auf. Wie sind die Umstände und die Zeitspanne der Gemeindegründung zu rekonstruieren? Wann wirkte Apollo in Korinth?[8] War Petrus in Korinth?[9] Wie viele Briefe haben Paulus und die Korinther ausgetauscht? Wer hat die korinthische Gemeinde in der ersten Generation neben Paulus, Apollo und Petrus geprägt? Wie äußerte sich ihre Zugehörigkeit zur Jesusbewegung? Wie bewegten sie sich im vielfältigen religiösen und gesellschaftlichen Leben der Stadt? Wie positionierten sie sich gegenüber dem Kaiserkult? Welche Rolle spielten Frauen? Aus welchen sozialen Schichten entstammten die ersten Christinnen und Christen? Wo trafen sie sich? Wie waren sie organisiert und vernetzt?

6 Vgl. Schleritt, Hegesipp, 9.

7 Zu Dionysius und sein Vernetzungsprojekt vgl. jüngst Concannon, Assembling Early Christianity.

8 Zu Apollo nun wieder Vollenweider, Apollos of Alexandria.

9 Vgl. jüngst Stephan Witetschek, Peter in Corinth? Seine im Titel des Aufsatzes gestellte Frage beantwortet Witetschek mit einem vorsichtigen »Ja« und betont, dass die Schlüsselpassagen im 1. Korintherbrief (1. Kor 1,12; 3,22; 9,5) besser verständlich seien unter der Annahme eines petrinischen Besuchs. Harnack (Mission, 789) meinte, dass Petrus »wahrscheinlich« nach Korinth gekommen war, während Eduard Meyer (Ursprung, 441, Anm. 1) dies für ganz unbezweifelbar hielt. Hingegen blieb Carl Weizsäcker (Zeitalter 349) äußerst skeptisch, da es »jeder Andeutung darüber durch Paulus« fehlt. Neuere Forschungen begnügen sich meist mit einem *non liquet* (vgl. die bei Witetschek, Peter in Corinth, 69 f., Anm. 13) angeführte Literatur.

Das Aufkommen der sozialgeschichtlichen Erforschung des frühen Christentums[10] rief sogleich heftige Kritik auf den Plan. Georg Schöllgen witterte eine um sich greifende »methodische Sorglosigkeit«[11] und fuhr scharfe Geschütze auf. In seinem Aufsatz »Was wissen wir über die Sozialstruktur der paulinischen Gemeinden?« setzte sich Schöllgen mit dem Ansatz von Wayne Meeks auseinander und gab eine klare Antwort auf die im Aufsatztitel aufgeworfene Frage: Fast nichts!

> »So berechtigt die Frage nach der Sozialstruktur der frühchristlichen Gemeinden exegetisch wie theologisch ist, so notwendig scheint mir das Eingeständnis, dass sie angesichts der Unergiebigkeit des Materials nach dem gegenwärtigen Stand der Exegese nicht zureichend beantwortet werden kann. Dies gilt im Übrigen für die gesamte vorkonstantinische Zeit. Selbst die Gemeinden von Karthago, Rom und Alexandrien in der ersten Hälfte des 3. Jh., für die wesentlich ergiebigere Quellen zur Verfügung stehen, bleiben, was ihre soziale Schichtung angeht, weitgehend im Dunkeln.«[12]

Schöllgen ruft zur Zurückhaltung auf gegenüber der »Begeisterung, mit der in den letzten Jahren soziologische Fragestellungen in der Exegese und Kirchengeschichte aufgegriffen werden«. Viel zu heikel sei die Quellenlage für die Gemeinden in der Frühzeit des Christentums, denn es fehlen »die in der antiken Sozialgeschichte ertragreichsten Quellengattungen wie Papyri, Inschriften, archäologische Überreste und historische Berichte fast völlig«.[13] Bis in die jüngste Zeit hält sich in Teilen der Forschung der hier zum Ausdruck gebrachte Vorbehalt. Hermut Löhr etwa fragte jüngst, ob aufgrund unseres fragmentarischen Wissens »eine Sozialgeschichte des frühesten Christentums überhaupt geschrieben werden könnte«.[14]

10 Erinnert sei an Meeks, First Urban Christians, Theißen, Soziologie, und Lampe, Christians at Rome.
11 Schöllgen, Probleme, 39.
12 Schöllgen, Sozialstruktur, 78.
13 Schöllgen, Probleme, 24.
14 Löhr, Beobachtungen, 11. Zurückhaltend äußert sich auch Jan Bremmer (Rise, 52): »[W]e can say only a few words about first-century Corinth and Rome, whereas we have no idea whatsoever about the social composition of all other congregations.«

Bei aller Skepsis lohnt ein Blick in neuere Literatur, in der sich (aus gutem Grund) noch keine umfassende »Sozialgeschichte des frühestens Christentums« findet, aber eine zunehmende sozialhistorische Entdeckerfreude und neue methodische Ansätze. So wenig wir über die urbanen Christusgruppen der ersten Jahrzehnte wissen – für Rom und Korinth sind die Quellen noch am ertragreichsten. Ein Vergleich würde sogleich offenbaren, dass die lokalen Ausprägungen der frühen christlichen Gemeinden, ihre Zusammensetzung, ihre Versammlungen, ihre Gottesdienste, ihre Erfolge und ihre Probleme sehr spezifisch sind. Methodisch ist also darauf zu achten, dass nicht die Verhältnisse aus Rom (oder Ephesus oder Philippi) in die Situation Korinths eingetragen werden. Gleichzeitig gab es Identifikationsmerkmale, die ortübergreifend waren und die überregionale Vernetzung der Jesusbewegung überhaupt erst möglich machten.[15] Im umtriebigen korinthischen Forschungsbetrieb erschienen in den letzten Jahren Arbeiten zur Organisationsform bzw. Sozialform der Christusgläubigen (Haus, Verein, Philosophenschule), zu den Mählern, zur Bildung, zu den Konflikten etc. Aus der Fülle der Themen greife ich zwei Aspekte heraus und stelle sie in den Horizont ihrer Forschungsgeschichte: 1. Wer waren Gaius, der Gastgeber, und Erastus, der Ädil? Was können wir von ihnen wissen? Welchen sozialen Milieus sind sie zuzuordnen? 2. Wo trafen sich die einzelnen Gruppen und die Gesamtgemeinde? Welche sozialen Implikationen haben die Versammlungsorte? Die Fragen sind schlicht, ihre Beantwortung umso vielschichtiger.

2. Forschungs- und geistesgeschichtliche Kontexte

Friedrich Wilhelm Nietzsche nahm in seinem »Fluch auf das Christentum« die gängige Meinung zur sozialen Situierung der ersten Christengemeinden auf und spitzte sie polemisch zu: »Im Christentum kommen die Instinkte Unterworfner und Unterdrückter in den Vordergrund: es sind die niedersten Stände, die in ihm ihr Heil suchen.« »Das Christenthum hat die Partei alles Schwachen, Niedrigen, Missrathnen genommen, es hat ein Ideal aus

15 Vgl. Öhler, Geschichte des frühen Christentums, 233.255 f., zum von Paulus und seinen Mitarbeitern geknüpften Netzwerk, das aber seinerseits mit anderen Personen und Gemeinden vernetzt war.

dem *Widerspruch* gegen die Erhaltungs-Instinkte des starken Lebens gemacht.« Auch zu den Orten des Christentums äußerte sich Nietzsche in abfälligem Ton: »Hier fehlt auch die Öffentlichkeit; der [*sic*] Versteck, der dunkle Raum ist christlich.« Und er verknüpfte die Winkelexistenz der Christen mit ihrer servilen Tugend der Demut: »Indem sie nach Art von Duckmäusern sich durchdrücken, im Winkel sitzen, im Schatten schattenhaft dahinleben, machen sie sich eine Pflicht daraus: als Pflicht erscheint ihr Leben als Demuth, als Demuth ist es ein Beweis mehr für Frömmigkeit.«[16] Soziale und physische Verortung gehören zusammen, Milieuzugehörigkeit und Mentalität ebenso. Nietzsches Polemik erinnert an die Worte des Christentumskritikers Caecilius, dem der Apologet Minucius Felix am Ende des 2. Jh. folgende Worte in den Mund legte:

> »Aus dem untersten Abschaum der Gesellschaft sammeln sich da die Ungebildeten und die leichtgläubigen Frauen, die wegen der Schwäche ihres Geschlechtes leicht zu beeinflussen sind; sie bilden eine gemeine Verschwörerbande, die sich in nächtlichen Zusammenkünften, bei regelmäßigem Fasten und unmenschlicher Speise nicht im Kult, sondern im Verbrechen verbrüdert; eine obskure, lichtscheue Brut, stumm in der Öffentlichkeit, nur in den Winkeln geschwätzig, … Welch unfassliche Dummheit, welch unglaubliche Frechheit« (Oct 8,4–5).[17]

Nietzsches Sätze sind bis heute ein feststehender Topos in christentumskritischen Einlassungen. Der Sache nach konnte sich Nietzsche dem einflussreichen Historiker Ernest Renan anschließen,[18] der antichristliche Affekt ist seine eigene Beigabe. Schon Edward Gibbon hatte in seinem brillanten, aber gleichfalls christentumskritischen Monumentalwerk »The History of the Decline and Fall of the Roman Empire« betont, dass das Himmelreich

> »den Armen im Geiste versprochen wurde, und dass die mit Unglück und der Verachtung der Menschen geschlagenen Herzen

16 Nietzsche, Antichrist, 171.188.220.
17 Zitiert nach Fiedrowicz, Christen und Heiden, 260.
18 Vgl. die Angaben zu Renan und weitere Sekundärliteratur in Sommer, Kommentar, 117.

der göttlichen Verheißung künftiger Wonnen freudig lauschen, während die Glücklichen es sich am Besitz dieser Welt genügen lassen und die Weisen ihre überlegene Vernunft und Kenntnis zu eitlem Zweifel und Disput missbrauchen«.[19]

Doch Gibbon urteilte differenzierter als Nietzsche und wies darauf hin, dass die christliche Heilsbotschaft, die »Verheißung ewiger Glückseligkeit« »eine große Anzahl Menschen aus jeder Religion, jedem Stand und jeder Provinz des Römischen Reiches« anzog, die »dieses günstige Angebot« wahrnahmen.[20] Weil die meisten Menschen der römischen Gesellschaft den Unterschichten zuzurechnen sind, könne es nicht verwundern, dass auch der Großteil der Neubekehrten dort zu finden ist.[21] Gleichwohl hielt sich bis weit ins 20. Jahrhundert die These vom Christentum als Unterschichtenphänomen, als Sklavenreligion, als Palliativ der Zukurzgekommenen. Für diese Ansicht stehen Denker unterschiedlichster Couleur und Provenienz, vom kommunistischen Revolutionär Friedrich Engels über den Sozialdemokraten Karl Kautsky bis zum nationalsozialistischen Ideologen Alfred Rosenberg,[22] von Adolf Deißmann über Ernst Troeltsch bis Max Weber.

Die Frage nach der sozialen Schichtung und Verortung der Christusgruppen ist also auch ideologisch gefärbt und richtet sich nicht bloß auf historische Sachverhalte. Seit den 1970-er Jahren bildet sich ein »New Consensus« heraus, der für die frühe Christenheit eine größere soziale Spreizung annimmt als die ältere Forschung. Für die korinthische Gemeinde waren Gerd Theißens »Studien zur Soziologie des Urchristentums« bahnbrechend.[23] Mit der Wendung »New Consensus« wird zum Ausdruck gebracht, »dass die frühen Christen unterschiedlicher sozialer Herkunft waren und dass es

19 Gibbon, Verfall, 498.
20 Gibbon, Verfall, 457.
21 Gibbon, Verfall, 495.
22 Vgl. hierzu nochmals Nietzsche, Götzen-Dämmerung, 101 f.: Das Christentum »ist die *antiarische* Religion par excellence: das Christenthum die Umwerthung aller arischen Werthe, der Sieg der Tschandala-Werthe, das Evangelium den Armen, den Niedrigen gepredigt, der Gesammt-Aufstand alles Niedergetretenen, Elenden, Missrathenen, Schlechtweggekommenen gegen die ›Rasse‹.«
23 Ihnen sind die Forschungen von Edwin Judge, Wayne Meeks, Abraham Malherbe und Luise Schottroff an die Seite zu stellen. Zum Begriff »new consensus« vgl. Malherbe, Social Aspects, 31.

unter ihnen einen nicht zu unterschätzenden Anteil an Personen mit höherem gesellschaftlichen Status gab«.[24] Dass es in der korinthischen Gemeinde Höhergestellte gab – wenn auch nicht »nicht viele« (οὐ πολλοί) (1. Kor 1,26; vgl. 3,18; 6,5) –, lässt sich nicht nur aus den knappen Bemerkungen zu den mit Namen erwähnten Personen erschließen, sondern auch aus den sozialen Spannungen, die in der Gemeinde v.a. im Umkreis des Herrenmahls existierten (1. Kor 11,17–22), aus den Ansprüchen an die rhetorische Kunstfertigkeit und Gelehrtheit einer öffentlichen Rede (1. Kor 2,1–5), aus zivilrechtlichen Streitigkeiten, die vor den Gerichten der Stadt ausgetragen wurden (1. Kor 6,1–8), aus den Zusammenkünften innerhalb des sozialen Netzwerks, zu denen Bankette und Prostitution gehörten (1. Kor 6,12–18), aus den Einladungen, die einzelne Gemeindeglieder in die Tempel erhielten (1. Kor 8,10) und schließlich aus des Erwartung des Paulus, dass die Korinther einen substantiellen Beitrag zur Jerusalemer Kollekte leisten können (1. Kor 16,2; 2. Kor 8–9).[25]

Lukas und Paulus nennen eine Reihe von Personen, die mit der korinthischen Gemeinde eng verbunden sind bzw. ihr als Mitglieder angehören:[26] Achaicus (1 Kor 16,17), Chloes Leute ([?] 1. Kor 1,11),[27] Crispus (1. Kor 1,14; Apg 18,1), Fortunatus (1. Kor 16,17), Prisca und Aquila (Röm 16,3; Apg 18,2.18.26; 1. Kor 16,19), Phoebe (Röm 16,1–2), Quartus (Röm 16,23), Sosthenes[28] (1. Kor 1,1), Stephanas (1. Kor 1,16; 16,15),

24 Weiß, Soziale Elite, 18. Zu hilfreichen terminologischen und soziologischen Präzisierungen vgl. Friesen, Poverty; Friesen/Scheidel, Size. Ferner Oakes, Urban Structure; Longenecker, Remember the Poor; Brookins, Corinthian Wisdom; Öhler, Elend.

25 Der Begriff »Consensus« darf nicht darüber hinwegtäuschen, dass es auch in der neueren Forschung Ausschläge in die eine und andere Richtung gibt. Vgl. einerseits Meggitt, Paul, 99: »The Pauline Christians *en masse* shared fully the bleak material existence which was the lot of more than 99 % of the inhabitants of the Empire.« Andererseits jüngst Öhler, Elend, 285: Die Mitglieder der Gemeinde in Korinth gehörten »zu jenen Einkommensgruppen …, die gesichert über dem Existenzminimum lebten oder sogar besser gestellt waren, also zur Mittelschicht.«

26 Vgl. Theißen, Soziologie, 255 f.; Welborn, Enmity, 230–233.

27 Es steht zur Diskussion, ob Chloe aus Korinth stammt und/oder ob sie selbst Teil der Gemeinde war. Jedenfalls steht sie der Gemeinde nahe, hat Insider-Wissen und das Vertrauen des Paulus.

28 Identisch mit dem Sosthenes aus Apg 18,17 (s.u.)?

Tertius (Röm 16,22), Titius Justus[29] (Apg 18,7).[30] Wie nahe die einzelnen Personen an die Gemeinde heranzurücken sind, muss individuell geklärt werden. Klarheit herrscht da, wo mit den Namen christliche Identitätsmerkmale oder Bezeichnungen verknüpft sind (1. Kor 1,14.16: Taufe; Röm 16,3: »Mitarbeiter«; Röm 16,22: »im Herrn«, Röm 16,23: »Bruder«) oder der Kontext unmissverständlich Auskunft gibt (1. Kor 16,15–18).[31] In der Diskussion sind derzeit aus unterschiedlichen Gründen Gaius (bzw. die beiden Gaii) (Röm 16,23; 1. Kor 1,14) und Erastus (Röm 16,23), die sicherlich zu den Gebildeten, ökonomisch Vermögenden und gesellschaftlich Angesehenen zählten (1. Kor 1,26).[32]

3. Begegnungen mit korinthischen Christusgläubigen

3.1 Gaius, der Gastgeber

Paulus selbst nennt im Römerbrief (Röm 16,23) mit Gaius eine Person, die offenbar zur Gemeinde in Korinth in besonderer Beziehung steht. Auch Gaius – seine Identität, sein Status und seine Rolle in Korinth – ist mit zahlreichen Rätseln behaftet und Gegenstand ebenso zahlreicher Spekulationen, in verstärktem Maße wieder in jüngster Zeit. Was können wir diesem Mann mit dem Allerweltsnamen Gaius wissen,[33] von dem Paulus sagt, er sei ὁ ξένος μου καὶ

29 Identisch mit Gaius (Röm 16,23) (s. u.)?

30 Die in Röm 16,21 genannten Jason (= Jason aus Apg 17,5–7.9), Lukius (= Lukas, der Reisebegleiter des Paulus?; vgl. Kol 4,14; Phlm 24; 2Tim 4,11) und Sosipater (= Sopater aus Apg 20,4?) sind wohl Teil der Kollektengesandtschaft nach Jerusalem.

31 Manche sind geneigt, die Liste übermäßig zu stutzen. Warum Richard Last (Pauline Church, 76), Titius Justus ganz von der »Mitgliederliste« der korinthischen Gemeindeglieder streichen will, erschließt sich mir nicht.

32 Bruce Winter (Philo and Paul, 191) bezieht die drei Bezeichnungen σοφοί, δυνατοί und εὐγενεῖς zurecht auf dieselbe Gruppe (»ruling class of Corinth«) und verweist dabei auf Plutarch, Mor 58e (»Wie man den Schmeichler vom Freund unterscheiden könne«): »Plutarch says that ὁ σοφός could at the same time be described as πλούσιος, καλός, εὐγενής, βασιλεύς and the rich man as a ῥήτωρ καὶ ποιητής. These were obviously terms which epitomised social status; and those to whom they were applied would have been flattered.«

33 Nach Benet Salway (What's in a Name?, 125) trugen in republikanischer Zeit 99 % der römischen Männer einen von (insgesamt nur) 17 *praenomina*, zu denen auch Gaius zählte. Neben dem Gaius (bzw. den Gaii; s. u.) aus Röm 16,23 und 1. Kor 1,14 tragen im Neuen Testament folgende Männer diesen Namen: der makedonische Reisebegleiter des Paulus (Apg 19,29), Gaius aus Derbe (Apg 20,4) und der Adressat des 3. Johannesbriefes (3. Joh 1). Vgl. Welborn, Enmity, 299:

ὅλης τῆς ἐκκλησίας. Was bedeutet ξένος? In welchem Verhältnis steht er zu Paulus und der »ganzen Ekklesia«? Worauf bezieht sich die Wendung »die ganze Ekklesia«? Welche Konsequenzen lassen sind daraus für seine Stellung in der Gemeinde und seinen sozialen Status ableiten? Schließlich: Lässt sich der Gaius des Römerbriefs mit einer weiteren Person der paulinischen Mission identifizieren? Die vielen Fragezeichen sind unserer zeitlichen Distanz und den kargen Angaben des Paulus geschuldet. Wir sind angewiesen auf Mutmaßungen zur Zahl der Jesusnachfolger in Korinth, zum Ort ihrer Versammlungen und zu ihrem wirtschaftlichen und gesellschaftlichen Stand. Mit dem (wieder) aufkommenden Interesse an sozialgeschichtlichen Fragen sind neue Facetten unseres Bildes der korinthischen Gemeinde hinzugekommen.

3.1.1 Die Rolle des Gaius in Korinth

Die meisten Übersetzungen und Kommentare sehen in Gaius einen Gastgeber, der in großmütiger Geste Christinnen und Christen in seinem Haus beherbergte. Recht ausführlich äußert sich bereits der erste Kommentator des Römerbriefs, Origenes, zu dessen herausragenden Rolle in Korinth: Gaius (Röm 16,23; 1. Kor 1,14) war ein gastfreier Mann *(vir hospitalis)* und nahm Paulus wie auch andere Gläubige, die nach Korinth kamen, bei sich auf. Überdies habe er sein Haus der gesamten Ekklesia als Versammlungsort *(conventiculum)* zur Verfügung gestellt.[34] Chrysostomos nennt Gaius einen ξενοδόχος, also einen, der Fremde bei sich aufnimmt, und er rühmt seine Hospitalität (φιλοξενία; vgl. Röm 12,13; Heb 13,2), die »der ganzen Ekklesia« offene Türen bot. Chrysostomos denkt hier nicht an die Ortsgemeinde, sondern an durchreisende Glaubens-

»The fact that Paul's Gaius bears a Roman praenomen leaves open a number of possibilities: Gaius may have been a descendant of one of the Italian settlers of the colony, or, alternatively, a Greek immigrant to the city (from the time when Greek immigration became more frequent); Gaius may have been a freedman who gained wealth and a name following his manumission, or a freedman now enjoying Roman citizenship, or a freeborn citizen of higher rank.«

34 Origenes, Ad Romanos 10,41 (PG 14, 1289C) (nach Rufins lateinischer Übersetzung). Origenes verweist zudem auf eine alte Überlieferung, derzufolge Gaius der erste Bischof von Thessaloniki sei.

geschwister, Prediger und Missionare.[35] In der älteren Forschung finden sich nun im Anschluss an Origenes und Chrysostomos teils weit ausholende Überlegungen zur Frage, wer nun neben Paulus primär Nutznießer der Gastfreiheit des Gaius war: Nahm er die »universale Kirche«, also »Christen, die aus allen Teilen der Kirche nach Korinth kamen«, bei sich auf,[36] oder stellte er sein Haus für die regelmäßigen gottesdienstlichen Versammlungen der Gemeinde zur Verfügung?[37]

Am wenigsten plausibel ist die Deutung auf die »universale Kirche«. Zwar hat Paulus eine Vorliebe für hyperbolische Ausdrucksweise, doch wäre sie hier so unverhältnismäßig wie unrealistisch und klänge »mehr scherzhaft als sinnig«.[38] Zweifelhaft ist auch, dass sich Paulus die Gegner seiner Mission, die doch ebenfalls Teil der »universalen Kirche« sind, als Gaius' Gäste vorstellt. Mehr noch: In dem Maß, in dem Paulus die einzigartige Gastgeberrolle hervorhebt, wäre die Gastfreundschaft von anderen Wohltätern wie Phoebe oder Prisca und Aquila herabgestuft oder zumindest relativiert.[39] Erheblich näher liegt es daher, in Gaius den Gastgeber der »gesamten« Christusgruppe in Korinth zu sehen, womit schlicht und ergreifend der Sachverhalt ausgedrückt wäre, dass die Gemeinde während ihrer »Vernetzungstreffen« von Gaius beherbergt wird. Der Begriff

35 Chrysostomos, Ad Romanos 32 (PG 60, 677B). Dass Paulus bei Gaius logierte, ist nach Chrysostomos nicht bloß Ausweis seiner Großherzigkeit, sondern auch seines vorbildlichen Lebens – schließlich hätte Paulus ihn nach Mt 10,11 sonst nicht als Gastgeber auserkoren. Vgl. die Verweise bei Öhler, Elend, 282 f. (allerdings mit missverständlicher Deutung der Chrysostomos-Passage); Kloppenborg, Gaius, 534.539.

36 So Käsemann, Römer, 401. Etliche Kommentatoren folgen diesem Auslegungstyp, darunter Zahn, Römer, 614; Lietzmann, Römer, 128; Wilckens, Römer, 146; Moo, Romans, 935; Jewett, Romans, 980 f.; ferner Adams, Meeting Places, 28.

37 Grotius, Annotationes, 273 *(conventus Christianorum).* – Unabhängig davon, welcher Deutung man folgt: Das Verhältnis des Gaius zu Paulus (ὁ ξένος μου) ist ein anderes als das zur Ekklesia (ὁ ξένος … ὅλης τῆς ἐκκλησίας) (vgl. analog Röm 16,13).

38 So schon Meyer, Römer, 652.

39 Dunn, Romans II, 910. Dunn vermutet, dass Paulus mit der Wendung ὅλης τῆς ἐκκλησίας bewusst auf die alttestamentliche Formel πᾶσα ἡ ἐκκλησία anspielt (»for actual meetings of Israel's representatives gathered together for consultation or worship«; vgl. Dtn 31,30; Jos 8,35 [LXX 9,2–3]; 1. Sam 17,47; 1. Kön 8,14.22.55 usw.). In keinem seiner (unumstrittenen) Briefe bezeichnet Paulus die »universale Kirche« mit dem Begriff ἐκκλησία.

ἐκκλησία hätte dieselbe Bedeutung wie zu Beginn des Schlussabschnitts, wo Paulus auf die Ortsgemeinde in Kenchreae verweist (Röm 16,1: ἐκκλησία τῆς ἐν Κεγχρεαῖς), und die Rolle des Gaius in Korinth entspräche derjenigen der Phoebe in Kenchreae.

Im 1. Korintherbrief (1. Kor 14,23) findet sich das entscheidende Argument für die Annahme, dass sich das Genitivattribut ὅλης τῆς ἐκκλησίας (Röm 16,23) auf die korinthische Gesamtgemeinde bezieht: Paulus fragt: »Wenn nun die ganze Gemeinde (ἡ ἐκκλησία ὅλη) zusammenkommt und alle in Zungen reden, es kommen aber Außenstehende oder Ungläubige herein, werden sie dann nicht sagen: Ihr seid von Sinnen?« In paulinischer Diktion bezieht sich die Wendung ἡ ἐκκλησία ὅλη auf die (korinthische) Gesamtgemeinde. Wir müssen uns das korinthische Modell denken als Parallelexistenz von einzelnen Christusgruppen und einer Gesamt-Ekklesia.[40] Das muss keineswegs in allen Städten der paulinischen Mission so gewesen sein – im Gegenteil: Jede Stadt, jede Einzelgruppe dürfte nicht nur theologisch, sondern auch strukturell ihr eigenes Profil gehabt haben. Das korinthische Modell legt jedenfalls auf den ersten Blick nahe, dass der Versammlungsort das Haus des Gaius gewesen ist, das geräumig genug war, um alle Christinnen und Christen der Gemeinde aufzunehmen.[41] Diese Annahme wirft sogleich weitere Fragen auf: Mit welchen Größenordnungen haben wir in den einzelnen Hausgemeinden und in der Gesamtgemeinde zu rechnen? Wie häufig fanden gemeinsame Versammlungen statt? Schlossen diese alle Fraktionen der Gemeinde ein, auch die untereinander konkurrierenden (Apollo-, Petrus-, Paulus- und »Christus-

40 Zur Wendung ἡ κατ᾽ οἶκον ἐκκλησία (1. Kor 16,19; Röm 16,3–5; Phlm 1–2; Kol 4,15) s. u. Paulus bezeichnet damit Christusgruppen, die einzelnen Personen zugeordnet werden können: Prisca und Aquila in Rom (Röm 16,15) und Ephesus (1. Kor 16,19), Philemon wahrscheinlich in Kolossä (Phlm 1–2) und Nympha wohl in Laodizea (Kol 4,15). Vgl. jetzt wieder Bormann, »Hausgemeinde«, 230 f.

41 Vgl. Theißen, Soziologie, 228. Gerd Theißen stellt sich die Situation in Korinth so vor, dass Gaius Gastgeber der ganzen Gemeinde war und dass es »anderswo Häuser gab, in denen nur ein Teil der Gemeinde zusammenkam.« Vgl. Meeks, First Urban Christians, 75: »The phrase *kat' oikon* does not designate merely the place where the *ekklēsia* met. Rather, Paul probably uses *kat' oikon* to distinguish these individual household-based groups from ›the whole church‹ *(holē hē ekklēsia)*, which could also assemble on occasion (1 Cor. 14:23; Rom. 16:23; cf. 1 Cor. 11:20).« In diesem Sinn auch Malherbe, Social Aspects, 73 f.; Friesen, Poverty, 356; Welborn, Enmity, 243–245, und zahlreiche Kommentare.

partei«)? Handelt es sich um das Privathaus des Gaius oder um einen anderen Versammlungsort? Die Fragen werden uns noch weiter beschäftigen.

3.1.2 Gaius als Gastgeber?

Ein völlig anderes Bild entsteht, wenn Gaius nicht als »Gastgeber«, sondern als »Gast« des Paulus und der ganzen Gemeinde gesehen wird. Das griechische ξένος umfasst (wie das lateinische *hospes*) beide Seiten der Gastfreundschaft, die empfangende und die gewährende.[42] Chrysostomos' Näherbestimmung des ξένος als ξενοδόχος verweist implizit auf die Erklärungsbedürftigkeit des Wortes.[43] Auch wenn der Begriff ξένος in der Verwendung »Gastgeber« durchaus gebräuchlich war,[44] hat die Mehrheit der literarischen und dokumentarischen Belege mit ξένος den »Gast« im Blick. In den letzten Jahren wurde daher der Konsens zur Gastgeberrolle des Gaius zunehmend in Frage gestellt.[45] Damit geht einher, dass der Gaius der Grußliste des Römerbriefs (Röm 16,23) mit dem Neophyten Gaius aus dem Korintherbrief (1. Kor 1,14) nicht länger identifiziert werden kann, d.h. mit einem weiteren Konsens der Exegese gebrochen wird.[46] Doch kann die neue Interpretation überzeugen?

Aus einer Durchsicht aller ξένος-Belege in Papyri des ersten Jahrhunderts in der »Duke Databank of Documentary Papyri« schließt

42 Vgl. Last, Pauline Church, 65 f., mit Verweis auf Arterbury, Entertaining Angels, 22.
43 Chrysostomos, Ad Romanos 32 (PG 60, 677B): τὸν γὰρ ξένον ἐνταῦθα τὸν ξενοδόχον φησίν.
44 Vgl. Passow, Handwörterbuch II/1, 382 (mit Belegen aus Homer, Ilias 15,532; 21,42; Odyssee 8,166.208; 14,53); und die bei Kloppenborg, Gaius, 542 diskutierten Stellen (Homer, Ilias 15,532 f.; Apollonios Rhodios, Argon 1,208–211). Jetzt auch Wolter, Römer, 499: »Das Nomen ξένος ist mit der Bedeutung ›Gastgeber‹ häufiger belegt, als in der Regel angenommen wird.«
45 Last, Pauline Church, 62–71; Kloppenborg, Gaius; Öhler, Elend, 283; Eckhardt/Leonhard, Juden, Christen und Vereine, 277, Anm. 74.
46 Weitere – letztlich kaum überzeugende – Gründe für eine Differenzierung der beiden Gaii: Gaius' Haus wird in der Korintherkorrespondenz nicht erwähnt, auch nicht die Taufe »seines Hauses« und seine Unterstützung der Gemeinde (anders das »Haus des Stephanas« in 1. Kor 1,16; 16,15) (Friesen, Poverty, 356, Anm. 108). Im Übrigen: Sollte der Gaius aus Röm 16,23 nicht mit dem Gaius aus 1. Kor 1,14 identisch sein, und lässt sich Erastus (s. u.) nicht in Korinth lokalisieren, fallen wichtige Argumente für die Abfassung des Römerbriefs in Korinth. S. aber die Verweise auf Phoebe aus Kenchreae (Röm 16,1–2) und auf den Abschluss der Kollekte (Röm 15,25).

Richard Last: Der Begriff ξένος wird ausschließlich in der Bedeutung »Gast« verwendet. Zudem weist Last anhand von Vereinsstatuten und Rechnungsbüchern nach, dass Vereine häufig Gäste empfingen und dass diese Gäste regelmäßig als ξένοι bezeichnet wurden. Umgekehrt erscheint der Begriff im Vereinskontext nirgends im Sinne von »Gastgeber«.[47] Gäste einzuladen war ein Mittel der Anwerbung neuer Vereinsmitglieder. Doch weshalb sollte Paulus den römischen Gemeindegliedern seine korinthische Rekrutierungsaktion mitteilen? Richard Last stellt die fragwürdige These auf, dass Paulus der römischen Gemeinde seinen Wert als erfolgreicher Anwerber eines ihnen unbekannten Mannes aus Korinth vor Augen führen wollte.[48]

Fällt die Identifizierung der beiden Gaii aus Röm 16,23 und 1. Kor 1,14, stellt sich die Frage,[49] weshalb Paulus einen korinthischen Gaius lediglich bei dessen Allerweltsnamen erwähnen sollte – trug doch ein Fünftel der Freigeborenen und Freigelassenen diesen Namen.[50] John Kloppenborg nimmt daher im Gegensatz zu Last an, dass Gaius ein *römischer* Besucher war, Teil einer römischen Christusgruppe, die Korinth besuchte. Paulus kehrt seine eigene Gastfreundschaft heraus (ὁ ξένος μου), um zu erreichen, dass die Römer diese Gastfreundschaft gegenüber Phoebe (Röm 16,1–2) und bei einem etwaigen Besuch auch ihm gegenüber erwidern. Gaius müsse keineswegs wohlhabend oder von hohem sozialem Rang gewesen sein, sondern könnte schlicht als Gewerbetreibender aus Rom angereist sein oder sich wie Prisca und Aquila als Handwerker niedergelassen haben.

Die offenen Flanken dieser Rekonstruktionen sind allerdings zahlreich und können hier nur angedeutet werden: Kaum schlagend ist das Argument, dass mit der Positionierung des Gaius in der Grußliste eine Wertung einhergeht[51] – im Gegenteil: das Dreiergestirn Gaius, Erastus

47 Vgl. Adams, Meeting Places, 28.

48 Last, Pauline Church, 71: »It highlighted Paul's ability as a recruiter and demonstrated that he held financial value to Romans Christ groups with whom he planned to meet soon.«

49 Eine andere Identifikation schlägt Öhler (Elend, 283) vor: »Gaius war also nicht Gastgeber, sondern Gast der ganzen Gemeinde von Korinth und des Paulus. Das passt sehr gut dazu, dass laut Apg 20,4 ein Gaius aus Derbe Begleiter des Paulus während der Kollektenreise nach Jerusalem war.«

50 Vgl. Kloppenborg, Gaius, 547, mit relevanter Literatur.

51 So Kloppenborg, Gaius, 541.

und Quartus trägt das Achtergewicht. Überhaupt ist das Verhältnis des (römischen) Besuchers Gaius zu den beiden anderen (korinthischen) Grüßenden Erastus und Quartus völlig ungeklärt. Jedenfalls nahm Paulus bedenkenlos in Kauf, dass Erastus und Quartus den Korinthern unbekannt waren. Wenn aus dem Fehlen der Funktionsbezeichnung ξένος = »Gastgeber« im Vereinswesen geschlossen wird, dass Gaius nicht »Gastgeber« der korinthischen Vereins-Ekklesia gewesen sein konnte, wird aus der Argumentation ein Zirkelschluss: Die Christusgruppen ließen sich die Benennung von Funktionen und Strukturen keineswegs vom Vereinswesen vorgeben. Für unseren Zusammenhang ist besonders auffallend, dass ἐκκλησία als Vereinsbezeichnung unbekannt war.[52] Völlig außer Acht bleibt zudem, dass auch das Verb ξενίζειν nach beiden Seiten offen ist und schon im Neuen Testament »zu Gast sein« (Apg 10,6.18.32; 21,16)[53] wie auch »beherbergen/Gastgeber sein« (Apg 10,23; 28,7; Hebr 13,2) bedeuten kann.

So ist abschließend festzuhalten, dass die Argumente für eine alternative Deutung keineswegs schlagend sind und wir mit guten Gründen an der herkömmlichen Identifizierung des Gaius aus der Grußliste des Römerbriefs mit dem von Paulus getauften Gaius festhalten: Gaius war der Gastgeber der korinthischen Gemeinde.

3.1.3 Ist Gaius mit Titius Justus identisch?

Ein letzter Aspekt zur Gestalt des Gaius betrifft seine zu diskutierende Identifikation mit dem bei Lukas erwähnten »Gottesfürchtigen« Titius Justus (Apg 18,7). Dieser stammte aus der Familie der Titii, besaß in unmittelbarer Nähe zur Synagoge ein Haus und zählte daher wohl zu den »εὐγενεῖς und der römischen Elite der Kolonie«.[54] Wie dieser römische Bürger Zugang zur neuen Lehre fand, erfahren wir nicht, doch wird er für Paulus schon allein des-

52 Vgl. jetzt wieder Korner, Origin, 78 f.: »There is no extant epigraphic evidence of an association using *ekklēsia* as a group title. There are, however, three extant inscriptions whose non-civic groups designate their semi-public assembly as an *ekklēsia* (*Samos* 119, *IDelos* 1519, *Sinuri* 73).«

53 Vgl. *v.l.* zu 1. Kor 16,19. Nach D* F G logierte auch Paulus bei Prisca und Aquila (παρ᾽οἷς bzw. οὓς καὶ ξενίζομαι; Vulgata Clementina: *apud quos et hospitor*). Vgl. Lindemann, 1. Korinther, 387.

54 Zeller, 1. Korinther, 38: »Das *cognomen* Justus [= der Gerechte] könnte darauf deuten, dass schon die Eltern zum Umkreis der Synagoge gehörten …« Sein *nomen* ist allerdings uneinheitlich überliefert, weshalb keine voreiligen Schlüsse gezogen werden sollten.

halb ein wichtiger Partner gewesen sein, da er ihm Zugang zu den oberen, gebildeten Schichten der Stadt verschafft hat.

Es wird berichtet, dass Paulus nach den Widerständen in der Synagogengemeinde »von dort« (ἐκεῖθεν) in das Haus des Titius Justus umsiedelte. Nicht eindeutig zu entscheiden ist, worauf sich das Adverb ἐκεῖθεν bezieht und welche Funktion das »Haus« des Titius in der weiteren Lehrtätigkeit des Paulus spielte.[55] Der Kontext legt nahe, dass Paulus nach seinem Misserfolg in der Synagoge nun das in unmittelbarer Nähe zur Synagoge liegende Haus des Titus zu seinem neuen »preaching centre« machte.[56] Denkbar ist aber auch, dass er das wohl abseits gelegene Werkstattlager von Aquila und Prisca (Apg 18,3) verließ und fortan bei Titius Justus im Stadtkern logierte.[57] Trifft letzteres zu,[58] kämen als Grund für den Ortswechsel die strategisch erheblich günstigere (aber zugleich provozierende) Nähe zur Synagoge in Frage,[59] aber auch der Umstand, dass die Zeltmacher-Werkstatt bzw. die Räume hinter oder über ihrer Werkstatt angesichts des missionarischen Erfolgs schlicht zu klein wurde und einen Umzug in ein größeres Gebäude erforderlich machte.[60]

Überdies waren zwischenzeitlich Silas und Timotheus aus Makedonien zurückgekehrt und überbrachten die Geldspende aus Philippi (vgl. Phil 4,16; 2. Kor 11,9), die es Paulus ermöglichte, sein Arbeitspensum bei Aquila und Prisca zu reduzieren und sich »ganz der Verkündigung des

55 Zu den Interpretationsvarianten Adams, Meeting Places, 60 f.

56 Barrett, Acts, 867 (besser vielleicht »teaching centre«, vgl. Apg 18,4). Vgl. mit weiteren Belegen Welborn, Enmity, 299 f.

57 So u. a. Preuschen, Apostelgeschichte, 112; Theißen, Soziologie, 251; Fitzmyer, Acts, 627. Für diese Rekonstruktion der Ereignisse spricht auch die Überlegung, dass die lukanische Darstellung dem Strukturschema »Verkündigung an die Juden – Ablehnung – Umorientierung der Missionspredigt« geschuldet ist und daher die Ereignisse umordnet, das auch anderen Stellen mit Blick auf das pisidische Antiochien (Apg 13,45–47), Ephesus (Apg 19,9) und Rom (28,24–28) (vgl. Haenchen, Apostelgeschichte, 518). – Auch Silas und Timotheus werden sich nach ihrer Rückkehr aus Makedonien bei Titius Justus einquartiert haben (vgl. Reinbold, Propaganda, 138, Anm. 86).

58 So übrigens auch die zweifellos sekundäre Textvariante im westlichen Text (D^{*vid}: ἀπὸ Ἀκύλα).

59 Auf die wenig konziliante Haltung des Paulus gegenüber seinen jüdischen Geschwistern hat schon William Ramsay (St Paul the Traveller, 256) hingewiesen: »[T]he occupying of a meetinghouse next door to the synagogue, with the former *archisynagogos* as a prominent officer, was more than human nature could stand. Probably he found unusual opposition here.«

60 Vgl. Reinbold, Propaganda, 185.

Wortes« zu widmen (Apg 18,4). Über viele Details schweigt sich Lukas aus. Am schmerzlichsten für unsere Fragestellung ist sein Schweigen über die »Werkstattpredigten« des Paulus bei Aquila und Prisca und seine Lehrtätigkeit im Haus des Titius Justus, von denen doch auszugehen ist. Lukas berichtet lediglich von der wöchentlichen Lehre in der Synagoge, die »Juden und Griechen« überzeugte (Apg 18,4). War Titius Justus einer von ihnen, die überzeugt wurden? Oder ergab sich dessen Kontakt zu Paulus oder einem anderen Mitglied der christlichen Gemeinde auf anderem Wege? Die Lücken des Lukas inspirieren zu weitreichenden Thesen an: Lautete das *praenomen* des Titius Justus vielleicht Gaius, und ist dieser Gaius Titius Justus mit dem Gaius der Paulusbriefe identisch (Röm 16,23; 1. Kor 1,14)?

Es ist verlockend, den Titius Justus der Apostelgeschichte mit dem Gaius des 1. Korintherbriefs und des Römerbriefs zu identifizieren, was m. W. zuallererst von William Ramsey vorgeschlagen wurde.[61] Der vollständige Name des prominenten korinthischen Gemeindeglieds hätte dann mit *praenomen, nomen gentile* und *cognomen* »Gaius Titius Justus« gelautet. Die Indizien für eine Identifizierung sind nicht einfach von der Hand zu weisen:

1. Paulus hat im Römerbrief das wenig distinkte *praenomen* Gaius verwendet, um mit dem Verzicht auf *nomen gentile* und *cognomen* jeglichen Statusanspruch im Keim zu ersticken. Folgt er damit einer Praxis der Demut, im bewussten Kontrast zu den sozialen Konventionen seiner Zeit, nach denen die *tria nomina* zu nennen wären?
2. Nach den Widerständen in der jüdischen Gemeinde diente das Haus des Titius Justus als Lehrlokal und Versammlungsort der korinthischen Christusgemeinschaft (Apg 18,7). Es hätte danach ein erneuter Ortswechsel, nämlich in das Haus des Gaius, stattgefunden haben müssen, sollten die beiden nicht ein und dieselbe Person sein. Wieder hätte also ein so wohlmeinender wie wohlhabender Patron seine Türen öffnen müssen.

61 Ramsay, Pictures, 235; Goodspeed, Gaius Titius Justus, 382 f., 382: »[A] man named Gaius Titius Justus, in a historical narrative such as the Acts, could naturally be called Titius Justus, and yet in a familiar letter like Romans 16, be spoken of by his praenomen as Gaius.« Im Anschluss an Goodspeed auch Bruce, Romans, 265 f.; Cranfield, Romans II, 807; Jewett, Romans, 980; Blue, Acts and the House Church, 174 f.; Reinbold, Propaganda, 137 f.

3. Als Paulus während seiner dritten Missionsreise den Römerbrief verfasste, logierte er bei Gaius (Röm 16,23). Weshalb sollte es sich nicht um das Haus des Titius Justus (=Gaius) handeln, in dem auch die Gemeinde zusammenkam? Sind Gaius und Titius Justus identisch, wäre die merkwürdige Leerstelle in den Paulusbriefen erklärt, die keinen Titius Justus in Korinth zu kennen scheinen.
4. Im Bericht der Apostelgeschichte (Apg 18,1–11) werden unter den korinthischen Gemeindemitgliedern neben Aquila und Prisca lediglich Titius Justus und Crispus namentlich erwähnt, in 1. Kor 1,14 zählt Paulus Gaius und Crispus zu den von ihm Getauften. »Wer diese Übereinstimmungen nicht für zufällig zu halten vermag, wird Gaius und Titius also identifizieren.«[62] Andere sind erheblich skeptischer und halten die Ineinssetzung für harmonisierendes Wunschdenken.[63] Wir müssen die Frage wohl offen lassen.

3.2 Der Ädil Erastus

Die schillerndste Gestalt in der korinthischen Gemeindeszene ist Erastus, der im Römerbrief seine Grüße aus Korinth an die römische Gemeinde entbietet – Erastus, ὁ οἰκονόμος τῆς πόλεως (Röm 16,23; vgl. Apg 19,22; 2. Tim 4,20). Röm 16,23 ist die einzige Stelle im *corpus Paulinum,* in dem ein (weltliches) Amt einer Person genannt wird.[64] Das wird nicht zufällig sein. Doch welches Amt ist gemeint? Aus der Lutherübersetzung klingt uns der »Stadtkämmerer« im Ohr, die Zürcher Bibel übersetzt mit »der städtische Verwaltungsbeamte«. Korinth war eine *colonia,* in deren vollem Titel der Name des Neugründers Gaius Julius Caesar genannt ist: *Colonia Laus Iulia*

62 So Reinbold, Propaganda, 138 (dort auch eine Zusammenstellung der wichtigsten Argumente). Reinbold schreibt weiter: »Ist das richtig, dann hatte C. Titius Justus vieles mit Lydia aus Philippi gemein: Beide waren sie ›Gottesfürchtige‹, beide gehörten sie zu einer wohlhabenderen Schicht, beide sind sie von Paulus gewonnen worden, beide haben sie der Ekklesia und dem Apostel (und seinen Mitarbeitern?) ihr Haus zur Verfügung gestellt«.

63 Exemplarisch Welborn, Enmity, 299 (»groundless«). Unentschieden ist u. a. Dunn, Romans II, 910: Eine Identifizierung »fits with the little information we have (one of Paul's earliest converts in Corinth, who acted as host to Paul and the earliest meetings of the church in Corinth …), but we can say no more than that.«

64 Vgl. die alte, in der jüngeren Diskussion aber häufig unterschlagene Untersuchung von Landvogt, Epigraphische Untersuchungen (ausführlich gewürdigt bei Welborn, Enmity, 261–265).

Corinthiensis. In einer *colonia* war die Amtssprache Latein, die Ämter trugen lateinische Bezeichnungen, einen οἰκονόμος gab es folglich nicht. »Der von Paulus gewählte Amtstitel ist somit als Übertragung eines lateinischen Amtstitels zu verstehen.«[65]

In den vergangenen Jahren entfachte sich – erneut, muss man sagen – ein Gelehrtenstreit über die Frage, welches Amt Erastus innehatte und welcher Status damit verknüpft ist. Nach wie vor wird in der Literatur auf Theißens Rekonstruktion verwiesen, der recht hypothesenfreudig eine Ämterlaufbahn *(cursus honorum)* des Erastus annahm: Ein Freigelassener, der während des zweiten Korinth-Aufenthaltes des Paulus die Quästur bekleidete (d. h. *quaestor* = οἰκονόμος τῆς πόλεως) und später zum Ädilen gewählt worden sei.[66] Theißens These wird bis in die jüngste Zeit wiederholt und mit neuen Argumenten unterfüttert, doch rüttelte Alexander Weiß vor kurzem mit schlagenden Gegengründen daran:[67] Zum einen kann Erastus in Anwendung der *lex Visellia* aus dem Jahr 24 n. Chr. kein Freigelassener gewesen sein, denn sie untersagt es einem Freigelassenen, sich um Ämter und die Mitgliedschaft im Stadtrat zu bewerben. Zum anderen existierte in Korinth das Amt des Quästors nicht als städtisches Amt, so dass Erastus aller Wahrscheinlichkeit nach das Amt des Ädils bekleidete.[68]

3.2.1 Die Pflasterinschrift am Theater

Viel Tinte floss zur Frage, ob der Erastus der berühmten korinthischen Pflasterinschrift mit dem Erastus aus Röm 16,23 identisch ist.[69] Es lohnt ein kurzer Blick auf diese Inschrift und auf neue Arbeiten über sie. Im Jahr 1929 wurde die sog. Erastus-Inschrift nordöstlich des Theaters gefunden und befindet sich auch heute noch *in situ.*

65 Weiß, Quästoren, 576.
66 Theißen, Soziologie, 236–245.
67 Weiß, Quästoren, 577.
68 Weiß, Quästoren.
69 So schon Kent, Inscriptions, 99 f.: »The three chief points in favor of the identification are (1) the pavement was laid some time near the middle of the first century after Christ; (2) apart from this inscription the name Erastus is not found at Corinth, and is not a common cognomen; (3) Saint Paul's word οἰκονόμος … describes with reasonable accuracy the function of a Corinthian aedile«. Alle Punkte sind bis heute Gegenstand der Diskussion. Vgl. Clarke, Erastus Inscription; Friesen, Wrong Erastus; Goodrich, Erastus, Quaestor of Corinth; ders., Erastus of Corinth; Weiß, Quästoren; Brookins, (In)frequency.

Sie wird von den einen auf die Mitte des 1. Jh. n. Chr. datiert, von anderen auf die ersten Jahrzehnte des 2. Jh.[70] In die Vertiefungen der Buchstaben war einst Bronze appliziert *(litterae aureaea),* die freilich längst eingeschmolzen wurde. Die Inschrift bezeugt folgenden Text:[71]

> *[…] Erastus pro aedilit[at]e*
> *s(ua) p(ecunia) stravit.*

Ein gewisser Erastus ließ für die ihm verliehene Ädilenwürde einen Platz pflastern, und zwar auf eigene Kosten. Seine Wahl zum Ädilen nahm er zum Anlass, der Stadt eine Wohltat zukommen zu lassen. Wie wahrscheinlich ist eine Identifizierung des Ädilen Erastus mit dem Erastus des Römerbriefs? Während sich Steven Friesen und andere zurückhaltend geben, schlagen die neuesten Untersuchungen wieder optimistischere Töne an. Timothy Brookins katalogisierte alle literarischen, papyrologischen und epigraphischen Belege des Namens Erastus bis ins 5. Jh. – es sind insgesamt 105 – mit dem Ergebnis, dass der Name in ganz Griechenland im ersten Jahrhundert nur zwei oder drei Male bezeugt ist. »[T]he name is indeed more rightly called ›infrequent‹ than it is ›frequent‹.«[72] Überdies weisen die Männer ein elitäres soziales Profil auf, was wiederum mit der herausgehobenen Position eines städtischen οἰκονόμος korrespondieren würde.[73]

3.2.2 Das Amt des Erastus

Alexander Weiß kommt zu folgendem überzeugendem Schluss: Paulus meinte mit dem Begriff οἰκονόμος nicht das Amt des Quästors, wie von Theißen u. a. vorausgesetzt, sondern das Amt des Ädils. »Als Ädil war Erastos qua Amt Mitglied des korinthischen *ordo*

70 Friesen, Wrong Erastus.

71 Kent, Inscriptions, 99 (Nr. 232).

72 Brookins, (In)frequency, 515. Vgl. noch Clarke, Erastus Inscription.

73 Die Spekulation Brookins', der korinthische Erastus sei mit zwei Athener Männer mit Namen Erastus identisch, bezeichnet Weiß (Soziale Elite, 112, Anm. 126) als »völlig haltlos«: »Es ist schon grundsätzlich unwahrscheinlich, dass ein Athener in der Mitte des 1. Jh.s n. Chr. ein Amt in Korinth übernehmen würde. In diesem Falle ist das sogar gänzlich unmöglich, denn keiner der bezeugten Athener Erastoi besaß das römische Bürgerrecht und dies war Voraussetzung für die Bekleidung von Ämtern in der *colonia Iulia Laus Corinthiensis.*«

decurionum,« d. h. der städtischen Munizipalaristokratie. Eine Identifizierung mit dem Erastus der Pflasterinschrift sei »möglich, wenn auch nicht beweisbar.«[74] Die dem *ordo decurionum* angehörigen Vollbürger bestimmten das Leben in der Stadt, besaßen in aller Regel Land, genossen ein ausnehmend hohes Sozialprestige und eine Reihe von Privilegien (z. B. Purpurstreif an der Toga), rivalisierten um Ämter und hielten »mit ihrer Munifizenz (Spenden, Stiftungen, Bauten, Übernahme von Gesandtschaften) das öffentliche Leben in Schwung«.[75] Eine Hinwendung zum Christentum musste auch eine Revision des politischen Strebens und eine Umorientierung des finanziellen Engagements zur Folge haben. Die frei gewordenen Mittel wurden nun vielleicht nicht mehr für eine Pflasterung, sondern für die »Sammlung für die Heiligen« (1. Kor 16,1) und für die Belange der Gemeinde eingesetzt.

3.3 *Weitere prominente Christusgläubige*

Mit Gaius und Erastus traten nun zwei prominente Einzelpersonen in den Blick, die die Gemeinde prägten und die mit der städtischen Elite vernetzt waren. Manch andere könnten noch erwähnt werden. Crispus etwa, den Paulus in einem Atemzug mit Gaius nennt (1. Kor 1,14), auch er ein Konvertit des ersten Korinthbesuches. Als ehemaliger Synagogenvorsteher (ἀρχισυνάγογος) gehörte er mit großer Wahrscheinlichkeit zu den Wohlhabenden der Gemeinde. Von Crispus sagt Paulus, dass er ihn persönlich getauft habe (1. Kor 1,14), und Lukas ergänzt, dass er »mit seinem ganzen Haus« (σὺν ὅλῳ

74 Weiß, Soziale Elite, 139.

75 Botermann, Paulus, 300. Vgl. Kent, Inscriptions, 27, der sich bereits für die Wiedergabe οἰκονόμος = Ädil ausspricht: »Aediles were primarily city business managers, being responsible for the welfare of city property such as streets, public buildings, and especially the marked places (hence their Greek title ἀγορανόμοι), as well as the public revenue therefrom. They also served as judges, and it is probable that most of a colony's commercial and financial litigation was decided by them rather than by the duoviri. The third responsibility of Colonial aediles was for public games, but in this respect the Corinthian aediles were singularly fortunate. Corinth was a unique colony in that she controlled the management of games which were internationally famous. She therefore administered the Isthmian festivals by means of a completely separate set of officials, and the Corinthian aediles, thus relieved of all responsibilities for public entertainment, were in effect confined in their activities to local economic matters. It is possibly for this reason that St. Paul does not use the customary word ἀγορανόμος to describe a Corinthian aedile, but calls him οἰκονόμος (*Romans*, XVI, 23).«

τῷ οἴκῳ αὐτοῦ) dem Herrn glaubte (Apg 18,8). Ein Synagogenvorsteher war nach gängiger Praxis Wohltäter und Patron der jüdischen Gemeinschaft, vermachte ihr Stiftungen und zeichnete für Bautätigkeiten und Sanierungen an der Synagoge verantwortlich.[76] Mit seinem Anschluss an die korinthische Christusgruppe löste Crispus sich und sein »Haus« aus stabilen sozialen Bezügen, brach (jedenfalls vorübergehend) mit seinem religiösen und sozialen Netzwerk und gab seinen Beruf und seine statusbedingten Privilegien und Verpflichtungen auf. Umgekehrt dürfte sein Status ein – vielleicht der entscheidende – Grund dafür gewesen sein, dass Paulus ihn entgegen seiner üblichen Praxis selbst taufte.[77] Ob er eine »Hausgemeinde« bei sich beherbergte, verraten weder Lukas noch Paulus.

Seine Nachfolge als Synagogenvorsteher trat Sosthenes an, der von einem Mob vor den Prokonsul Gallio geschleppt und dort verprügelt wurde (Apg 18,17), weil dieser sich weigerte, einen Prozess gegen die »Gesetzesverstöße« des Paulus (Apg 18,13) in Gang zu bringen. Ist der Synagogenvorsteher Sosthenes mit dem Sosthenes des 1. Korintherbriefs (1. Kor 1,1) zu identifizieren, hätte sein Leben nach diesem Vorfall eine eindrückliche Wendung genommen. Er wäre nach der Abreise des Paulus wie sein Vorgänger im Amt ein Mitglied der christlichen Gemeinschaft geworden und dann – möglicherweise um Nachstellungen seines ehemaligen jüdischen Umfelds zu entgehen – nach Ephesus gelangt.[78] Gelegentlich wird vermutet, dass Paulus ihn als Sekretär einsetzte und ihm den Brief diktierte (vgl. Röm 16,22), doch ebenso wahrscheinlich ist, dass er auf ihn verweist, weil er in der Gemeinde Respekt und Ansehen genoss und sich um sie verdient gemacht hat.[79]

Stephanas steht einem »Haus« mit Kindern, Angestellten und Sklaven vor (1. Kor 1,16: ὁ τὸν Στεφανᾶ οἶκος; 16,15: ἡ οἰκία Στεφανᾶ),[80] und Fortunatus und Achaicus stehen zu ihm als Familienangehörige oder Sklaven in einem Abhängigkeitsverhältnis (1. Kor 16,15–18); er

76 Vgl. Theißen, Soziologie, 235 f.; ausführlich Rajak/Noy, Archisynagogoi.
77 Reinbold, Propaganda, 140: »Der Status des Krispos dürfte Paulus veranlaßt haben, ihn abweichend von seinem Usus selbst zu taufen.«
78 Vgl. Zeller, 1. Korinther, 71; Karakolis, »Alle schlugen Sosthenes …«
79 Vgl. Timotheus in 2. Kor 1,1. In 1. Kor 1,1 wird Timotheus deshalb nicht als Absender erwähnt, weil er bei Abfassung des Schreibens bereits nach Korinth abgereist ist (vgl. 1. Kor 4,17; 16,10).
80 Zwischen οἶκος und οἰκία gibt es wohl keinen Bedeutungsunterschied (anders Winter, After Paul Left Corinth, 196).

ist in der Lage zu reisen und hat sich durch seinen Dienst (διακονία) für die Gemeinde und als Pionier der Jesusbewegung in der Achaia (ἀπαρχὴ τῆς Ἀχαΐας) Anerkennung erworben.[81] Mehr lässt sich über ihn und seinen sozialen Status nicht in Erfahrung bringen, doch sollten wir uns diesen nicht zu niedrig vorstellen.[82] Wenn Paulus auch in der Auswahl derer, die er selbst tauft, so planmäßig vorging wie in anderen missionsstrategischen Entscheidungen, war die Taufe des Stephanas kein Zufall und könnte durchaus – wie im Falle von Gaius und Crispus – in seinem Status begründet liegen.

3.4 Bedeutende Frauen

Die Rolle der Frauen in den korinthischen Zusammenkünften, die nach Paulus beteten und Prophetie übten (1. Kor 11,5), wäre eine eigene Studie wert.[83] Jan Bremmer hob jüngst wieder die singuläre Bedeutung von Frauen in den Versammlungen hervor: »I do not know any contemporary parallel from the pagan world of such an active female presence in a religious meeting or temple.«[84] Auch Vereine kennen eine solch prominente Stellung von Frauen nicht. Der »Umgang mit Frauen« ist einzuordnen in »das Repertoire der Unterschiede« zwischen Christusgruppen und griechischen und römischen Vereinen, und es steht zu vermuten, »dass eine besondere Offenheit für Frauen christlichen Gruppen einen Integrationserfolg und vielleicht auch Sympathien im Volk verschafft hat«.[85] Es handelt sich um ein Spezifikum der frühchristlichen Gemeindepraxis.

81 Vgl. schon Weiß, 1. Korintherbrief, XXVI: »Wir beobachten hier die im Leben häufige Erscheinung, daß Personen, die für die Gemeinschaft etwas tun, eben dadurch in eine natürliche Autoritätsstellung hineinwachsen.«

82 Vgl. Theißen, Soziologie, 248.

83 Vgl. neuerdings Marshall, Women Praying and Prophesying. Es ist hier nicht der Ort, um über die Textgeschichte und die Interpretation des änigmatischen Satzes zu diskutieren, dass »in den Gemeindeversammlungen … die Frauen schweigen sollen« (1. Kor 14,34–35). Hat das Schweigegebot vielleicht mit dem Versammlungsort zu tun (s. u.)?

84 Bremmer, Early Christians, 195. Dort auch zum Folgenden, auch zu seiner scharfen Kritik an Judith Lieus Versuchen, die Aussagen des Paulus mit einer »Hermeneutik des Verdachts« als rein rhetorisch zu entlarven.

85 So neuerdings wieder Eckhardt/Leonhard, Juden, Christen und Vereine, 286 f. Dort auch der Verweis auf Hemelrijk, Hidden Lives, 200.205–213, mit Belegen zu Frauen als Mitgliedern von Frauenvereinen und als Amtsträgerinnen in Vereinen sowie als Wohltäterinnen von Vereinen. Vgl. darüber hinaus Destephen, L’évergétisme aristocratique.

Schon die Apostelgeschichte nennt »angesehene gottesfürchtige Frauen« (Apg 13,50) bzw. »angesehene griechischen Frauen« (Apg 17,12), und sie spricht von weiblichen Prophetinnen – die vier Töchter des Philippus (παρθένοι προφητεύουσαι) in Cäsarea (Apg 21,8–9). Der 1. Clemensbrief setzt wohl noch weibliche prophetische Praxis in Korinth voraus, denn er ermahnt die Frauen, »sich in jeglicher Hinsicht verständig zu benehmen« (1. Clem 1,3) und sich der »Mäßigung ihrer Zunge durch ihr Schweigen« zu befleißigen (1. Clem 21,7).

Wohlhabende und gebildete Frauen hatten in einer christlichen Gemeinde die Möglichkeit, sich mit der intellektuellen männlichen Elite auszutauschen[86] oder das Patronat einer christlichen Versammlung zu übernehmen. Chloe (1. Kor 1,11) mag eine solche Frau gewesen sein, auch wenn sich ihre Lokalisierung in Korinth und ihre Beziehung zur Gemeinde kaum mehr klären lassen. Ebenso Phoebe, die im benachbarten Kenchraea als Patronin einer Gemeinde »dient« (Röm 16,1: διάκονος τῆς ἐκκλησίας τῆς ἐν Κεγχρεαῖς)[87] und vielleicht auch mit Paulus in einem Patronatsverhältnis stand, sich jedenfalls als Wohltäterin Anerkennung verschaffte (Röm 16,2: προστάτις).[88]

4. Zum Versammlungsort

4.1 Versammlungen der Einzelgruppen

Wenn Paulus davon spricht, dass Unkundige dazu stoßen könnten, »wenn … die ganze Gemeinde zusammenkommt« (1. Kor 14,23), impliziert er, dass es auch – möglicherweise noch häufiger stattfindende – Treffen in kleinerem Rahmen gab. Die ersten Gemeinden trafen sich nicht wie viele andere zeitgenössische Gruppen in Tempeln oder Heiligtümern, sondern – so die weithin gängige

86 Vgl. Bremmer, Upper-class Women.

87 Merz, Phöbe, 129; Korner, Origin, 183. Friesen (Poverty, 355) liest aus dem Empfehlungsschreiben (Röm 16,1–2) heraus, dass Phoebe wirtschaftlich nicht allzu gut gestellt war, weil Paulus um die Gastfreundschaft der Römer bittet. Doch wird die Bitte wohl andere Gründe gehabt haben, v. a. die wohlwollende Aufnahme des gewichtigen, aber nicht unumstrittenen Briefs.

88 MacGillivray (Romans 16:2) votiert dagegen für die Übersetzung προστάτις/προστάτης = »Wohltäterin« (und nicht »Patronin«), da die Bitte um Aufnahme in Rom das Patronatsverhältnis umkehrte und nicht mit den sozialen Konventionen zu vereinbaren wäre. Vgl. ebd., 197: »[T]he help which Phoebe would have received, most likely hospitality, advice, access and introduction to social networks, and, possibly, some financial/material assistance.«

Annahme – in Häusern.[89] Die Hausgemeinde war nach Hans-Josef Klaucks klassisch gewordener Lesart »Gründungszentrum und Baustein der Ortsgemeinde, Stützpunkt der Mission, Versammlungsstätte für das Herrenmahl, Raum des Gebetes, Ort der katechetischen Unterweisung, Ernstfall der christlichen Brüderlichkeit.«[90] Carsten Claussen versuchte in seiner Dissertation zu zeigen, dass (Privat-) Haussynagogen als Vorbild für frühchristliche Gemeinden gedient haben.[91] Träfe dies auch für Korinth zu, wäre ein solcher Versammlungsort also nicht ungewöhnlich gewesen. Philo nennt die Stadt Korinth in einer Aufzählung von Orten, an denen gleichsam eine »Kolonie« von Jerusalem gegründet wurde.[92]

4.1.1 Das Modell der »Hauskirche«

Familiale Sprache in den Paulusbriefen bestätigt – jedenfalls auf den ersten Blick – dass an einen häuslichen Kontext zu denken ist: Glaubende werden als »Söhne« bzw. »Kinder Gottes« bezeichnet (Röm 8,14.16.19.21; 9,8; Gal 3,26; Phil 2,15), und in der Korintherkorrespondenz bezeichnet sich Paulus als »Vater« der von ihm gegründeten Gemeinde (1. Kor 4,15; vgl. 1. Thess 2,11) und nennt die Gemeindeglieder seine »Kinder« (1. Kor 4,14; 2. Kor 6,13; 12,14; vgl. Gal 4,19). Bemerkenswerter noch ist die Rede von »Bruder« bzw. »Brüder«: Über 120 Male wählt Paulus diese Anrede für Mitglieder der von ihm adressierten Gemeinden. Der familialen Beziehungsmetaphorik entspricht der häusliche, familiäre Ort der Zusammenkunft.[93]

Die Kleingruppen haben sich nach gängiger Meinung getroffen bei Crispus (Apg 18,8; 1. Kor 1,14), Stephanas (1. Kor 1,16; 16,15–16),

89 Vgl. die Standardwerke von Robert Banks, Community (1980), und Hans-Josef Klauck, Hausgemeinde (1981) aus den 1980-er Jahren. Aus jüngerer Zeit Gehring, House Church, 2004; Osiek/MacDonald, A Woman's Place, 2006.
90 Klauck, Hausgemeinde, 102. Vgl. Banks, Community, 38: »The *kat' oikon ekklēsia* is thus the ›basic cell‹ of the Christian movement, and its nucleus was often an existing household.«
91 Claußen, Versammlung, 304: »Das frühe Christentum formierte sich ebenso wie das Judentum in kleinen Hausgemeinden im privaten Rahmen. Insofern erscheint es uns sehr wahrscheinlich, die jüdische Haussynagoge, wenn auch ohne ganz scharfe formale Abgrenzungsmöglichkeit zu Hausversammlungen der heidnischen Kulte, als konkretes Modell für christliche Hausgemeinden von Jerusalem bis Rom anzusehen.«
92 Philo, Legatio ad Gaium 281.
93 Vgl. Banks, Community, 61.

wohl auch bei Prisca und Aquila (vgl. 1. Kor 16,19; Röm 16,5),[94] Titius Justus (Apg 18,7), Erastus (Röm 16,23)[95] und vielleicht bei der Chloe (1. Kor 1,11); die »ganze Ekklesia« bei Gaius. Nun wird in jüngster Zeit am Konsens der sich in Hausgemeinden organisierenden Jesusbewegung heftig gerüttelt, aus ekklesiologischen, exegetischen und archäologischen Gründen. Sofort einsichtig ist, dass wir uns von einem frühchristlichen Hausmodell verabschieden sollten, das sich am häuslichen Ideal des 19. Jahrhunderts orientierte und das Teile der Forschung bis in die letzten Jahrzehnte maßgeblich beeinflusste.[96] Ebenso anachronistisch ist es, wenn neuzeitliche kirchliche Phänomene wie Kleingruppen und Hauskreise auf die frühchristliche Situation übertragen werden.

4.2.2 Alternative Versammlungsorte

Schon seit einigen Jahren wird daher der Ruf laut, sich nicht nur auf das Haus als Ort der ersten Christusgruppen zu fixieren, sondern die verschiedenen Spielarten des privaten und halböffentlichen Raums in den urbanen Zentren des Römischen Reiches einzubeziehen.[97] In seiner viel diskutierten Studie mit dem Titel »The Earliest Christian Meeting Places: Almost Exclusively Houses?« wendet sich Edward Adams diesen bislang weniger beachteten städtischen Räumen zu. Die in seinem Buchtitel gestellte Frage beantwortet er mit einem emphatischen »Nein«:[98] Die ersten Gemeinden trafen sich *nicht* ausschließlich in Häusern zum Gottesdienst und zum gemeinsamen Essen, sondern auch in Schuppen, Gewerberäumen, Werkstätten,

94 Wenn diese, wie Murphy-O'Connor (St. Paul's Corinth, 195) und andere vermuten, auch in Korinth einer Hausgemeinde vorstanden, wie später in Ephesus (1. Kor 16,19) und Rom (Röm 16,5).

95 Kirner, Patronage I, 10, Anm. 22 (»wahrscheinlich« auch bei Titius Justus und Erastus).

96 Zur Kritik an diesem Modell Last, Neighborhood, 404–406.

97 Horrell, Domestic Space, 369.

98 Adams plädiert mit Nachdruck dafür, die Kategorie der »Hauskirche« (»house church«) aus dem bibelwissenschaftlichen Vokabular zu streichen und stattdessen die Erforschung des frühchristlichen häuslichen Settings einzugliedern in den Diskurs um »kirchliche Räume« *(ecclesial space)*. Vgl. Adams, Meeting Places, 202: »I would go as far as to suggest that the category ›house church/churches‹ should be dropped altogether from New Testament and Early Christian studies.« Der angelsächsische Diskursrahmen der Kritik an »house churches« etc. ist mit Händen zu greifen.

Warenlagern, Wirtshäusern und angemieteten Speisesälen, ja sogar in Gartenanlagen oder auf Friedhöfen.[99]

Nach Adams' minimalistischer Sicht ist nirgendwo von einer »Hausgemeinde« im Sinne einer »sich hausweise konstituierenden Kirche«[100] (ἡ κατ' οἶκον ἐκκλησία) die Rede. Mit οἶκος bzw. ἡ οἰκία können allerhand Gebäudestrukturen im Blick sein.[101] Man müsse sich die Organisations- und Versammlungsstrukturen daher deutlich offener vorstellen. Es sei anzunehmen, dass auch in Korinth ein erheblicher Anteil der regelmäßigen Kleingruppentreffen in Werkstätten oder Geschäftsräumen stattfand – zumal, wenn sich unter den Gemeindegliedern etliche Gewerbetreibende befanden.[102] Sollten Prisca und Aquila auch schon in Korinth Christusgläubige bei sich aufgenommen haben (1. Kor 16,19), komme als Ort nur eine Werkstatt in Frage.[103] Adams erinnert an die zahlreichen in Korinth freigelegten *tabernae,* die auf das 1. Jh. n. Chr. zu datieren sind.[104]

99 In drei Kapiteln erwägt Adams verschiedene Möglichkeiten nicht-häuslicher Versammlungsorte: »shops and workshops, barns and warehouses« (Meeting Places, 137–156), »hotels and inns, rented dining rooms and bathhouses« (157–180), »gardens, watersides, urban open spaces and burial sites« (181–197). Vgl. auch Bormann, »Hausgemeinde«, 233: »Im Ergebnis erscheint die Vorstellung, dass die religiöse Konversionsgemeinschaft der Christusanhänger vor allem an der Sozialstruktur des antiken Hauses angeknüpft habe, unbegründet.«

100 So Klauck, Hausgemeinde, 12.

101 Der Ortswechsel von der Synagoge (bzw. von der Werkstatt der Prisca und des Aquila) in das »Haus« (οἰκία) des Titius Justus (Apg 18,7) müsse nicht notwendig dessen Funktion als Verkündigungs- und Versammlungsort einschließen (Adams, Meeting Places, 60). Auch das »Haus des Stephanas« (1. Kor 1,16; 16,15) mag eine *taberna* meinen, nicht zwangsläufig eine Hausgemeinde unter dem Patronat des Stephanas (ebd., 26). Zum Versammlungsort des »ganzen Hauses« (Apg 18,8) des Synagogenvorstehers Crispus schweigen sowohl Lukas als auch Paulus (ebd., 63). Auch Phoebes Haus trete in den Texten nicht als Versammlungsort in den Blick (ebd., 34).

102 Vgl. Adams, Meeting Places, 25.

103 So Murphy-O'Connor, St. Paul's Corinth, 192–198; vgl. Adams, Meeting Places, 6, Anm. 37. Peter Lampe (Christians at Rome, 192 f.) setzt eine ›Werkstattgemeinde‹ der beiden in Ephesus und Rom voraus.

104 Adams, Meeting Places, 25, Anm. 57 (mit Literatur): »the North Market Shops, a series of 44 *tabernae* arranged round a colonnaded courtyard …; the West Shops, two groups of six *tabernae* opening onto a portico …; a series of 16 shops that formed the basement level of the Lechaeum Road Basilica … There would have been other *tabernae* in streets further away from the centre …«

Selbst wenn Adams zugunsten seiner eigenen Annahmen gelegentlich das Gras wachsen hört,[105] sollte seiner Hauptthese Gehör geschenkt werden. So leuchtet unmittelbar ein, dass sich die Gruppen etwa bei Prisca und Aquila in *tabernae* zusammenfanden, doch schweigen die neutestamentlichen Texte nicht nur im Blick auf die konkrete Nutzung von Häusern – wie Adams zurecht festhält –, sondern auch im Blick auf die Nutzung von anderen Gebäuden.[106] Auch da, wo sie eine Auskunft verweigern wie im Falle von Stephanas, Crispus oder Phoebe, bleibt die Existenzform einer »Hausgemeinde« in deren Privathäusern eine valable Option.[107] Phoebes Dienstleistungen für die Gemeinde können m. E. durchaus ihre Bereitschaft einschließen, die Pforten ihres Hauses zu öffnen. In seiner Kritik der Herrenmahlspraxis hat Paulus doch die Wohlhabenden im Blick, die »Häuser haben« (1. Kor 11,22)[108] und es sich leisten können, früher und mit Essensvorräten zur Vollversammlung zu kommen, und die ihre Häuser folglich einer »Hausgemeinde« zur Verfügung stellen könnten.

Die revisionistischen Ansätze von Adams u. a. greifen auf die archäologischen Daten in Pompeji, Herculaneum und Ostia zurück, doch sollten keine vorschnellen Schlüsse auf andere Städte gezogen werden. Im erdbebengefährdeten Korinth gab es wohl keine mehrstöckigen Gebäude, so dass *insulae,* d. h. mehrstöckige Mietshäuser mit Laden- oder Werkstattfläche *(tabernae),* für die Gemeinde in

105 Gegenläufigen Indizien in den Texten gibt er wenig Raum. Gerade die »klassischen« Belege korinthischer »Hausgemeinden« werden nur mit dürren Worten gewürdigt. Zu Titius Justis, Crispus, Stephanas, Phoebe, Prisca und Aquila oder Erastus finden sich jeweils nur wenige Sätze.

106 Diese naheliegende Kritik auch bei Bremmer, Urban Religion. In der Apostelgeschichte werden aus der Perspektive der nächsten Generation weitere Versammlungsorte genannt: der Tempel (Apg 2,46), die Synagoge (Apg 9,20; 13,14), das »Obergemach« (ὑπερῷον, Apg 1,13; 20,8) und die »Schule« des Tyrannos (Apg 19,9). Spätere Belege sind entweder fiktional, wie z. B. das Anmieten einer Scheune außerhalb Roms in den Paulusakten (spätes 2. Jh., wohl Kleinasien), oder sie sind literarisch stilisiert, wie z. B. das Gartengespräch zwischen Clemens und Appion in den Pseudoklementinen, oder sie reflektieren eine spätere Praxis (Belege und Diskussion bei Bremmer, Urban Religion).

107 Exemplarisch verweise ich auf die schon im 19. Jh. geäußerte Vermutung von Georg Heinrici (Sendschreiben, 23): »Die Art, in welcher der Apostel Stephanas (16, 15) den Korinthiern in Erinnerung bringt, gestattet die Vermuthung, dass sein Haus der erstehenden Christengemeinde die erste gastliche Stätte bot.«

108 Vgl. Theißen, Soziologie, 257: »Es ist daher nicht ausgeschlossen, daß in οἰκίας ἔχειν der Gedanke des ›Hausbesitzens‹ mitschwingt.«

Korinth nicht in Frage kommen,[109] während sie in Rom möglicherweise bevorzugter Versammlungsort waren.

4.2 Gesamttreffen der »ganzen Ekklesia«

Die Gesamttreffen, auf die Paulus verweist (1. Kor 14,23), dienten wahrscheinlich der Feier des Herrenmahls.[110] Wie viele Gläubige zu beherbergen waren, lässt sich wiederum nur aus den dürren Angaben der Paulusbriefe und der Apostelgeschichte sowie aus den bescheidenen archäologischen Erkenntnissen erschließen. Nach Apg 18,10 war die korinthische Mission des Paulus erfolgreich und überzeugte »ein großes Volk« (λαὸς πολύς). Grundlage einer tentativen Berechnung sind die Zusammenkünfte der Kleingruppen und die von Paulus in den Korintherbriefen sowie in der Grußliste des Römerbriefs mit Namen genannten Einzelpersonen[111] samt deren Familienangehörigen und ihrer Freunde, Klienten und Sklaven.

Da wir annehmen müssen, dass die Teilgemeinschaften auch »Kristallisationspunkte der Gruppenbildung« waren,[112] sind auch die von Paulus beanstandeten Parteiungen, ihre Köpfe und ihre Anhänger in unbestimmter Zahl in Anschlag zu bringen. Darüber hinaus setzen die Ermahnungen und Anweisungen in den Korintherbriefen soziale Verflechtungen innerhalb der Gemeinden und mit der übrigen städtischen Bevölkerung voraus, die nicht unterschätzt werden dürfen. Doch was heißt das konkret? Wie viele Menschen und welche Atmosphäre waren in den Versammlungen anzutreffen?

109 Nicht plausibel ist David Balchs (Rich Pompeiian Houses, 40) Annahme, dass es sich bei den »Chloeleuten« um Sklaven Chloes handelt, die einem Laden in Chloes *insula* verwalteten und sich dort zum Gottesdienst versammelten.

110 Vgl. das Verb συνέρχεσθαι in 1. Kor 11,17.18.20 sowie in 1. Kor 14,23. Es ist wohl an dieselbe, umfassendere Zusammenkunft gedacht.

111 Theißen (Soziologie, 255 f.; daran anschließend Murphy-O'Connor, St Paul's Corinth, 182), zählt max. 17 namentlich genannte Personen, darunter drei Frauen (Prisca, Phoebe und Chloe). Einige Unsicherheiten bleiben: Doppelnennungen, Zugehörigkeit zur korinthischen Christusgruppe (oder Kollektengesandtschaft) oder überhaupt zur Jesusbewegung (s. o.). Für eine kürzere Liste votiert Last, Pauline Church, 76 (ohne Jason, Lukius, Sosthenes, Titius Justus, Tertius). Bei Last ist freilich eine kleine Gruppe *petitio principii.*

112 Konradt, Weisheit, 106, mit Banks, Community, 38; Murphy-O'Connor, St. Paul's Corinth, 185; Klauck, Hausgemeinde, 163 f.; Theißen, Soziologie, 227 f.

4.2.1 Zum Modellcharakter der Anaploga Villa

Gehen wir von einem Privathaus als Versammlungsort aus, fällt gleich die offensichtliche Spannung zwischen Text und Archäologie ins Auge: Nach Andreas Lindemann kann die Gemeinde zur Zeit der Korintherbriefe »kaum weniger als etwa einhundert Mitglieder gehabt haben«,[113] während Jerome Murphy-O'Connor mit Rücksicht auf die Wohnfläche der Häuser mit höchstens fünzig Mitgliedern rechnet[114]. Damit ist ein ganz grundsätzliches Problem angesprochen: Wie lassen sich Ausgrabungsergebnisse sinnvoll mit den Texten in Beziehung setzen, und wie gewinnt nüchterne Vorstellungskraft die Oberhand gegenüber der bloßen Phantasie der Interpreten?[115]

Die Pionierarbeit von Jerome Murphy-O'Connor aus den 1980-er Jahren jedenfalls setzte Standards und inspirierte zu weitreichenden Schlüssen. Von den vier ausgegrabenen Villen aus römischer Zeit wird eine ins 1. Jh. datiert: Die sog. Anaploga Villa mit ihrem prächtigen Mosaikboden, der allerdings aus späterer Zeit nach einem gründlichen Umbau des Hauses stammt.[116] Der Speiseraum *(triclinium)* misst gut 40 m², das Atrium etwa 30 m². Das Triclinium bot auf seinen hufeneisenförmig um den Tisch angeordneten drei Speisesofas Sitzgelegenheiten für neun Personen, im Atrium nahmen das *impluvium*, ein Sammelbecken für Regenwasser, und deko-

113 Lindemann, 1. Korinther, 13. Ähnliche Zahlen bei de Vos, Church and Community Conflicts, 204; Zeller, 1. Korinther, 35. Deutlich höhere Zahlen nehmen an Schmeller, Hierarchie und Egalität, 80 (100–200), Hays, First Corinthians, 7 (150–200), Klauck, 1. Korinther, 8 (max. 200), Caragounis, House Church, 413 (»hundreds of members«!).

114 Murphy O'Connor, St. Paul's Corinth, 182. Mit noch weniger Gemeindegliedern (35–40) rechnen Banks, Community, 41 f., 120 f.; Dunn, Romans II, 910. Am unteren Ende der Skala Last, Pauline Church, 73 (»minimum membership size is ten«).

115 Vgl. Schowalter, Seeking Shelter, 332.

116 Horrell, Domestic Space, 353 f. mit Literatur zu Datierungsvorschlägen (Ende 1. Jh. bis 3. Jh.). Ebd., 353–360, auch eine sorgfältige, kritische Analyse der Rekonstruktion von Murphy-O'Connor und ihren Implikationen. Vgl. Schowalter, Seeking Shelter, 331: »At the Corinth conference in Austin [2007], current excavators from Corinth were surprised to learn that the so-called villa had come to play such a prominent role. In the ensuing discussion, they raised questions about both the architectural identification and the dating of the Anaploga site. Without conducting further research, it is impossible to be certain, but there is a definite possibility that the site may not have been a villa at all in the mid 1st century CE.«

rative Gegenstände wie Vasen einen beträchtlichen Raum ein, was den Platz und die Bewegungsfreiheit einschränkte.[117]

Andere Häuser wohlhabender Stadtbewohner mögen etwas geräumiger gewesen sein, doch wären Triclinium und Atrium der Anaploga Villa bei 50 Besuchern aus allen Nähten geplatzt und die Versammlung auch ohne glossolale Unordnung recht chaotisch gewesen. Murphy-O'Connor nimmt daher an, dass sich die ganze Ekklesia nur in Ausnahmefällen traf, die regelmäßigen Zusammenkünfte also in den einzelnen Hausgruppen stattfanden.[118] Sollte Gaius als Patron und Wohltäter der ganzen Ekklesia Korinths[119] in der Lage gewesen sein, ihre Vollversammlung – und wenn sie »nur« aus 50 Mitglieder bestand – in seinem Privathaus zu beherbergen, muss er ein wohlhabender Mann gewesen sein, vielleicht einer der reichsten Personen der paulinischen Gemeinden.[120]

117 Murphy-O'Connor, St. Paul's Corinth, 183 f.

118 Murphy-O'Connor, St. Paul's Corinth, 183: »This number could barely be accommodated in our average house of Gaius, but it would have meant extremely uncomfortable overcrowding in the villa at Anaploga. It would appear, therefore, that a meeting of ›the whole church‹ (Rom 16:23; 1 Cor 14:23) was exceptional; it would simply have been too awkward.« Auch Horrell, Domestic Space, 359, Anm. 52. Doch deutet 1. Kor 14,23 und die andernorts belegte wöchentliche Herrenmahlspraxis nicht auf regelmäßige Treffen hin?

119 Vgl. u. a. Chow, Patronage and Power, 90. Adolf Deißmann (Paulus, 188) kann aufgrund seiner ökonomischen Vorannahmen Gaius wie auch Erastus allenfalls dem »Mittelstand« zurechnen. Ähnlich Horrell, Domestic Space, 358.

120 Welborn, Enmity, 247 (mit Verweis auf Wallace-Hadrill, Houses and Society, 39, 41, 51, 58); ders., Inequality, 71. So schon Meeks, First Urban Christians, 143, 221, Anm. 7 (»Gaius's role was unusual enough for Paul to single it out when mentioning him to the Roman Christians; it may have been unique«); Theißen, Soziologie, 237; Lonengecker, Remember the Poor, 239 u. v. a. Kaum beweisbar ist die These Welborns (Paulus und der »Unrechttäter«), dass Gaius mit dem »Unrechttäter« bzw. »Beleidiger« des 2. Korintherbriefs (2. Kor 2,5; 7,2) zu identifizieren sei. Welborn (a. a. O., 39) meint, dass die von Gaius gewährte Gastfreundschaft »keine Frage der Zweckmäßigkeit« war, sondern sich der sozialen Konvention verdankt, »einen Versöhnungsvorgang zwischen zuvor einander entfremdeten Freunden zu vollenden und öffentlich kund zu tun.« Schon seine Gastgeberrolle gegenüber der Gesamtgemeinde weist über die persönliche Beziehung zu Paulus hinaus.

4.2.2 Andere urbane Räume

An Kritik und Alternativvorschlägen mangelt es nicht.[121] Paulus selbst formuliert ja recht offen und legt sich nicht auf ein »Haus« fest. In 1. Kor 11,34 legt er seinen Adressaten nahe, zuhause (ἐν οἴκῳ) zu essen, bevor sie sich am nicht näher bezeichneten Ort des Gesamttreffens einfinden. Und in 1. Kor 14,35 weist er die Frauen an, zuhause (ἐν οἴκῳ) ihre Männer zu befragen und nicht bei der Versammlung, deren Ort wiederum nicht bestimmt wird.[122] Ein Haus ist damit freilich nicht ausgeschlossen, sollte aber nicht stillschweigend vorausgesetzt werden.

1. Wer die Anaploga Villa nicht zum Maßstab nehmen will, zieht erheblich geräumigere Häuser aus anderen Gegenden zum Vergleich heran, wie etwa das Haus der Vettier *(domus Vettii)* in Pompeji. Ein solches Haus hätte auch für eine große Gruppe reichlich Platz geboten im Atrium und im Gartenperistyl. Doch ist es legitim, Verhältnisse aus anderen Städten einfach nach Korinth zu übertragen?
2. Wer hingegen den sozialen Status der Gemeindemitglieder (gegen 1. Kor 1,26) für niedrig hält, richtet seinen Blick auf weniger vornehme Wohngegenden und auf einzelne Gebäude östlich des Theaters.[123] Dort gefundene Tierknochen und Öfen legen nahe, dass im Erdgeschoss Speisen für die Bevölkerung und v. a. die Theaterbesucher zubereitet wurden, während der zweite (und möglicherweise ein dritter) Stock als Privatraum genutzt wurde. Hatten Gastgeber wie Gaius die »ganze Ekklesia« in den eng beieinander liegenden bzw. zusammengebauten Obergeschossen ihrer Häuser untergebracht (vgl. Apg 20,8–9)?[124] Doch abgesehen davon, dass die Ausgrabungsteams bislang keine Treppenaufgänge vorfanden und wegen der Erdbebengefahr ohnehin nur

121 Vgl. Murphy-O'Connors (Keys to First Corinthians, 189–193) bibliographische Verweise und Zitate in seinem Rückblick auf die Rezeption seiner Arbeit. Neben methodischen und archäologischen Detailproblemen (Alter des Mosaiks, Identifizierung des Tricliniums) stehen folgende Fragen im Raum: Wie sollen wir uns eine »typische« Stadtvilla vorstellen? Konnten sich einzelne Christen ein solches Haus leisten? Sind andere Versammlungsräume näherliegend?
122 Vgl. Bormann, »Hausgemeinde«, 228 f.
123 Horrell, Domestic Space, 362, beschäftigt sich aus Datierungsgründen mit zwei anderen Gebäuden vom Anfang des 1. Jh.
124 Horrell, Domestic Space, 369.

mit einstöckigen Gebäuden in Korinth rechnen,[125] wäre auch eine 50 m^2-Fläche im Obergeschoss kaum ausreichend für die Gesamtgemeinde und böte – anders als eine Villa – keine Ausweichmöglichkeiten in andere Räume oder ins Freie.[126]

3. Wer sich von der Vorstellung verabschiedet, dass sich die ersten Christen v. a. in Privathäusern trafen, erwägt für die großen Zusammenkünfte die Anmietung eines (halb)öffentlichen Raumes, etwa einer Schola oder eines Vereinshauses,[127] eines Speisesaals, wie wir ihn etwa in dem »Cellar Building« an der Südwestecke des Römischen Forums vorfinden,[128] oder gar einer der städtischen Basiliken.[129] Auch eine Scheune wurde in Erwägung gezogen.[130] Ein Stolperstein dieser Hypothesen ist die Formulierung des Paulus, dass Gaius nicht nur Gastgeber der »ganzen Ekklesia«, sondern auch *sein* Gastgeber sei. Man müsste zwei verschiedene Bezugsgrößen des ξένος annehmen: Gastgeber der Gemeinde in einem angemieteten Raum, Gastgeber des Paulus im Privathaus.
4. Wer geneigt ist, Räume in und auf Gebäuden ganz zu verlassen, mag sich gar eine Zusammenkunft in einem eingefriedeten Garten vorstellen, der zumindest in den wärmeren Monaten ein geeigneter Versammlungsort gewesen sein könnte. Die paulinische Ausdrucksweise in 1. Kor 14,30 (καθημένῳ) legt nahe, dass die Teilnehmenden beim Herrenmahl nicht wie in einem

125 Schowalter, Seeking Shelter, 334, Anm. 20 mit einem ausführlichen Zitat von Charles Williams, dem ehemaligen Direktor der Korinth-Ausgrabungen der »American School of Classical Studies at Athens«.

126 So auch die Kritik von Murphy-O'Connor, Keys to First Corinthians, 192: »[T]he room could have accommodated the 40–50 people that I postulated as the minimum number of converts at Corinth. This entirely speculative reconstruction, however, forces my imagination to visualize 50 people sitting knee to knee with their food on their laps! To what extent that would have been socially acceptable in any Graeco- Roman city of the period is up to Horrell to explain.«

127 Vgl. de Vos, Church and Community Conflicts, 204; Klinghardt, Gemeinschaftsmahl und Mahlgemeinschaft, 326.

128 Adams, Meeting Places, 30: »If the whole-church gathering of 1 Cor. 11–14 did not take place in a believer's home, where then did it happen? One possibility is rented dining space, exemplified possibly by Corinth's Roman Cellar Building.« Allerdings bietet, wie Adams anmerkt, der Raum gemäß seinem derzeitigen Ausgrabungszustand Platz für max. 40 Personen.

129 Caragounis, House Church, 414; vgl. Finney, Honour and Conflict, 63–68.

130 Adams, Meeting Places, 30 und 205, Anm. 17.

Triclinium bei Tisch lagen, sondern vielmehr wie in Tavernen oder in einem Garten saßen.[131] Auch hier hätte freilich der Gastgeber eine Doppelrolle gegenüber Paulus und der Gemeinde. Am Ende müssen wir uns mit unser produktiven Unwissenheit zum Versammlungsort der »Gesamtekklesia« zufriedengeben.

4.3 Soziale Implikationen eines Versammlungsorts

Was wäre einem Besucher der korinthischen Treffen durch den Kopf geschossen, wenn er die Versammlungsorte mit den ihm vertrauten sozialen Codes beurteilt? Ihm wäre wohl klarer als uns vor Augen gestanden, welchen Einfluss die ortsspezifischen Umstände auf das Leben und die Probleme der Gemeinde hatten. Hier kann ich nur einige Mutmaßungen zu einzelnen möglichen Versammlungsorten anstellen.

Trotz aller berechtigten Einwände gegen das »Hausmodell« spricht nach wie vor viel dafür, dass sich die Christusgruppen in Korinth vorzugsweise in Privathäusern trafen. Es ist durchaus vorstellbar, dass die Existenzform der Jesusbewegung in Korinth im Nebeneinander von häuslichen Kleingruppen und Gesamt-Ekklesia die Herausbildung von »Parteien« begünstigte. Während etwa die einzelnen, höchst disparaten Christusgemeinschaften in Ephesus – das prophetisch-apokalyptische Christentum der Johannesapokalypse, die sakramentale Bischofskirche eines Ignatius, die weltoffenen Nikolaiten – ein »aufs Ganze gesehen relativ unkompliziert[es] Verhältnis« hatten,[132] fochten die Korinther ihre Differenzen offen aus. Das kann freilich viele Gründe haben. Doch mag der Konflikt deshalb so intensiv gewesen sein, weil die Einzelgruppen »ihre« Theologie zunächst abgeschirmt von den anderen entwickelten und festigten, bevor sie in den Vollversammlungen mit den Meinungen der anderen konfrontiert wurden und es zu Spaltungen kam (1. Kor 11,18: σχίσματα).[133]

Manche vermuten zudem, dass es dort wegen Überfüllung zu einer räumlichen Trennung von Wohlhabenden und Ärmeren kam: Die sozial besser Situierten konnten über ihre Zeit ungebundener verfügen, erschienen früher und wurden vom Gastgeber im *triclinium*

131 Vgl. Balch, The Church Sitting in a Garden.
132 Lampe, Vielfalt, 53.
133 So ausdrücklich Murphy-O'Connor, St. Paul's Corinth, 183.

empfangen.[134] Diejenigen, die es sich leisten konnten, zeitig zu erscheinen, vermehrten ihr Sozialprestige auch noch dadurch, dass sie im Speiseraum Platz angeboten bekamen. Das entspricht gängigen sozialen Konventionen, kollidiert aber mit dem Ethos, das Paulus voraussetzt. Paulus konfrontiert die Diastase zwischen denen, die ein »Zuhause haben« (οἰκίας ἔχειν) und denen, die »nichts haben« (μὴ ἔχοντες) und später hungrig zum Treffen dazustoßen (1. Kor 11,17–34).

> »Jeder kann sich die sehr verständlichen Gründe, die dabei eine Rolle gespielt haben mögen, vorstellen: die sehr menschliche Neigung zu einer Geselligkeit des Unter-Sich-Seins; die Abneigung gegen die Peinlichkeiten, wenn Reiche und Arme, Freie und Sklaven leibhaftig an einem Tische sitzen – leibhaftige Tischgemeinschaft ist ja eben noch etwas anderes als Almosen aus der Distanz; die Sorge, daß einem die ›Stimmung‹ verdorben werden kann für den Empfang des Sakraments durch solches peinliche Auf-den-Leib-Rücken der Armen. Alles das wird zu dem ›Vorwegnehmen‹ der eigenen Mahlzeit geführt haben.«[135]

Ein Treffen im Haus konfrontiert die Gruppen nicht nur mit sozialen Herausforderungen, sondern auch mit religiösen: Häusliche Räume sind kultisch bestimmt und Orte polytheistischer ritueller Praxis[136] – und sie verlieren diese Bedeutung als »sacred space« nicht

134 Lampe, Herrenmahl, 201: »Wenn die sozial niedriger Stehenden erst später zur korinthischen Versammlung eintrafen und dann nicht mehr im Triclinium, sondern nur noch in Atrium und Peristyl Platz finden, so spiegelt sich auch in diesem Zug ein vorbaptismaler Habitus: Sozial niedriger stehende Klienten wurden vom Patron im Atrium empfangen und abgefertigt.« Kritisch hierzu Schmeller, Egalität, 72: »Diese Sitte hat mit Gastmählern nichts zu tun. Die gesonderte Unterbringung wird nicht mit einem ›Abfertigen‹, sondern einfach mit den räumlichen Gegebenheiten zusammenhängen.«

135 Bornkamm, Herrenmahl und Kirche, 318; vgl. Theißen, Soziologie, 299 f., Anm. 3. Die in der älteren Forschung immer wieder anzutreffende These, dass die Nutzung von Privathäusern Rückschlüsse auf die patriarchale Struktur der Gemeinde zulässt, wird heutzutage mit Recht bestritten (vgl. Bormann, »Hausgemeinde«, 231).

136 Vgl. jetzt monographisch Cianca, Sacred Ritual. Dieser Aspekt wird m. E. bei Bormann, »Hausgemeinde«, unterschätzt. Richtig ist seine Beobachtung (a. a. O., 242), dass durch die »metaphorische Sakralisierung« der Christusgruppen als »Leib Christi« und »Tempel Gottes« Identität sicherte und Flexibilität gewährleistete.

einfach bei der (teilweisen) »Konversion« ihrer Bewohnerinnen und Bewohner. In Korinth wurde das Problem von »Mischhaushalten« aus Gläubigen und Ungläubigen diskutiert (vgl. 1. Kor 7,12–16), und nicht zufällig benutzt Paulus Heiligkeitsterminologie. Auch andere Konstellationen verlangten Klärungen, z. B. wenn sich Sklaven in einem nichtgläubigen Haushalt dem Christusglauben zuwandten (die »Chloeleute«?; 1. Kor 1,11).

Ein halböffentlicher Platz wie ein teilweise von Mauern umgebener Garten könnte – so Edward Adams – das heftig debattierte Schweigegebot des Paulus gegenüber den Frauen erhellen (1. Kor 14,34–35): Ein Treffen von Frauen und Männern, das von Nachbarn und Vorübergehenden inspiziert werden könnte, berücksichtigt die sozialen Codes in anderer Weise als ein Treffen in vier Wänden.[137] Eine Werkstatt an einer geschäftigen Straße eröffnet wiederum attraktive Möglichkeiten der Begegnung, mit Geschäftspartnern, Kollegen und Kundschaft, auch mit verheirateten Frauen. Es ergeben sich Gespräche zwischen Tür und Angel, und Interessierte konnten unter einem Vorwand die Werkstatt aufsuchen.[138] Als Versammlungsraum genutzt, bot eine gewöhnliche Werkstatt Platz für kaum mehr als Dutzend Menschen.

> »Dunkel, wenn die Türen verschlossen waren, zur Straße hin offen, wenn sie geöffnet waren; eine sehr geräuschvolle Umgebung; vollgestopft mit Arbeitsmaterial, Werkzeugen und halbfertigen Produkten (wobei man wohl auch auf manchen sitzen konnte!); ohne Kochgelegenheiten und Latrinen, die in einem Haus zur Verfügung gestanden wären.«[139]

137 Adams, Meeting Places, 205. Adams zitiert Crocker, Reading 1 Corinthians, 153: »Read within the setting of a public assembly in antiquity, this passage indeed reflects the proper thing to do, since only men were full participants while women were no more than silent observers.«

138 Vgl. Murphy-O'Connor, St. Paul's Corinth, 195. Dort auch zu Paulus: »It is difficult to imagine that his dynamic personality and utter conviction did not quickly make him a ›character‹ of the neighbourhood, and this would have drawn the curious, not merely the idlers but also those genuinely seeking … The workshop also brought him into contact with municipal officials. Did he meet Erastus when paying rent or taxes?«

139 So die plastische Beschreibung bei Oakes, Reading Romans in Pompeii, 94 f. (meine Übersetzung), der für Rom mit etwas geräumigeren Werkstätten rechnet (45 m^2/max. 30 Personen).

Jedenfalls wären solche Versammlungsstätten für die besser gestellten Gemeindeglieder und zumal ihr nichtchristliches soziales Netzwerk eine offene Provokation gewesen. Das gilt in noch stärkerem Maß für Gaststuben oder Wirtshäuser, die einen ausnehmend schlechten Ruf hatten – und doch intensiv frequentiert wurden.[140] Die unmittelbare Nähe zu den Küchen könnte Anlass gewesen sein für die Streitigkeiten in der Beurteilung des Essens und Trinkens bzw. für die Befürchtung, mit kultisch kontaminiertem Götzenopferfleisch in Berührung zu kommen.

Nicht zu unterschätzen ist auch der Umstand, dass in der korinthischen Gemeinde ohne Zweifel Frauen und Männer waren, die mit dem Prostitutionsgewerbe in Berührung gekommen waren. Es wird auch Männer gegeben haben, die ihre »standesgemäßen« Geschlechts- und Sexualbeziehungen weiterführten, auch nach ihrer Hinwendung zur Ekklesia (vgl. 1. Kor 6,12–20). In Pompeji mit seinen ca. 10 000 Einwohnern gab es 35 Bordelle;[141] Prostitution wurde neben den öffentlichen Anlagen wie Tempeln, Zirkussen und Bädern auch in den zahllosen Tavernen und ihren Hinterzimmern ausgeübt. Häufig war Alkohol im Spiel.[142] Lange Zeit dachte man, dass das »verruchte« Pompeji eine Ausnahme darstellt. Dem ist wohl nicht so. Im zehn Mal größeren Korinth ist eine entsprechend höhere Zahl an Orten zur Prostitution anzunehmen. Paulus nimmt eine subversive Umwertung der antiken Hierarchie vor, auch der sexuellen (1. Kor 7,12–20), und er kommentiert mit korinthischer Brille den Weinkonsum der »Starken« in Rom (Röm 14,21). Sind dies Beiklänge der Versammlungsorte der Christusgläubigen in Korinth?

5. Resümee

Ich komme zum Schluss meiner Streifzüge durch die Straßen von Korinth. Die korinthischen Christusgruppen wären von einem Außenstehenden (vgl. 1. Kor 14,23) wohl als ein Spiegelbild der urba-

140 Vgl. zur Thematik Glazebrook/Tsakirgis, Houses of Ill Repute. Kritisch Bremmer, Cult spaces in a *Longue Durée* perspective, 293: »Such a renting presupposes a fair amount of organisation in order to look for a place, pay for it and then to announce it to the members of the congregation. And would women of some status really go to taverns? This hardly seems likely.«

141 Zu dieser Schätzung McGinn, The Economy of Prostitution, 167.

142 McGinn, The Economy of Prostitution, 15–18.

nen Gesellschaft wahrgenommen worden, in die sie eingebettet waren:[143] Männer, Frauen, Kinder, Sklaven, Angesehene, Funktionsträger, Freigeborene, Freigelassene. Was zunächst nicht weiter spektakulär erscheint, ist auf den zweiten Blick sehr bedenkenswert. Paulus spricht die Mehrzahl der Gemeindeglieder an als solche, die »in den Augen der Welt« (κατὰ σάρκα) nicht zu den Weisen, Mächtigen und Vornehmen zu zählen sind (1. Kor 1,26). Dennoch fand der neuartige, kontroverse und doch überraschend anschlussfähige Glaube nicht nur in den niedrigsten Ständen eine Anhängerschaft, sondern auch in den obersten. Die Gemeinschaft musste mit ungeheuren sozialen Spannungen umgehen, die besonders anschaulich werden in der Rüge des Paulus über die Praxis der Reichen (1. Kor 11,17–34). Höher Gestellte wie Gaius oder Erastus riskierten mit fester Bindung an die Ekklesia und mit ihrer Gastgeberrolle, soziales Prestige zu verlieren und aus ihren Netzwerken herauszufallen. Niedriggestellte kämpften mit Ausgrenzung und Stigmatisierung.

Die neutestamentlichen Autoren sind wenig auskunftsfreudig, was die Versammlungsorte der Jesusanhänger angeht.[144] Christinnen und Christen trafen sich jedenfalls nicht in Grotten oder Quellen, an »heiligen« Bäumen oder Felsen, an Schreinen oder Tempeln, sondern dort, wo das familiäre, berufliche oder gesellige Leben stattfand.[145] Die Räume und Plätze, in denen die Christusgemeinschaften zusammenkamen – ob Villa, Werkstatt, Wirtshaus oder Garten –, sind nicht neutral, sondern aufgeladen mit sozialer und teils kultisch-religiöser Bedeutung. Die einzelnen Gruppen waren wohl fle-

143 Welborn, Inequality, 73: »All in all, the ἐκκλησία of Christ believers at Corinth would seem to be a mirror and microcosm of the city itself. The majority were poor, lacking education, wealth, and birth, nobodies in terms of public honor; some hat fallen below the level of subsistence and depended on the communal meals for nourishment. A few were persons of middling incomes, shop-keepers, perhaps, or merchant-traders.«

144 Auch außerchristliche Quellen helfen nicht weiter. Nach Plinius (Ep 10,96) kamen die Christinnen und Christen zunächst vor Sonnenaufgang zu Gebet und Gesang zusammen *(convenire)*, später zum gemeinsamen Essen. Wo, wird nicht gesagt.

145 Bormann, »Hausgemeinde«, 224, mit Verweis auf die kulturwissenschaftliche Diskussion zur Beziehung von Raum und sozialer Praxis. Die Praktiken der Christusgruppen »konstituierten sich … in einem ›sozialen Raum‹, im Sinne eines durch Personenbeziehungen gebildeten Geflechts von Interaktionen und Kommunikationen.«

xibler und anpassungsfähiger als weithin gedacht. Sie nahmen mit den Gebäudestrukturen und Plätzen vorlieb, die verfügbar und praktikabel waren; Stauraum für Kultgegenstände war nicht nötig, nur Platz für die Anwesenden.

Die lokalen Settings der Versammlungen können dabei ein neues Licht auf die Probleme und Debatten in der Gemeinde werfen. Jedenfalls waren die Christusgläubigen stets gefordert, Milieubarrieren zu überwinden und Konventionen zu hinterfragen, gewachsene Netzwerke aufzulösen und neue zu knüpfen, um zu einer verbindenden Identität im Christusglauben zu gelangen. Dass die Gemeinde in der Lage war – allen Streitigkeiten und Spaltungsgefährdungen zum Trotz! – eine solche soziale Spreizung der korinthischen Gemeinde auszuhalten, ist für den Erfolg des Christentums in der Stadt nicht hoch genug zu veranschlagen.

Bibliografie

Adams, Edward, The Earliest Christian Meeting Places. Almost Exclusively Houses?, London: Bloomsbury, 2013.

Arterbury, Andrew, Entertaining Angels. Early Christian Hospitality in Its Mediterranean Setting (NTM 8), Sheffield: Sheffield Phoenix Press, 2005.

Balch, David L., Rich Pompeiian Houses, Shops for Rent, and the Huge Apartment Building in Herculaneum as Typical Spaces for Pauline House Churches, JSNT 27 (2004), 27–46.

Balch, David L., The Church Sitting in a Garden (1 Cor 14:30; Rom 16:23; Mark 6:39–40; 8:6; John 6:3, 10; Acts 1:15; 2:1–2) (2012), in: ders., Contested Ethnicities and Spaces. Studies in Acts and Art (WUNT 345), Tübingen: Mohr Siebeck, 2015, 311–343.

Banks, Robert, Paul's Idea of Community. The Early House Churches in Their Historical Setting, Grand Rapids: Eerdmans, 1980.

Barrett, Charles K., A Critical and Exegetical Commentary on the Acts of the Apostles, Bd. 2 (ICC), Edinburgh: T. & T. Clark, 1998.

Blue, Bradley, Acts and the House Church, in: Gill, David W. J./Gempf, Conrad (Hg.), The Book of Acts in Its First Century Setting, Bd. 2: Graeco-Roman Setting, Grand Rapids: Eerdmans, 1994, 119–222.

Bormann, Lukas, ἡ κατ᾽ οἶκον ἐκκλησία = »Hausgemeinde«? Raum und Ritual im frühesten Christentum, in: Wiemer, Hans-Ulrich (Hg.), Kulträume Studien zum Verhältnis von Kult und Raum in alten Kulturen, Stuttgart: Steiner, 2017, 221–246.

Bornkamm, Günther, Herrenmahl und Kirche bei Paulus, ZThK 53 (1956), 312–349.

Botermann, Helga, Paulus und das Urchristentum in der antiken Welt, ThR 56 (1991), 296–305.
Bremmer, Jan N., Cult Spaces in a *Longue Durée* Perspective, in: Wiemer, Hans-Ulrich (Hg.), Kulträume Studien zum Verhältnis von Kult und Raum in alten Kulturen, Stuttgart: Steiner, 2017, 285–296.
Bremmer, Jan N., Early Christians in Corinth (A.D. 50–200): Religious Insiders or Outsiders?, Annali di Storia dell'Esegesi 37 (2020), 181–202.
Bremmer Jan N., The Rise of Christianity through the Eyes of Gibbon, Harnack, and Rodney Stark, Groningen: Barkhuis, 2. Aufl. 2010.
Bremmer, Jan N., Urban Religion, Neighborhoods and the Early Christian Meeting Places (im Erscheinen).
Bremmer, Jan N., Why Did Early Christianity Attract Upper-class Women (1989), in: ders., Maidens, Magic and Martyrs in Early Christianity. Collected Essays I (WUNT 379), Tübingen: Mohr Siebeck, 2017, 33–41.
Brookins, Timothy A., Corinthian Wisdom, Stoic Philosophy, and the Ancient Economy (SNTS.MS 159), Cambridge: Cambridge University Press, 2014.
Brookins, Timothy A., The (In)frequency of the Name ›Erastus‹ in Antiquity. A Literary, Papyrological, and Epigraphic Catalogue, NTS 59 (2013), 496–516.
Bruce, F. F., The Letter to the Romans, Grand Rapids: Eerdmans, 1985.
Caragounis, Chrys C., A House Church in Corinth? An Inquiry into the Structure of Early Corinthian Christianity, in: Belezos, Constantine J. (Hg.), Saint Paul and Corinth: 1950 Years Since the Writing of the Epistles to the Corinthians: Exegesis, Theology, History of Interpretation, Philology, Athen: Psichogios, 2009, 365–418.
Chow, John K., Patronage and Power. A Study of Social Networks in Corinth (JSNTSup 75), Sheffield: JSOT Press, 1991.
Chrysostomos, Commentarius in Epistolam ad Romanos, PG 60, 391–682.
Cianca, Jenn, Sacred Ritual, Profane Space. The Roman House as Early Christian Meeting Place (Studies in Christianity and Judaism 1), Montreal: McGill-Queen's University Press, 2018.
Clarke, Andrew D., Another Corinthian Erastus Inscription, TynBul 42 (1991), 146–151.
Claußen, Carsten, Versammlung, Gemeinde, Synagoge. Das hellenistisch-jüdische Umfeld der frühchristlichen Gemeinden (SUNT 27), Göttingen: Vandenhoeck & Ruprecht, 2002.
Concannon, Cavan W., Assembling Early Christianity. Trade, Networks, and the Letters of Dionysios of Corinth, Cambridge: Cambridge University Press, 2017.
Cranfield, C. E. B., Romans II (ICC), Edinburgh: T. & T. Clark, 1979.
Crocker, Cornelia Cyss, Reading 1 Corinthians in the Twenty-First Century, London: T&T Clark, 2004.
de Vos, Craig Steven, Church and Community Conflicts. The Relationship of the Thessalonian, Corinthian, and Philippian Churches with Their Wider Civic Communities, Atlanta: Scholars Press, 1999.

Deißmann, Adolf, Paulus. Eine kultur- und religionsgeschichtliche Skizze, Tübingen: Mohr Siebeck, 2. Aufl. 1925.
Destephen, Sylvain, L'évergétisme aristocratique au féminin dans l'Empire romain d'Orient, in: Caseau, Béatrice (Hg.), Les réseaux familiaux. Antiquité tardive et Moyen Âge, Paris: ACHCByz, 2012, 183–203.
Dunn, James D. G., Romans (WBC 38A/B), Dallas: Word, 1988.
Eckhardt, Benedikt/Leonhard, Clemens, Juden, Christen und Vereine im Römischen Reich. Mit einem Beitrag von Philip A. Harland (Religionsgeschichtliche Versuche und Vorarbeiten 75), Berlin: Walter de Gruyter, 2018.
Fiedrowicz, Michael, Christen und Heiden. Quellentexte zu ihrer Auseinandersetzung in der Antike, Darmstadt: Wissenschaftliche Buchgesellschaft, 2004.
Finney, Mark T., Honour and Conflict in the Ancient World. 1 Corinthians in Its Greco-Roman Social Setting (LNTS 460), London: T&T Clark, 2012.
Fitzmyer, Joseph B., The Acts of the Apostles (AB 31), New York: Doubleday, 1998.
Friesen, Steven J., The Wrong Erastus. Ideology, Archaeology, and Exegesis, in: ders./Schowalter, Daniel N./Walters, James C. (Hg.), Corinth in Context. Comparative Studies on Religion and Society, Leiden: Brill, 2010, 249–255.
Friesen, Steven J., Poverty in Pauline Studies. Beyond the So-Called New Consensus, JSNT 26 (2004), 323–361.
Friesen, Steven J./Scheidel, Walter, The Size of the Economy and the Distribution of Income in the Roman Empire, JRS 99 (2009), 61–91.
Gehring, Roger W., House Church and Mission. The Importance of Household Structures in Early Christianity, Peabody: Hendrickson, 2004.
Gibbon, Edward, Verfall und Untergang des römischen Imperiums, Band 1, Darmstadt: Wissenschaftliche Buchgesellschaft, 2016.
Glazebrook, Allison/Tsakirgis, Barbara (Hg.), Houses of Ill Repute. The Archaeology of Brothels, Houses, and Taverns in the Greek World, Philadelphia: University of Pennsylvania Press, 2016.
Goodrich, John K., Erastus of Corinth (Romans 16.23). Responding to Recent Proposals on his Rank, Status, and Faith, NTS 57 (2011), 583–593.
Goodrich, John K., Erastus, Quaestor of Corinth. The Administrative Rank of ὁ οἰκονόμος τῆς πόλεως (Rom 16.23) in an Achaean Colony, NTS 56 (2010), 90–115.
Goodspeed, Edgar Johnson, Gaius Titius Justus, JBL 69 (1950), 382 f.
Grotius, Hugo, Annotationes in Novum Testamentum (1644), Bd. 6, Groningen: Zuidema, 1828, 3–274.
Haenchen, Ernst, Die Apostelgeschichte (KEK 5), Göttingen: Vandenhoeck & Ruprecht, 7. Aufl. 1977.
Hans-Josef Klauck, 1. Korintherbrief (NEB.NT 7), Würzburg: Echter, 1984.
Harnack, Adolf von, Die Mission und Ausbreitung des Christentums, Leip-

zig: Hinrichs, 4. Aufl. 1924 (neu aufgelegt Darmstadt: Wissenschaftliche Buchgesellschaft, 2018).
Hays, Richard, B., First Corinthians (Interpretation), Westminster: John Knox, 1997.
Heinrici, Georg C. F., Das erste Sendschreiben des Apostel Paulus an die Korinthier, Berlin: Hertz, 1880.
Hemelrijk, Emily A., Hidden Lives, Public Personae. Women and Civic Life in the Roman West, New York: Oxford University Press, 2015.
Horrell, David G., Domestic Space and Christian Meetings at Corinth: Imagining New Contexts and the Buildings East of the Theatre, NTS 50 (2004), 349–369.
Horrell, David G., From ἀδελφοί to οἶκος θεοῦ. Social Transformation in Pauline Christianity, JBL 120 (2001), 293–311.
Jewett, Robert, Romans. A Commentary (Hermeneia), Minneapolis: Fortress Press, 2007.
Karakolis, Christos, »Alle schlugen Sosthenes, Gallio aber kümmerte sich nicht darum« (Apg 18,17). Zur Bedeutung eines narrativen Details, ZNW 99 (2008), 233–246.
Käsemann, Ernst, An die Römer (HNT 8a), Tübingen: Mohr Siebeck, 3. Aufl. 1980.
Kent, John H. (Hg.), The Inscriptions 1926–1950, Corinth. Results of Excavations Conducted by the American School of Classical Studies at Athens 8/3, Princeton: ASCSA, 1966.
Kirner, Guido O., Apostolat und Patronage (I). Methodischer Teil und Forschungsdiskussion, ZAC 6 (2002), 3–37.
Klauck, Hans-Josef, Hausgemeinde und Hauskirche im frühen Christentum (SBS 103), Stuttgart: Katholisches Bibelwerk, 1981.
Klinghardt, Matthias, Gemeinschaftsmahl und Mahlgemeinschaft. Soziologie und Liturgie frühchristlicher Mahlfeiern (TANZ 13), Tübingen: Francke Verlag, 1996.
Kloppenborg, John S., Gaius the Roman Guest, NTS 63 (2017), 534–549.
Kloppenborg, John S., Pauline Assemblies and Graeco-Roman Associations, in: Schröter, Jens/Butticaz, Simon/Dettwiler, Andreas (Hg.), Receptions of Paul in Early Christianity. The Person of Paul and His Writings Through the Eyes of His Early Interpreters (BZNW 234), Berlin: Walter de Gruyter, 2018, 215–248.
Koch, Dietrich-Alex, Der 2. Korintherbrief als Briefsammlung – eine unendliche Geschichte?, in: Hoffmann, Matthias R./John, Felix/Popkes, Enno Edzard (Hg.), Paulusperspektiven (FS Dieter Sänger; BThSt 145), Neukirchen-Vluyn: Neukirchener, 2004, 119–145.
Konradt, Matthias, Die korinthische Weisheit und das Wort vom Kreuz. Erwägungen zur korinthischen Problemkonstellation und paulinischen Intention in 1 Kor 1–4, ZNW 94 (2003), 181–214.
Korner, Ralph J., The Origin and Meaning of *Ekklēsia* in the Early Jesus Movement (AJEC 98), Leiden: Brill, 2017.

Lampe, Peter, Das korinthische Herrenmahl im Schnittpunkt hellenistisch-römischer Mahlpraxis und paulinischer Theologia Crucis (1 Kor 11, 17–34), ZNW 82 (1991), 183–213.
Lampe, Peter, From Paul to Valentinus: Christians at Rome in the First Two Centuries, Minneapolis: Fortress Press, 2003.
Lampe, Peter, Vielfalt als intrinsisches Merkmal frühen Christentums (1./2. Jh.), in: Viertbauer, Klaus/Wegschneider, Florian (Hg.), Christliches Europa? Religiöser Pluralismus als theologische Herausforderung, Freiburg 2017, 47–65.
Landvogt, Peter, Epigraphische Untersuchungen über den ΟΙΚΟΝΟΜΟΣ. Ein Beitrag zum hellenistischen Beamtenwesen, Strassburg: Dumont Schauberg, 1908.
Last, Richard, The Neighborhood *(vicus)* of the Corinthian *ekklēsia*. Beyond Family-Based Descriptions of the First Urban Christ-Believers, JSNT 38 (2016), 399–425.
Last, Richard, The Pauline Church and the Corinthian *Ekklēsia*. Greco-Roman Associations in Comparative Context (SNTS.MS 164), Cambridge: Cambridge University Press, 2015.
Lietzmann, Hans, An die Römer (HNT 8), Tübingen: Mohr Siebeck, 1928.
Lindemann, Andreas, Der Erste Korintherbrief (HNT 9/1), Tübingen: Mohr Siebeck, 2000.
Löhr, Hermut, Einige Beobachtungen zur Rolle von Sklaven in christlichen Gemeinden in der zweiten Hälfte des ersten und in der ersten Hälfte des zweiten Jahrhunderts n. Chr., in: Lang, Markus (Hg.), Ein neues Geschlecht? Entwicklung des frühchristlichen Selbstbewusstseins (FS Wilhelm Pratscher; NTOA 105), Göttingen: Vandenhoeck & Ruprecht, 2014, 11–29.
Longenecker, Bruce W., Remember the Poor. Paul, Poverty, and the Greco-Roman World, Grand Rapids: Eerdmans, 2010.
MacGillivray, Erlend D., Romans 16:2, προστάτις/προστάτης, and the Application of Reciprocal Relationships to New Testament Texts, NT 53 (2011), 183–199.
Malherbe, Abraham J., Social Aspects of Early Christianity, Philadelphia: Fortress, 2. Aufl. 1983.
Marshall, Jill E., Women Praying and Prophesying in Corinth. Gender and Inspired Speech in First Corinthians (WUNT 2/448), Tübingen: Mohr Siebeck, 2017.
McGinn, Thomas, The Economy of Prostitution in the Roman World. A Study of Social History and the Brothel, Ann Arbor: University of Michigan Press, 2004.
Meeks, Wayne A., The First Urban Christians. The Social World of the Apostle Paul, New Haven: Yale University Press, 1983.
Meggitt, Justin J., Paul, Poverty, and Survival (Studies of the New Testament and its World), Edinburgh: T. & T. Clark, 1998.
Merz, Annette, Phöbe, Diakon(in) der Gemeinde von Kenchreä – Eine wich-

tige Mitstreiterin des Paulus neu entdeckt, in: von Hauff, Adelheid M. (Hg.), Frauen gestalten Diakonie, Band 1: Von der biblischen Zeit bis zum Pietismus, Stuttgart: Kohlhammer, 2006, 125–140.

Meyer, Eduard, Ursprung und Anfänge des Christentums, Bd. 3: Die Apostelgeschichte und die Anfänge des Christentums, Stuttgart: Gotta, 1923.

Meyer, H. A. W., Des Paulus Brief an die Römer (KEK 4), Göttingen: Vandenhoeck & Ruprecht, 5. Aufl. 1872.

Moo, Douglas J., The Epistle to the Romans (NICNT), Grand Rapids: Eerdmans, 1996.

Murphy-O'Connor, Jerome, Keys to First Corinthians. Revisiting the Major Issues, Oxford: Oxford University Press, 2009.

Murphy-O'Connor, Jerome, St Paul's Corinth. Texts and Archaeology, Collegeville: Liturgical Press, 2. Aufl. 2002.

Nietzsche, Friedrich Wilhelm, Der Fall Wagner; Götzen-Dämmerung; Der Antichrist; Ecce homo; Dionysos-Dithyramben; Nietzsche contra Wagner, in: KSA 6 (hg. v. Colli, Giorgio/Montinari, Mazzino), München: DTV, 2. Aufl. 1988.

Oakes, Peter, Reading Romans in Pompeii. Paul's Letter at Ground Level, Minneapolis: Fortress, 2009.

Oakes, Peter, Urban Structure and Patronage. Christ Followers in Corinth, in: Neufeld, Dietmar/DeMaris, Richard E. (Hg.), The Social World of the New Testament, London/New York: Routledge, 2010, 178–191.

Öhler, Markus, Geschichte des frühen Christentums (UTB 4737), Göttingen: Vandenhoeck & Ruprecht, 2018.

Öhler, Markus, Zwischen Elend und Elite. Paulinische Gemeinden in ökonomischer Perspektive, in: Schröter, Jens/Butticaz, Simon/Dettwiler, Andreas (Hg.), Receptions of Paul in Early Christianity. The Person of Paul and His Writings Through the Eyes of His Early Interpreters (BZNW 234), Berlin: Walter de Gruyter, 2018, 249–286.

Origenes, Commentariorum in epistolam S. Pauli ad Romanos, PG 14, 837–1292.

Osiek, Carolyn/MacDonald, Margaret Y., A Woman's Place. House Churches in Earliest Christianity, Minneapolis: Fortress, 2006.

Passow, Franz, Handwörterbuch der griechischen Sprache II/1, Leipzig: Vogel, 1852.

Preuschen, Erwin, Die Apostelgeschichte (HNT 4/1), Tübingen: Mohr Siebeck, 1912.

Rajak, Tessa/Noy, David, Archisynagogoi. Office, Title and Social Status in the Greco-Jewish Synagogue, JRS 83 (1993), 75–93.

Ramsay, William M., Pictures of the Apostolic Church. Its Life and Teaching, London: Hodder and Stoughton, 1910.

Ramsay, William M., St. Paul the Traveller and the Roman Citizen, London: Hodder and Stoughton, 1925.

Reinbold, Wolfgang, Propaganda und Mission im ältesten Christentum. Eine

Untersuchung zu den Modalitäten der Ausbreitung der frühen Kirche (FRLANT 188), Göttingen: Vandenhoeck & Ruprecht, 2000.
Salway, Benet, What's in a Name? A Survey of Roman Onomastic Practice from c. 700 B.C. to A.D. 700, JRSt 84 (1994), 124–145.
Schleritt, Frank, Hegesipp (Kleine Bibliothek der antiken jüdischen und christlichen Literatur), Göttingen: Vandenhoeck & Ruprecht, 2016.
Schliesser, Benjamin, Vom Jordan an den Tiber. Wie die Jesusbewegung in den Städten des Römischen Reiches ankam, ZThK 116 (2019), 1–45.
Schmeller, Thomas, Hierarchie und Egalität. Eine sozialgeschichtliche Untersuchung paulinischer Gemeinden und griechisch-römischer Vereine (SBS 162), Stuttgart: Katholisches Bibelwerk, 1995.
Schöllgen, Georg, Probleme der frühchristlichen Sozialgeschichte. Einwände gegen Peter Lampes Buch »Die stadtrömischen Christen in den ersten beiden Jahrhunderten«, ZAC 32 (1989), 23–40.
Schöllgen, Georg, Was wissen wir über die Sozialstruktur der paulinischen Gemeinden. Kritische Anmerkungen zu einem neuen Buch von W. A. Meeks, NTS 34 (1988), 71–82.
Schowalter, Daniel N., Seeking Shelter in Roman Corinth. Archaeology and the Placement of Paul's Communities, in: in: Friesen, Steven J./Schowalter, Daniel N./Walters, James C. (Hg.), Corinth in Context. Comparative Studies on Religion and Society, Leiden: Brill, 2010, 327–341.
Sommer, Andreas Urs, Kommentar zu Nietzsches Der Antichrist. Ecce homo. Dionysos-Dithyramben. Nietzsche contra Wagner (Historischer und kritischer Kommentar zu Friedrich Nietzsches Werken 6/2), Berlin: Walter de Gruyter, 2013.
Theißen, Gerd, Studien zur Soziologie des Urchristentums (WUNT 19), Tübingen: Mohr Siebeck, 3. Aufl. 1989.
Vollenweider, Samuel, Apollos of Alexandria. Portrait of an Unknown, in: Frey, Jörg/Kraus, Thomas/Rüggemeier, Jan/Schliesser, Benjamin (Hg.), Alexandria – Hub of the Hellenistic World (WUNT), Tübingen: Mohr Siebeck (im Erscheinen).
Wallace-Hadrill, Andrew, Houses and Society in Pompeii and Herculaneum, Princeton: Princeton University Press, 1994.
Weiß, Alexander, Keine Quästoren in Korinth. Zu Goodrichs (und Theißens) These über das Amt des Erastos (Röm 16.23), NTS 56 (2010), 576–581.
Weiß, Alexander, Soziale Elite und Christentum. Studien zu *ordo*-Angehörigen unter den frühen Christen (Millennium-Studien zu Kultur und Geschichte des ersten Jahrtausends n. Chr. 52), Berlin: Walter de Gruyter, 2015.
Weiß, Johannes, Der erste Korintherbrief (KEK 5), Göttingen: Vandenhoeck & Ruprecht, 1910.
Weizsäcker Carl, Das Apostolische Zeitalter der christlichen Kirche, Freiburg: Mohr, 3. Aufl. 1902.
Welborn, Larry L., An End to Enmity. Paul and the »Wrongdoer« of Second Corinthians (BZNW 185), Berlin: Walter de Gruyter, 2011.

Welborn, Larry L., Inequality in Roman Corinth. Evidence from Diverse Sources Evaluated by a Neo-Ricardian Model, in: ders./Harrison, James R. (Hg.), The First Urban Churches II: Roman Corinth (Writings from the Greco-Roman World Supplement Series 8), Atlanta: SBL Press, 2016, 47–84.
Welborn, Larry L., Paulus und der »Unrechttäter« des 2. Korintherbriefes, ZNT 38 (2016), 27–42.
Wendland, Paul, Die urchristlichen Literaturformen (HNT 1/3), Tübingen: Mohr, 1912.
Wilckens, Ulrich, Der Brief an die Römer, Band 3 (EKK 6/3), Neukirchen-Vluyn: Neukirchener, 1982.
Winter, Bruce W., Philo and Paul among the Sophists. Alexandrian and Corinthian Responses to a Julio-Claudian Movement, Grand Rapids: Eerdmans, 2. Aufl. 2002.
Winter, Bruce, After Paul Left Corinth. The Influence of Secular Ethics and Social Change, Grand Rapids: Eerdmans, 2001.
Witetschek, Stephan, Peter in Corinth? A Review of the Evidence from 1 Corinthians, JThSt 69 (2018), 66–82.
Wolter, Michael, Der Brief an die Römer, Band 2 (EKK 6/2), Neukirchen-Vluyn: Neukirchener, 2018.
Zahn, Theodor, Der Brief des Paulus an die Römer (KNT 6), Leipzig: Deichert, 1910.
Zeller, Dieter, Der erste Brief an die Korinther (KEK 5), Göttingen: Vandenhoeck & Ruprecht, 2010.

Harald Seubert

Sophisten in der Gemeinde von Korinth?

Überlegungen zu Typologie und Reichweite des Sophistenbegriffs in der Zeit des Apostels Paulus

1. Einführung

Das Nomen πανουργία (»List«) und das Adjektiv πανοῦργος (»listig« mit dem Anspruch, über alles Bescheid zu wissen), die in der Regel im Verlauf einer langen Begriffsgeschichte auf die Sophisten angewandt wurden, erscheinen im Neuen Testament besonders in den beiden Korintherbriefen.[1] In Kol 2,4 werden zudem in Bezug auf die Gefahr der »philosophischen« Verführung (vgl. Kol 2,8) das Verb παραλογίζομαι (etwa: »an der Logik vorbei schlussfolgern«) sowie das Nomen πιθανολογία (πείθω + λογία, d. h. »überredende Worte«) verwendet, die ebenfalls auf die Sophisten angewandt werden. In 2. Kor 2,17 betont Paulus, dass »wir kein Geschäft mit dem Wort Gottes machen wie die meisten, sondern wie aus Lauterkeit, sondern wie aus Gott reden wir vor Gott in Christus«. In diesem Zusammenhang betont Paulus wiederholt das transparente Gewissen, das der Apostel vor Gott und Menschen anstrebt.[2] Dabei »haben wir den geheimen Dingen, deren man sich schämen muss, entsagt, und wir wandeln nicht in Arglist, noch verfälschen wir das Wort Gottes, sondern durch Offenbarwerden der Wahrheit empfehlen wir uns jedem Gewissen der Menschen vor Gott« (2. Kor 4,2). Wie Paulus betont, kam er nicht nach Korinth, »um euch mit Vortrefflichkeit der Rede oder Weisheit das Geheimnis Gottes zu verkündigen« (1. Kor 2,1), und seine Rede bestand nicht »in überredenden Worten der Weisheit, sondern in der Erweisung des Geistes und der Kraft« (1. Kor 2,4). Das deutet stark auf einen gewissen »sophistischen« Einfluss auf die Gemeinde in Korinth und auf Paulus' Abgrenzung gegenüber jenen Sophismen hin.

Die historisch-empirische Frage, ob es in der Zeit des Paulus in Korinth Sophisten gegeben hat oder ob deren Auftreten erst im 2. Jh.

1 1. Kor 3,19; 2. Kor 4,2; 11,3; 12,16; s. zudem Lk 20,23 und Eph 4,14.
2 Siehe 2. Kor 1,12; 4,2; 5,11.

n. Chr. gesichert ist, ist nicht zu ignorieren.[3] Sie ist aber in diesem Beitrag nicht zentral. Dass das Auftreten einer sophistischen Denkweise in Korinth für Paulus eine ständige Erfahrung war, legt sich aus präzisen terminologischen Anspielungen der Paulusbriefe nahe. Die Konstellation der »Zweiten Sophistik« soll daher im Folgenden rekonstruiert werden, wobei auf die programmatische Vieldeutigkeit des Sophistenbegriffs besonderer Wert zu legen ist. So zeigt sich, dass Paulus eine »sophistische Tradition« vorfand, die in sich changierte und gegen die er das Wort vom Kreuz geltend macht.[4]

2. Wer ist der Sophist?

Ihren ersten, wirksamen Auftritt hatten die Sophisten in der zweiten Hälfte des 5. Jh. v. Chr. in Griechenland. Bekannt sind vor allem Einzelgestalten. Eine Schule im strengen Sinn, wie die Platoniker oder die aristotelische Akademie, bildete die Sophistik nicht, was mit der Widersprüchlichkeit ihrer Lehre, der Antilektik, zusammenhängt. Dennoch kann man Grundzüge erkennen, die auf die Tendenz zur Zerstörung der alten Polisethik konzentriert sind.

Jene Sophisten griffen die bereits existierende Erosion des alten Götterglaubens auf, spielten als Ratgeber von Politik und Bürgern eine immer populärere Rolle und nahmen für ihre Dienste Geld an, auch wenn der Nutzen dieser Beratungen vielfach bezweifelt wurde. Manche wurden reich, einzelne sogar sehr reich. Dieses Grundmuster wiederholt sich auch bei der »Zweiten Sophistik«, die Paulus vor Augen hat (vgl. 1. Kor 4,8). Entscheidende Bedingung für die »Erste Sophistik« ist das demokratische Gemeinschaftsverständnis Attikas in dieser Zeit, das Perikles so formulierte: »Frei leben wir miteinander im Staat und im gegenseitigen Geltenlassen des alltäglichen Treibens.«[5]

Berühmt und berüchtigt wurden jene Sophisten dadurch, dass Platons Dialoge die umfänglichste und maßgebliche Überlieferung zur Sophistik bilden. Platon nämlich stilisierte die sophistische Beeinflussung zum Sinnbild einer verkommenen Polis. Und er erklärte die Sophisten – etwa in seinem Dialog »Gorgias« – zu den

3 Vgl. Winter, Philo and Paul, 141 ff.

4 Ebd., 180–187.

5 Gefallenenrede des Perikles, Thuk 2,35–46. Vgl. dazu Fischer, Gefallenenrede, 103–109; s. auch Gaiser, Staatsmodell, 20 ff.

Gegnern des einzig wahren Philosophen, der sein Sinnbild in Sokrates hat.[6] Sie sind die Inszenatoren von Wahrheit und Lehre, Philodoxe (Liebhaber des Anscheins von Wahrheit und Tugend, nicht des Wesens). Sie sind gerade nicht wahre Philosophen, sie begründen *Dissoi-Logoi,* verwirrende Reden, eine Gewalt und Überwältigung durch rhetorischen Glanz und eine Kunst des philosophischen Widerspruchs. So fundieren sie auch eine Antilektik, eine Kunstfertigkeit, die darin besteht, den Gegner in Widersprüche zu verwickeln, so dass er sich vor dem Publikum hoffnungslos blamiert.

Im Dialog »Euthydemos« gibt Platon ein Beispiel dieser Verfahrensweise: Der junge, unbedarfte Euthydemos wird in ein Verwirrspiel von »Definitionen« genötigt, in dem er am Ende »zugeben« muss: Mein Vater ist ein Hund.[7] Durch diesen Umgang mit Wahrheit und Lüge verderben die Sophisten die Polis. Dies kann umso nachhaltiger geschehen, als Platon davon ausgeht, dass die Gerechtigkeit durch die Seelen in die Stadt und ihre Verfassung kommt – und durch die Seelen auch wieder daraus entfernt wird.

Sokrates' Dialektik, die die Wahrheitsliebe fördert, seine Maieutik (Hebammenkunst) und seine Zeugenschaft (Martyrium) für die Wahrheit führen dazu, dass er gerade nicht als *Panourg* (πανοῦργος) auftritt und gerade *nicht* suggeriert, er wisse alles und könne alles lehren: Die tastende, elenchtische *Philosophia* steht mit dem Typos Sokrates gegen die *Philodoxia.* Diese starken Gegenbilder bestimmten das Philosophen- und Sophistenbild.[8]

Die neuere Forschung korrigierte das wesentlich durch Platon geprägte Negativbild der Sophistik vielfach. Sie sieht in der Sophistik eine »Avantgarde des normalen Lebens« (Buchheim)[9], eine unerlässliche Einübung in Demokratie (Ottmann)[10] und in mancher Hinsicht – wie Michel Foucault im Anschluss an Friedrich Nietzsches bewusste Aufnahme der Sophistik festhält[11] – die Vorbereitung des postmodernen Perspektivismus. Immerhin berief sich Nietzsche wiederholt und nachdrücklich auf die Sophistik.[12]

6 Vgl. dazu Figal, Sokrates, 25 ff.
7 Platon, Euthydemos 298d-e.
8 Vgl. Bowie, Importance, 29 ff.
9 Buchheim, Sophistik, 34 ff.
10 Eine treffende Übersicht bei Ottmann, Geschichte, 212 ff.
11 Foucault, Wille zum Wissen, 20 ff., Löw, Nietzsche, 9 ff.
12 Vgl. dazu Löw, Nietzsche, 122 ff.

In ihrem mit Spannung zu erwartenden, in einigen Vorstudien bereits fokussierten Habilitationsprojekt geht Beatrice Wyss wohl in eine ähnliche Richtung der Ehrenrettung der Sophistik. Ihr Arbeitstitel lautet: »Der Sophist. Die Diffamierung des Gegners als eines Intellektuellen.«[13]

Schon Hegel hatte bezeichnenderweise eine Ehrenrettung der Sophistik unternommen und deren berühmtesten Satz, den *Homomensura*-Satz des Protagoras, demzufolge der Mensch »das Maß aller Dinge ist, der seienden, dass sie sind, der nicht-seienden, dass sie nicht sind«[14], als erstes Prinzip der Subjektivität verstanden.[15] Hegel räumt aber auch die Schwächen der Bewegung ein: Der Sophist weiß nicht zu sagen, was Vernunft ist. Seine Subjektivität bleibt an Willkür und Kontingenz gebunden.[16]

Jenseits von Pro und Contra kann aus den überlieferten Fragmenten der Lehrinhalt der Sophistik ermittelt werden. Diese Lehrinhalte, erweitert durch die Auseinandersetzung mit der Akademie, der Stoa und dem Epikureismus und eine immer prunkvollere Rhetorik, wird man auch in der »Zweiten Sophistik« wiederfinden können, die zur Zeit des Paulus in den bedeutenden griechischen Städten blühte. Deshalb lohnt ein näherer Blick:

1. Zentrale Begriffe griechischer Weisheit werden durch die Sophistik relativiert. Das gilt für den Logosbegriff. Seit Heraklit ist er das die Gegensätze einende Weltprinzip. Der Widerhall dieses Logos findet sich im Prolog des Johannes-Evangeliums, das Christus mit dem wahren Logos gleichsetzt.[17] Für die Sophistik reduziert sich der Logos auf Meinung. So wird Protagoras die Behauptung zugeschrieben: »Über jede Angelegenheit (πρᾶγμα) gibt es zwei einander entgegengesetzte Logoi« (DK 80 B 6a).[18] Dies bedeutet auch, dass der Logos eine Frage von Stärke und Schwäche ist. Logoi stehen gegeneinander, die stärkeren Logoi setzen sich durch, ohne dass sich damit die Wahrheit erwiesen hätte. Befriedung durch Wahrheit, wie sie Sokrates mit der Auf-

13 Wyss, Der gekreuzigte Sophist, 503 ff.
14 Protagoras, Diels Kranz, Fragment 80 B 1.
15 Buchheim, Sophistik, 128 ff.
16 Hegel, Vorlesungen, 404 ff.
17 Zum Heraklitischen Logos s. Buchheim, Vorsokratiker, 83 ff. (mit weiteren Literaturangaben).
18 Dietz, Protagoras, 102 ff.; s. auch Corbato, Sofisti e politica, 127 ff.

findung der Wahrheit verbindet, wird durch die Sophisten gerade nicht erbracht, sondern im Gegenteil werden Aufruhr und Streit verursacht (vgl. 1. Kor 1,10 ff.!).[19]
2. Daneben ist ein wiederkehrender wesentlicher Grundzug, dass für die Sophisten »Natur« (φύσις) nicht das geordnete Wesen des Seienden ist. »Natur« reduziert sich auf die Physiologie der Bedürfnisse und der Kraft, auf das Recht des Stärkeren und damit auf Zufälligkeit.
3. Die ethischen Grundbegriffe »Tugend«, »Sittlichkeit« und »das Gute« gelten als bloße Setzungen (θέσεις). Sie sind nach sophistischer Auffassung in einer Art Verschwörung der Schwachen gegen die Starken begründet. Platon lässt in seinem »Gorgias« den Sophisten Kallikles in charakteristischer Weise sagen: »Wir zähmen sie [die Besten] wie Löwen, wir umstricken und täuschen sie und unterwerfen sie uns […]. Wenn aber ein Mann entsteht, der die nötige Physis besitzt, der schüttelt all das ab und zerbricht es.«[20]
4. Indem die Sophisten alte Ordnungen zerbrachen, übten sie auch Religionskritik. Sie führten den Götterglauben auf menschliche Projektionen zurück. Xenophanes behauptete z. B., dass die Götter dem Selbst- und Idealbild der jeweiligen Völker entnommen seien.

Deutlich wird von Platon die Gefahr gesehen, dass in der Folge der Sophistik Recht und Gesetz erodieren, etwa wenn in der anonymen Schrift *Dissoi logoi* der Nachweis geführt wird, dass »Recht und Unrecht dasselbe« seien. Xenophon prüft die Staatsordnung auf ihren Nutzen: Es ergibt sich eine umfassende Befragung von »Setzungen«. Dass etwas im Staat »der Natur gemäß« bzw. »von Natur her« (κατὰ φύσιν) ist, wird geleugnet. Das Nützliche ist wesentlicher als das Gute. Diese Überlegungen begegnen auch heute in postmodernen oder utilitaristischen Begründungsfiguren.

Manche Züge in der Sophistik setzten noch fundamentaler an: So lehrte Lykophron, dass »sein« gerade kein sinnvoller Begriff ist, alles aber, von dem wir sagen, dass es sei, sich nur in Übergängen

19 Zur friedensstiftenden Macht der Philosophie s. Platon, Gorgias 481cf.; vgl. dazu Seubert, Platon, 190 ff.
20 Platon, Gorgias 483 e-484 b.

und wechselnden Aggregatzuständen zeige, nicht aber in seinem Wesen.[21] Gorgias behauptet nach der pseudo-aristotelischen Schrift »Über Gorgias«, »dass gar nichts sei; wenn doch etwas ist, sei es nicht erkennbar (ἄγνωστον), wenn aber doch etwas sowohl ist als auch erkennbar ist, sei es jedoch anderen nicht zu verdeutlichen« (85). Deshalb ist es völlig naheliegend, dass Wahrheit zu einer Frage der Überredungskraft wird und eben nicht ein ein für alle Mal feststehendes Kriterium ist, an dem sich die Rede ausweisen kann und muss.

Einen Sophisten erkennt man nach der vielberufenen Anekdote daran, dass er mit gleicher Überzeugungskraft für etwas und wenige Stunden später gegen den gleichen Sachverhalt sprechen kann. Der berühmte, schon genannte *Homo-mensura*-Satz des Protagoras zieht daraus tatsächlich die Konsequenzen. Er anerkennt keinerlei legitime Grenzen möglicher menschlicher Behauptungen.[22] Platon hat diese sophistische Auffassung aber im Dialog »Gorgias« in einer wunderbar subtilen Weise widerlegt: durch den Verweis, dass auch die Sophisten der Scham (αἰσχύνη) unterliegen und damit gegen ihren Willen beweisen, dass ein wahres Seiendes »der Natur gemäß« (κατὰ φύσιν) existiert. Sie erröten oder ihnen sträuben sich die Haare, wenn sie etwas sagen, was nach dem natürlichen Recht eigentlich nicht gesagt werden darf. Hier melden sich nicht ihre Worte, wohl aber meldet sich ihre Leiblichkeit.[23]

3. Die Zweite Sophistik – Glanz und Elend des Sophisten

Es ist festzuhalten, dass die Sophistik in der Antike über ihre unmittelbare Epoche hinausgehend weiterwirkte. Auch Platon und Aristoteles bedienten sich, obwohl sie gründliche Ablehnungen gegenüber der Sophistik formulierten, immer wieder sophistischer Argumente und hielten diese somit weiter präsent. Dann kommt es in der römischen Kaiserzeit zu jener »Zweiten Sophistik«, wie sie Philostratos (165–244 n. Chr.) in seinen *Vitae sophistarum* nennt, einer der wichtigsten Quellen der zweiten Blüteperiode sophis-

21 Kerferd/Flashar, Sophistik, 45 ff.; s. auch Buchheim, Sophistik, 40 f., und Newiger, Untersuchungen, 55 ff.
22 Platon, Gorgias 483a und 483c.
23 Vgl. dazu Seubert, Platon, 184 ff.

tischen Lebens und Lehrens.[24] Die Zweite Sophistik steht, auch wenn sie sich klassisch-sophistischen Argumentationsinstrumentariums bedient, erkennbar vor neuen Herausforderungen: dem Disput mit anderen Philosophenschulen, vor allem den Stoikern und Epikureern, dem Kaiserreich und seiner Verwaltung, schließlich den von den Römern neu geordneten Poleis, in der die Sophisten große Karrieren machen konnten.

Zahlreiche Inschriften aus der Kaiserzeit sprechen von hochgeachteten und hochgeehrten »Sophisten« (σοφισταί), so dass Beatrice Wyss von einem schillernden Hologramm des Begriffs ausgehen kann.[25] Der Begriff »Sophist« (σοφιστής) bezeichnete ja zunächst – vor-platonisch – den »Fachmann«, dann erst den »Lehrer« und »Gelehrten«; und der Begriff konnte unter dem Eindruck, dass es allzu viele Sophisten gab und ihr Einfluss allzu groß wurde, zu einem regelrechten Schimpfwort werden. Ein Zeugnis von Flavius Philostratos etwa besagt: »Dieser Mann (der Sophist Claudius Aelianus) scheint mir lobenswürdig zu sein, weil er sich auf den Titel *Sophistes,* den ihm seine Verehrer beilegten, nichts zugutetat, sich nichts einbildete, sich von diesem hohen Ehrennamen nicht stolz machen ließ« (VS 624 [204]). Wie aus dieser und anderen Quellen hervorgeht, hatten einige der Sophisten in jedem Fall Einfluss. Auf Inschriften ist auch davon die Rede, dass sie in ihren Städten Ämter innehatten: Teils waren sie Priester, teils erfüllten sie hohe administrative Dienste.[26]

Die jüngere kulturwissenschaftliche Forschung hat den äußeren Glanz der Zweiten Sophistik deutlich gemacht: Sophisten waren geachtete Männer, die rhetorische Glanzstücke vorlegten, so Bowerstock[27], im Unterschied zu der klassischen Darlegung von Lesky, dass die Zweite Sophistik eine »Erstarrung und Verödung« der Ersten Sophistik bedeutete[28]. Sophisten beanspruchten, Verkörperungen der Bildung (παιδεία) und der Macht und die ausgezeichneten Lehrer der Oberschicht zu sein. Dementsprechend legten sie auf ihr

24 Kerferd, Sophistic Movement, 15 ff., 24 ff. u. ö. Siehe auch Borg, Paideia, 2004.
25 Wyss, Σοφιστής, 177 ff.
26 Vgl. dazu Schmitz, Bildung und Macht, 101 ff.; Bowerstock, Greek Sophists, 56 ff.
27 Bowerstock, Greek Sophists, 56 ff.; vgl. auch Puech, Orateurs et sophistes, 70 ff.
28 Lesky, Geschichte, 926 ff. und 972 ff.

Auftreten großen Wert. Seit eingehenden Untersuchungen zu den epigraphischen Zeugnissen (Bernardette Puech)[29] ist klar, dass ein solcher Sophistenkreis in jedem Fall existierte, was lange bezweifelt wurde. Dennoch bezeichneten sich, wie Stanton (1973) nachweist[30], wahrhaft Gebildete wie Dion von Prusa mit Vorzug als »Philosophen« (φιλόσοφος), weil sie nicht dem Sophisten-Stereotyp unterstellt werden wollten. Und dennoch ist das Bild vom Sophisten nicht durchgehend positiv. Wie Wyss knapp konstatiert, kann aber die Identifikation mit »Oberschichtsmitglied« und »Showredner« als allgemeiner philologischer Konsens zur Zweiten Sophistik gelten.[31]

Der schlechte Ruf wird von christlichen Autoren wie Clemens von Alexandrien besonders befördert, in dessen »Stromateis« es heißt: »Die elenden Sophisten quasseln in ihrer eigenen Spitzfindigkeit, mühen sich ihr ganzes Leben ab. Sie kratzen und kitzeln in einer, wie mir scheint, unmännlichen Weise die Ohren derjenigen, die nach dem Kitzel gieren.«[32] Dies sind offensichtlich Einwände, die die klassischen Topoi der Kritik Platons und der Platonischen Akademie nochmals wiederholen. Die Verbindungen christlichen Glaubens zum Platonismus zeigen sich auch in der Konkordanz der jeweiligen Sophisten-Kritik.

Beatrice Wyss verweist zu Recht darauf, dass die implizit oder explizit negativen Urteile über die Sophisten in der jüngeren Forschung zu wenig zur Sprache kommen. Wyss sensibilisiert dafür, dass die reale Sachlage ambivalenter ist, als die heutigen sophistenfreundlichen Studien es nahelegen. Könnte es sein, dass unsere medial bestimmte Zeit, in der relativierende, Schaum schlagende Inszenierung blüht, mehr Sympathien für den Sophisten als den Philosophen hegt?

Einige wenige Beispiele verstärken an exemplarischen Epitheta den zweifelhaften Ruf der Sophistik: Cassius Dio (2. Jh. n. Chr.) spricht von »kynischen Sophisten«[33], Aelios Aristeides (2. Jh. n. Chr.) von den »verachtenswerten Sophisten«[34], Flavius Josephus (1. Jh.

29 Puech, Orateurs et sophistes, 72 ff.
30 Stanton, Sophists and Philosophers, 350 ff.
31 Vgl. dazu Wyss, Σοφιστής, 177 ff., und dies., Philon und die Sophisten, 89 ff.
32 Clemens Alexandrinus, Stromateis 1,3,22,4 f.
33 Cassius Dio 66,15,5; vgl. dazu Wyss, Sophistes, 181 f.
34 Zitiert nach Wyss, Σοφιστής, 181.

n. Chr.) von »untauglichen Sophisten« (ἀδόκιμοι σοφισταί), welche die jungen Männer verführen.[35] Keineswegs nur frühe Christen beurteilen die Sophisten negativ. Philo von Alexandrien (25 v. Chr. – ca. 50 n. Chr), dessen Verhältnis zu der Zweiten Sophistik besonders gut erforscht ist, verglich die Sophisten seiner Zeit gar – mit einem starken Epitheton von Unreinheit – mit Schweinen, die sich im Dreck suhlen.[36] Diese negativen Urteile sind breit gestreut; sie begegnen bei Autoren unterschiedlicher Ausrichtung der ersten zwei nachchristlichen Jahrhunderte, auch bei solchen, die andernorts die Sophistik würdigen.

Zur Zweiten Sophistik gehört jedoch auch ein extremer Erfolgs- und Konkurrenzdruck, der den Status der städtischen Sophisten mitprägte. Sie konnten einen besoldeten städtischen Lehrstuhl (θρόνος) erreichen. Doch darum entbrannten erbitterte Wettbewerbssituationen. Sophisten mussten sich, wie Plutarch oder Aristides berichten, in Lehre und im Vortrag beweisen. Dabei ging es nicht selten auch um die Behauptung bekannter »Platzhirsche« gegen junge Konkurrenten. Immer wieder wurde die Konkurrenz im direkten Zweikampf ausgetragen. Vortragstermine wurden unmittelbar nacheinander angesetzt, um einen lebendigen Vergleich zu haben. Gemessen wurden der Applaus und die Zuhörerzahlen. Ein Sophist musste gefallen. Er musste eher »schmeicheln« als die Wahrheit suchen: ein gängiger Topos (vgl. 1. Thess 2,5). Im Hintergrund stand die Überzeugung, dass die Konkurrenz auch die eigenen Fähigkeiten verbessern und die Reflexion steigern würde. Berichtet wird auch von Situationen, in denen solche Konkurrenzen zu unversöhnbarer, rettungsloser Feindschaft führten.[37] Dieser »Kampf um Anerkennung« steigerte sich nochmals, wenn Sophisten die Interessen ihrer Poleis in überregionalen Konfliktfeldern vertreten mussten.

Das Wortfeld »Sophist« in der paulinischen Zeit ist vor diesem Horizont einzugrenzen, auch wenn man nicht der Illusion einer ganz exakten Definierbarkeit unterliegen sollte.[38] Unterschieden

35 Josephus, Ap 2,236.
36 Philo, Agr 143–144; vgl. dazu Winter, Philo and Paul, 123 ff.
37 Vgl. dazu ausführlich Fron, Der ewige Wettkampf, 159 ff.
38 Vgl. dazu die genannten Arbeiten von Wyss, die im Unterschied zur älteren Literatur (Bowerstock et al.) diese sich verschiebende Begriffsbedeutung deutlich hervorheben. Siehe auch die Versuche einer sozialhistorischen Fixierung bei Kerferd, The Sophistic Movement, 24 ff. und 111 ff.

wurde der Sophist vom Rhetor, der Politiker und Anwalt ist und die Gerichtsreden sowie die Reden auf Volksversammlungen führte. Dagegen war der Sophist der Lehrer der Rede- und Überredungskunst. Zur höchsten Kategorie von Sophisten gehörten diejenigen, die epideiktische Prunkreden führten. Darunter gab es eine Vielzahl weiterer Sophisten, die eben im Kampf um Anerkennung und die höchsten Lehrstühle miteinander wetteiferten. Auch als Sprach- und Grammatiklehrer und Erklärer von Dichtungen fungierten sie, wie sie schon bei Platon vorkommen (z.B. Phaidros)[39], und es gab unter ihnen wohl nicht wenige Einzelpersonen, die sich als Unternehmer in eigener Sache betätigten und nie einen Lehrstuhl (θρόνος) erhielten.

Das soziale Missverhältnis, dass manche Sophisten nicht aus den höchsten Gesellschaftsschichten stammten und daher als Lehrer für (künftige) Herrscher nicht geeignet seien, schwingt in den negativen Zeugnissen oftmals mit[40], neben der Abqualifizierung ihrer Kenntnis, Lehrart und ihres Ethos. Wie sollten Männer mittlerer oder niedriger Herkunft, die nie ein Heer oder eine Stadt geführt hatten, als glaubwürdige Berater fungieren, die die Eliten lehren konnten, wie man eine Polis oder ein Heer lenkt? Vor allem ist es die Fruchtlosigkeit ihrer Lehre, die den Sophisten vorgeworfen wird. Dion von Prusa (40–120 n.Chr.) vergleicht sie mit den »Zügellosesten unter den Eunuchen«[41], die behaupteten, Männer zu sein, es aber nicht seien, und die nichts hervorbrächten, keine Bildung und nicht den Sinn für das Gute. Meister der Bildung (παιδεία) sind sie also nur zum Schein.

Ein Kontrast zum stoischen Ideal des römischen Mannes, der παιδεία und *honestum* (den Sinn für das Ehrenwerte) vereinigte, kann dies zeigen: Cicero (106–43 v. Chr) hat das Bildungsideal charakterisiert, das auch im frühen römischen Kaiserreich in Kraft blieb: *Vir bonus, dicendi peritus,* d.h. der gute Mann, der fähig ist, in guter Weise öffentlich zu sprechen.[42]

39 Kerferd, The Sophistic Movement, 78ff., und die Spezifizierungsversuche bei Wyss, Σοφιστής, 194ff.
40 Vgl. dazu die reichhaltige Übersicht bei Wyss, Σοφιστής, 187ff.
41 Dion von Prusa, Or 4,35.
42 Cicero, Or 2, 85. Vgl. auch Seneca, Ep 95,72. Vgl. dazu Petersmann, Bild und Gegenbild, 321ff.

Das Rhetorische wird dabei mit moralisch-sittlicher Kraft verbunden. Das eine ist nicht ohne das andere zu haben. Griechisches Äquivalent ist der der Ausdruck »der feine und gute Mann« (ἀνὴρ καλὸς καὶ ἀγαθός). Durch die Sophisten, so nun das Urteil, werde niemand zum »guten Mann« (ἀνὴρ ἀγαθός). Wenn man Platons antisophistische Spitze darauf projiziert, erkennt man eine bezeichnende Stabilität und Konstanz in der Kritik: Die Tausendkünstler – in ihrer »Vieltuerei« – hätten letztlich überhaupt kein »eigenes Werk« (ἴδιον ἔργον), keine Handlung, auf die sie sich wirklich verstünden und die zudem dem Gemeinwesen nütze. Doch alles wollten sie lehren.[43] Deshalb sind die Sophisten die primären Adressaten von Sokrates' Unterweisung im wissenden Nichtwissen.

Ihr Nichtwissen zieht aber die Führungseliten und Herrscher mit in den Sog hinein. In Dions (40–120 n.Chr.) fiktivem Dialog wird Alexander dem Großen deshalb angeraten, einen Lehrer (διδάσκαλος) aufzusuchen, der ein wahrhaft verständiger Mann sei. Ein Genius wie er würde nur jeweils einen Tag benötigen, um komplexe Sachverhalte und ganze Fächer zu verstehen.[44] Doch die »schillernden Trugschlüsse oder Argumente« (ποικίλων σοφισμάτων ἢ λόγων) würden ihm nichts nutzen. Bei jenen Sophisten könne man »sein ganzes Leben« aufzehren. Denn lernen würde man auf diese Weise nichts. Wie auch, wenn die sophistische Kunst Scheinkunst ist?

Eine wichtige, von Beatrice Wyss erstmals in dieser Klarheit aufgeworfene und umfassend untersuchte Frage betrifft das bei diesem schillernden Wort naheliegende Problem, ob unter dem Lexem »Sophisten« in der Kaiserzeit wirklich eine konstante und identifizierbare Personengruppe firmiert. Begründet ist dieser Zweifel, der hier nicht endgültig aufgelöst werden soll, durch die Spannweite der Zeugnisse, die von Bewunderung bis zu Ablehnung und Verurteilung der Sophisten reicht. Eine exakte soziale Zuordnung des Sophisten-Begriffs verbietet sich. Wohl aber ist es möglich, einen weiten Begriffsumfang anzunehmen, eine Skalierung, die vom hochberühmten Sophisten bis zum fahrenden Lehrer reicht. Wyss scheint in eine ähnliche Richtung zu gehen, wenn sie von »Schnittmengen« zwischen den Gruppen spricht.[45]

43 Pernot, L'art, 126 ff.
44 Dion, Or 4,38.
45 Wyss, Σοφιστής, 206 f.; unter Berufung auf Brunt, Bubble, 25 ff.

Der prächtige Stil der Sophisten wird indes von Kritikern und Bewunderern ebenso wie von Gegnern wie Dion besonders hervorgehoben.[46] Derselbe Dion betont auch, dass die Sophisten in hohem Grad vom Lob des Publikums abhängig seien, mehr, als sich für einen ehrlichen Mann gehört.[47] Manche Quellen wie Musonius (27–95 n. Chr) setzen das Ideal des stoischen Weisen, des reinen und wahrhaft freien Geistes, gegen den Sophisten.[48] Zum Stoiker könne man nur in der ländlichen Stille werden. Der Sophist dagegen gehöre in die Oberflächlichkeit der Stadt, womit Topoi erneuert werden, die zu Sokrates' Zeit bereits Aristophanes in den »Wolken« evozierte: Die Sophisten seien »Grübelhirnler«, gefangen in ihren logischen »Denkereien«.[49] Doch sie verfehlten das Leben und Ideal eines tauglichen Mannes. Ein weiterer Kritikpunkt, der gegen Sophisten und Sprachlehrer gleichermaßen gerichtet wird: Sie wüssten viel, doch das Wesentliche nicht. Epiktet (50–135 n. Chr.) setzt die Kenntnis der Sophistik weitgehend mit der Sprachlehre gleich. Er kritisiert die Sophisten wegen ihrer Sprachlastigkeit, des technischen, aber weltfernen Gebrauchs von Logik und Argumentation.[50] Das sind Einwände, die man vielleicht auch gegen manchen heute hochgeschulten Logiker und analytischen Philosophen richten könnte und die die Nichtigkeit eines weltfernen Argumentierens hervorheben.

In jedem Fall bestätigt sich der Eindruck, dass der Begriff des »Sophisten« in der Zweiten Sophistik weiter reicht als in der Zeit von Platon und Sokrates. Eine besondere Erweiterung zeigt sich an der religiösen und hieratischen Begriffsverwendung. Mit »Sophisten« können auch Denker bezeichnet werden, die eindeutig unter die Platoniker gehören, und selbst der Orakelgott Apoll wird vereinzelt als »Sophist« bezeichnet.[51] Eine besondere Zuspitzung erfährt diese Begriffsverwendung dadurch, dass sogar Christus von dem Spötter und Ironiker Lukian als »gekreuzigter Sophist« verunglimpft

46 Vgl. Dion, Or 4,78: ἀλλὰ τοὺς τῶν σοφιστῶν θαυμάζων λόγους, ὡς ὑψηλούς τε καὶ μεγαλοπρεπεῖς.

47 Dion, Or 7,11; vgl. auch Dion, Or 32,11.

48 Die Urteile von Musonius v. a. bei Stob., Serm. 48,67. Vgl. mit zahlreichen weiteren Nachweisen Wyss, Philon und die Sophisten, 89 ff.

49 Aristophanes, Wolken, Verse 112–115.

50 Epiktet, Diss 3,21,10–11; vgl. dazu Wyss, Σοφιστής, 198 ff.; s. auch Schmitz, Bildung und Macht, 198 f.

51 Wyss, Der gekreuzigte Sophist, 503 ff.

wird.[52] Darauf werden wir noch zurückkommen. In diesem weiten Verwendungsfeld tritt die klassische Sophistenkritik in den Hintergrund. Im Zentrum der Einwände gegen die Sophisten manifestiert sich vielmehr eine Feindlichkeit gegen Philosophie, religiöse Lehren und Kulte insgesamt.

Sprachlich ergibt sich schließlich ein Kontext, der die sachliche Nähe von »Sophist« mit dem Zauberer, Scharlatan oder Lügenprophet (γόης) betont.[53] Die Doppel- und Mehrdeutigkeit der Orakel, die, wie das Orakel von Delphi, andeuten, nicht eindeutig aussprechen, was gemeint ist, es aber auch nicht verschweigen[54], legt Täuschung oder Spitzfindigkeit bei den Interpreten nahe. Dazu kommt bei diesem Typus von Sophisten die Beanspruchung eines uralten Arkanwissens, zu dem nur sie Zugang beanspruchen.

Wenn man solchen Behauptungen von Grund auf kritisch begegnete, konnte man darin betrügerische oder doch manipulatorische Absichten mutmaßen. Der Sophist als Fachmann für Religiöses, gleichsam als Teil des »numinosen Personals« der Kulte und als Mantiker: Dieser Bedeutungsspielraum legte das Wortspiel zwischen μανία (»Wahnsinn«) und μαντεία (»Wahrsagerei«) nahe. Damit spielen gerade auch christliche Kritiker gegenüber der Sophistik: Es ist Clemens von Alexandrien, der den Teufel unter dem Mantel eines »schlimmen Sophisten« vermutet.[55] Justin grenzt in seiner »Apologie« Jesus Christus deshalb mit aller Deutlichkeit von den Sophisten ab: »Kurz und knapp waren seine Worte; er war nämlich kein Sophist, sondern Gottes Macht war sein Wort (οὐ γὰρ σοφιστὴς ὑπῆρχεν, ἀλλὰ δύναμις Θεοῦ ὁ λόγος αὐτοῦ ἦν)«, so Justins klare und scharfe Zurückweisung des Sophistenvorwurfs.[56] Die Knappheit der Worte verbindet Christus mit Sokrates, von dem auch gesagt wird, dass er in kurzen Reden sprach.[57]

Die Verwechslung von Sein und Schein, die Tausendkünstlerei und die Spitzfindigkeit, aber auch die Kritik, dass ein »Strom von Worten, an Gedanken ein Tropfen nur« von ihnen ausgehe (Clemens,

52 Mit Belegen und einer gründlichen Interpretation ebd.
53 Ebd., 505 ff.; Winter, Philo and Paul, 123 ff.
54 Maaß, Das antike Delphi, 7 ff.; Parke/Wormell, Delphic Oracle, 90 ff.
55 Wyss, Der gekreuzigte Sophist, 508.
56 Justin, Apol. 14,5.
57 Vgl. Platon, Gorgias 467a 1 ff., ders., Protagoras 322 a-c. u. ö.

Stromateis 1,3,22,5), haben Kritiker mit dieser magischen, aber eben zugleich scheinhaften und nicht an Wahrheit gebundenen Verführungskraft verbunden.

Ich fasse zusammen: In jedem Fall lassen sich gängige Topoi der Sophistenkritik und -schelte identifizieren, die der Übersichtlichkeit wegen hier noch einmal zusammenzustellen sind (frei nach Beatrice Wyss): Sophisten sind »schlechte Lehrer«, Geldgier wird ihnen vorgehalten. Paulus grenzt sich nach 2. Kor 2, 17 von solchen Menschen ab: »Denn wir sind nicht wie die Vielen, die mit dem Wort Gottes Handel treiben.« Geschwätzigkeit und Wortgeklingel ist ein anderer Vorwurf an die Sophisten. Sie sprechen wie die Zikaden, doch ihre Worte haben keinen Gehalt.

Die Spitzfindigkeit, die gerade nicht der Wahrheitssuche dient, hat bereits Aristoteles an den Sophisten kritisiert[58]; auch der Wortkampf und die notorische Friedlosigkeit spielen eine entscheidende Rolle. Dies war sicher nicht unberechtigt und ist auch schon für die Erste Sophistik bezeugt: Wenn der Dinge Maß der Mensch ist, ist die Dissoziation von Meinungen und der Streit um ihre Durchsetzung gleichsam vorgeprägt.

Wie dem auch sei, die eher negativen Urteile zeigen Wesenseigenschaften der Sophisten, sie zeigen aber auch, dass es in die Irre führt, den Sophistenbegriff ausschließlich auf die Eliten des Standes zu beziehen. Unter den Sophisten waren »Viele« – von sehr unterschiedlichem Rang und Niveau –, die nach einem bestimmten, feststehenden Grundmuster große Versprechungen machten und einer antilektischen Logik, dem Kampf um Argumente, verpflichtet blieben. Nur den wenigsten, den Besten, dürfte es vorbehalten gewesen sein, zu einem guten, normativen Leben zu kommen.

Schlechter Lehrer, streitsüchtiger Eristiker und Zauberer bilden also in der frühen Kaiserzeit ein negatives Eigenschaftenbündel, an dem die Sophisten erkennbar sein sollen. Deshalb – dies ist ein Novum der Zweiten Sophistik – werden auch religiöse Streitereien mit dem Sophisten-Topos instrumentiert. »Dein Prophet – mein Sophist«, so bringt es Beatrice Wyss auf eine stimmige Formel.

58 Aristoteles, Sophistische Widerlegungen 165a21–165a23.

4. Paulus und die Unterscheidung der Geister gegenüber sophistischem und philosophischem Denken

Korinth wurde zum Zentrum der Missionsbewegung, auch weil es an der Ost-West-Route zwischen Kleinasien und Italien gelegen war. Es war Hafenstadt, mit dem Korinthischen und dem Saronischen Golfzugang. In Paulus' Zeit war Korinth längst wieder als große Stadt restituiert. Dies gilt der Fläche nach, vor allem aber der Bevölkerungszahl nach: Die geschätzte Einwohnerzahl beläuft sich auf mindestens 50–80 000 Personen.[59] Selbstverständlich war die neue Blütezeit nicht.

Im Jahr 146 v. Chr. war das griechische Korinth von den Römern zerstört worden, und im Jahr 44 v. Chr. wurde es von Caesar neu gegründet. Es war eine römische Bürgerkolonie, die Veteranen- und Freigelassene beherbergte: *Colonia Laus Iulia Corinthus.* Rasch erholte es sich und wurde es von der Bürger- und Soldatenansiedlung wieder zur blühenden Stadt. Paulus blieb nach Apg 18,11 18 Monate in Korinth, in der Zeit zwischen Herbst 50 und Frühjahr 52, und ein weiterer Aufenthalt von drei Monaten auf der dritten Missionsreise (Apg 20,3) ist bezeugt.

Eine solche Stadt war in der Zeit des Paulus Umschlagsplatz von Handelswaren, aber auch von Ideen. Darin dürfte sich die große soziale Spannung zwischen Armen und Reichen exemplarisch gespiegelt haben, die ein zentrales Problem der Gemeinde in Korinth gewesen ist. In Korinth flossen Gedanken zusammen und traten in Konflikt, die die damalige hellenistische Welt prägten. Mit Sicherheit traf Paulus auf Kyniker und Skeptiker, die im Glück des Einzelnen, in einem einfachen Leben und desillusionierter Selbstsucht das Ziel des Lebens suchten. Es kommt hinzu, dass κορινθιάζεσθαι, d. h. »korinthisieren«, zum Synonym für einen sexuell unmoralischen Lebenswandel wurde, der diesen Umschlagsplatz kennzeichnete.

Einige wesentliche Aussagen aus Paulus-Briefen verweisen explizit auf Phänomene, die in die Nähe von sophistischen Wirkungen und Reden gehören. Einige dieser Verweise und ihr Gegenbild im σκάνδαλον- und μωρία-Charakter des einfachen, klaren und von

59 Engels, Roman Corinth, 8–22 und 66–92.

Gott beglaubigten Wortes des Gekreuzigten (vgl. 1. Kor 1,23) möchte ich am Ende noch vorführen.

In Röm 16,18 betont der Apostel Paulus, dass »solche nicht unsrem Herrn Christus dienen, sondern ihrem eigenen Bauch, und durch freundliche Worte und schöne Reden (διὰ τῆς χρηστολογίας καὶ εὐλογίας) verführen sie die Herzen der Arglosen«. Voraus geht dem Vers die Abgrenzung gegen die Streitsucht, die sich wie das Füllen des Bauches zu den Untugenden der Sophistik gruppiert. Paulus nimmt hier zentrale Aussagen der Sophistenkritik auf: »Durch süße Worte« (»Schmeichelei«-Topos; vgl. auch 1. Thess 2,5) »und durch prächtige Rede« (Vorwurf der Viel- und Großrednerei) »verführen sie die Herzen der Arglosen«.

- Durchlaufend findet man in 1. Kor 1–2 die Kritik an der prachtvollen, sich rühmenden Redekunst. Dabei ist *verbatim* nicht von Sophisten die Rede: Doch die so charakterisierte Weltweisheit fungiert im Text klar als Gegenbild zum Wort vom Kreuz.
- Dies präzisiert sich 1. Kor 4,19–20, wo Paulus seine baldige Ankunft in Aussicht stellt und festhält, er wolle nicht die »Rede der Aufgeblasenen« (τὸν λόγον τῶν πεφυσιωμένων[60]) kennenlernen, sondern die Kraft (τὴν δύναμιν) der Redner, womit gesagt ist, dass sie gar keine Kraft haben. Ihr nur scheinbarer Reichtum wird mit der Kraft des Reiches Gottes konfrontiert. Doch es wird auch die Verführbarkeit der Gemeinde durch die Sophisten deutlich.
- In 2. Kor 1,12 wird das »Zeugnis des Gewissens«, das »in Einfalt und Lauterkeit Gottes« (ἐν ἁπλότητι καὶ εἰλικρινείᾳ τοῦ θεοῦ) besteht, betont und der »fleischlichen Weisheit« (ἐν σοφίᾳ σαρκικῇ) kontrastiert. Damit ist nicht nur auf Vertreter einer Zweiten Sophistik, sondern durchaus auch auf den Hedonismus der Epikureer verwiesen. Die nur menschliche, allzu menschliche Weisheit der Sophisten verleugnete allzu oft das Gewissen als innere Stimme, die über menschliches Gutdünken hinausgeht. Insofern ist auch sie aus dem Fleisch.
- 2. Kor 2,17: »… die Vielen, die mit dem Wort Gottes Geschäfte machen« (οἱ πολλοὶ καπηλεύοντες τὸν λόγον τοῦ θεοῦ). Der Ausdruck »die Vielen« erschließt sich von der Sozialstruktur

60 Vgl. dazu differenziert Winter, Philo and Paul, 180 ff.

einer Vielzahl von nicht immer prachtvoll lebenden Sprachlehrern, Ratgebern, der Fülle der Zweiten Sophistik, unterhalb der großmächtigen wenigen inthronisierten Lehrer. Den Logos von den göttlichen Dingen für Geld anzupreisen, ist aber ein gemeinsames Charakteristikum der Sophisten.

- In 2. Kor 4,2 formuliert Paulus die Absage an die πανουργία (bei Luther mit »List« übersetzt) der Gegner. *Panourgia* ist, wie wir sahen, ein gängiger Negativbegriff für die Sophisten, *terminus technicus* gegen die *Paideia*-Anmaßung der sophistischen Lehrer, die alles zu lehren beanspruchen, aber selbst kein präzises Wissen haben.[61] Schon Platon führte dies darauf zurück, dass die Sophisten kein wirkliches Werk (ἴδιον ἔργον) beherrschen.[62] Die offenbare Wahrheit, in ihrer Einfachheit und Untrüglichkeit, wird dem konstrastiert.
- Derselbe Ausdruck πανουργία begegnet wieder in 2. Kor 11,3, diesmal in Bezug auf die Verführung Evas durch die Schlange, deren zwiegespaltene Rede: »Sollte Gott gesagt haben?«, auch in der altkirchlichen und mittelalterlichen Auslegungsgeschichte zu Analogien mit den Sophisten Anlass gab (K. Flasch).[63] Und in 2. Kor 12,16 erscheint πανοῦργος als Adjektiv, wobei sich Paulus dagegen verwahrt, hinterlistig zu sein, und sich deshalb als Antisophist erweist.
- 2. Kor 10,5 wendet sich gegen alles Hohe, das sich gegen die Erkenntnis Gottes erhebt, womit der seinerzeit erhobene vornehm hieratische Ton der Sophisten, aber auch das Weisheitsideal der Stoiker gemeint sein kann.
- Auffällig im 2. Korintherbrief ist in dem Zusammenhang, dass Paulus immer wieder auf das Gewissen (συνείδησις) zurückkommt (2. Kor 1,12; 4,2; 5,11).[64] Dieser Gewissensbegriff erfordert eingehende Untersuchung. Bei aller unterschiedlichen Verwendung wird sich als Begriffszentrum ergeben, dass das Gewissen der innere Sinn des Menschen ist, den Paulus auf die Wahrheit in Gott und im Heiligen Geist orientiert. Er verpflichtet sich dem eigenen Gewissen, und er handelt vom Gewissen der neuen Gemeinde-

61 Vgl. dazu die Beiträge in: Borg, Paideia, 2004.
62 Vgl. Platon, Gorgias 492c-507a-c. Vgl. dazu Seubert, Platon, 184ff.
63 Siehe Flasch, Eva und Adam, 2005.
64 Vgl. auch z. B. 1. Tim 1,5.19; 3,9; 4,2; 2. Tim 1,3; Tit 1,15.

glieder, das vor Gott offenbar werden soll. Die Sophistik kann im Gegenzug als gewissen-los verstanden werden.

- In diesem Sinn deutete sie auch schon Sokrates und setzte ihr seinen Gewissensbegriff, das *Daimonion*, entgegen.[65] Die Strukturähnlichkeit ist unverkennbar. Doch Paulus kann das Gewissen auf die Offenbarung Gottes öffnen, die angemaßte *Paideia* durch den fremden Lehrer, den Sophisten findet im inwendigen Lehrer, dem eigenen auf Gottes Wort bezogenen Gewissen, ihren Gegenhalt.
- Hierin ist begründet, dass wiederholt dem Geheimen, Verborgenen, mit Scham belegten Lehren der Sophistik die Reinheit und Lauterkeit, die »Transparenz« der christlichen Botschaft entgegengesetzt wird (2. Kor 4,2).
- Der Begriff πανουργία begegnet in Verbindung mit μεθοδεία in Eph 4,14 im Zusammenhang mit der zu erhoffenden christlichen Mündigkeit, die eine Immunisierung bewirken soll. Der mündige Christ muss sich nicht mehr hin- und herwerfen lassen von Lehre, List und den Wegen der Verführung. Diese falsche, »sophistische« *Methodeia* wird in Eph 6,11 ausdrücklich auf den Teufel bezogen.

Man erkennt: Auch wenn es nicht möglich ist, inschriftlich und durch andere direkte Belege eindeutig und klar eine Existenz von Vertretern der Zweiten Sophistik im Korinth des Paulus namhaft zu machen, wie sie später sehr klar identifizierbar sind[66], so verwendet Paulus doch Begriffe und Epitheta und wählt Beschreibungen, die auf die Zweite Sophistik bezogen wurden und in der Sache auf sie zutreffen. Das legt nahe, in Korinth einen Phänotyp zu vermuten, der mit den kaiserzeitlichen Sophisten identifizierbar ist: in der ganzen angedeuteten Spannweite dieses Begriffs und mit Durchlässigkeiten zu Rhetorikern sowie zu den in Korinth bezeugten Philosophenschulen, den Zynikern, Stoikern und Epikureern.

Die Grundzüge, die an den Sophisten identifiziert werden, haben einen weit überzeitlichen Charakter: Warnen sie doch vor einer menschlichen dissoziierenden, verwirrenden, auf Wortmacht

65 Es ist das *Daimonion*, das als innere Stimme abrät und sich zur Geltung bringt, wenn Unstimmigkeiten entstehen. Vgl. Platon, Apologia 29d und dazu Wieland, Platon, 50 ff.

66 Eine gute Übersicht dazu bei Winter, After Paul Left Corinth, v. a. 76 ff.

anstelle von Wahrheit und Wahrhaftigkeit zielenden Argumentation – eine Warnung, die sich aus dem Wort vom Kreuz und der Bindung an Jesus Christus ergibt.

5. Schlussfolgerungen

Aus Paulus' Einwänden gegen diese pseudophilosophische Tendenz ist allzu oft eine – auch dem christlichen Glauben – schädliche allgemeine Philosophie-Feindlichkeit abgeleitet worden. Sie bedroht das Band zwischen Glauben und Vernunft *a priori* und zerschneidet diesen Zusammenhang am falschen Ort. Sophistik ist eben, in der Zeit des Neuen Testaments ebenso wenig wie heute, eins mit Philosophie. Platon *und* Aristoteles bereits bemühten sich um die (Selbst-)Unterscheidung gegenüber der Sophistik. Platons Dialog »Sophist« unternimmt es eindrucksvoll, dem Sophisten als »Scheinkünstler« ein enges Netz zu legen und ihn einzufangen. Dieses Netz führt auf die großen, leitenden Begriffe, deren sich der Philosoph, um der Erkenntnis willen, bedient. Philosophie geht es, wie immer aporetisch und menschlich, um Wahrheit, nicht um Schein. Aber auch dann wird sie mit dem christlichen Wort vom Kreuz und der Offenbarungswahrheit niemals identisch. Philosophie bleibt – mit Schelling – »negativ«, auf das Denkbare bezogen, während Glaube und Theologie auf die Wirklichkeit und Wahrheit bezogen sind, die Gott selbst hervorbringt.

Die Spannung bleibt: Der σκάνδαλον- und μωρία-Charakter des Kreuzes (1. Kor 1,23) demontiert allen selbst- und eigensüchtigen menschlichen Herrschaftswillen, auch die Herrschaft im Argument. Doch zugleich lesen wir das wunderbare Wort in Kol 2,3: »In ihm [Christus] liegen alle Schätze der Weisheit und der Erkenntnis verborgen.« Worauf die Warnung aus dem uns bekannten Umkreis folgt: »Ich sage euch das, damit euch niemand betrüge mit verführerischen Reden (ἵνα μηδεὶς ὑμᾶς παραλογίζηται ἐν πιθανολογίᾳ)«. Solche Warnung wurde auch in außerbiblischen Quellen auf die Sophistik bezogen.

Eröffnet ist damit eine Spannung, auf die Luther eine späte Resonanz gibt, wenn er sagt, man müsse in Christus zum Narren geworden sein, um mit Aristoteles philosophieren zu können – mit Platon und Aristoteles, vielleicht mit Kant, Hegel, Wittgenstein und Swinburne, aber sicher nicht mit den Sophisten und ihren Nachfolgern, den prunkvollen, irritierenden, schein-frommen Wahrheitsverdrehern.

Dass Jesus Christus von Lukian zum Sophisten erklärt wurde, ist selbst ein sophistisches Missverständnis höchsten Grades. Von Paulus' Auseinandersetzung mit dem Geist jener machtvollen Strömung ausgehend, wird man sich auch ermutigt sehen dürfen, eine Wahrheit suchende, aufrichtige Vernunft zu haben – und zu gebrauchen, »als hätte man sie nicht« (ὡς μὴ ἔχοντες, vgl. 1. Kor 7,29–31). Das fällt umso leichter, da man als Christ aus der Wahrheit leben darf.

Bibliografie

Borg, Barbara E., Paideia – The World of the Second Sophistic (Millennium-Studien 2), Berlin: De Gruyter, 2004.

Bowerstock, Glen W., Greek Sophists in the Roman Empire, Oxford: Oxford University Press, 1969.

Brunt, Peter A., The Bubble of the Second Sophistic, in: Bulletin of the Institute of Classical Studies of the University of London 39 (1994), 25–52.

Bowie, Ewen, The Importance of Sophists, in: Yale Classical Studies 27 (1982), 29–59.

Buchheim, Thomas, Die Sophistik als Avantgarde normalen Lebens, Hamburg: Meiner, 1986.

Buchheim, Thomas, Die Vorsokratiker. Ein philosophisches Porträt, München: C. H. Beck, 1994.

Corbato, Carlo, Sofisti e Politica ad Atene durante la Guerra del Peloponneso, Trieste: Istituto di Filologia Classica, 1958.

Dietz, Karl-Martin, Protagoras von Abdera. Untersuchungen zu seinem Denken, Bonn: Habelt, 1978.

Engels, Donald, Roman Corinth. An Alternative Model for the Classical City, Chicago/London: The University of Chicago Press, 1990.

Figal, Günter, Sokrates, München: C. H. Beck, 2. Aufl. 2006.

Fischer, Thomas, Zur Gefallenenrede des Perikles bei Thukydides, in: Geschichte, Politik und ihre Didaktik 17 (1989), 103–109.

Flasch, Kurt, Eva und Adam. Wandlungen eines Mythos, München: Beck, 2005.

Foucault, Michel, Über den Willen zum Wissen. Aus dem Französischen von M. Bischoff, Berlin: Suhrkamp 2012.

Fron, Christian, Der ewige Wettkampf. Zur Konkurrenz unter kaiserzeitlichen Sophisten, in: Wyss, Beatrice/Hirsch-Luipold, Rainer/Hirschi, Solmeng-Jonas, Sophisten in Hellenismus und Kaiserzeit. Orte, Methoden und Personen der Bildungsvermittlung (Studien und Texte zu Antike und Christentum 101), Tübingen: Mohr Siebeck, 2017, 159–177.

Gaiser, Konrad, Das Staatsmodell des Thukydides: Zur Rede des Perikles für die Gefallenen, Tübingen: Kerle, 1975.
Hegel, Georg Wilhelm Friedrich, Vorlesungen über Geschichte der Philosophie, Theorie-Werkausgabe Bd. XVIII, Frankfurt/Main: Suhrkamp, 1970.
Kerferd, George Briscoe, The Sophistic Movement, Cambridge: Cambridge University Press, 1981.
Kerferd, George Briscoe/Flashar, Hellmut, Die Sophistik, in: Flashar, Hellmut (Hg.), Grundriss der Geschichte der Philosophie, Bd. 2.1, Basel: Schwabe, 1998.
Lesky, Albin: Geschichte der griechischen Literatur, Bern/München: Francke, 3. Aufl. 1971.
Löw, Reinhard, Nietzsche, Sophist und Erzieher. Philosophische Untersuchungen zum systematischen Ort von Friedrich Nietzsches Denken, Weinheim: acta humaniora, 1984.
Maaß, Michael: Das antike Delphi, München: C. H. Beck, 2007.
Newiger, Hans-Joachim, Untersuchungen zu Gorgias' Schrift Über das Nichtseiende, Berlin: De Gruyter, 1973.
Ottmann, Henning, Geschichte des politischen Denkens, Bd. I/1: Die Griechen, Stuttgart: Metzler, 2001.
Parke, Herbert William/Wormell, Donald Ernest, The Delphic Oracle, Vol. 2: The Oracular Responses, Oxford: Blackwell, 1966.
Petersmann, Hubert, Bild und Gegenbild des vir bonus dicendi peritus in der römischen Literatur von ihren Anfängen bis in die frühe Kaiserzeit, in: Czapla, Beate/Lehmann, Tomas/Liell, Susanne (Hg.), Vir bonus dicendi peritus. FS für Alfons Weische zum 65. Geburtstag, Wiesbaden: Reichert, 1997, 321–332.
Pernot, Laurent, L'art du sophiste à l'époque romaine. Entre savoir et pouvoir, in: Lévy, Carlos et. al. (Hg.): Ars et Ratio. Sciences, art et métiers dans la philosophie héllenistique et romaine, Bruxelles: Editions Latomus, 2003, 126–142.
Puech, Bernadette, Orateurs et sophistes grecs dans les inscriptions d'époque impériale, Paris: Vrin, 2002.
Schmitz, Thomas, Bildung und Macht. Zur sozialen und politischen Funktion der zweiten Sophistik in der griechischen Welt der Kaiserzeit, München: C. H. Beck, 1997.
Seubert, Harald, Platon – Anfang, Mitte und Ziel der Philosophie, Freiburg/München: Alber, 2017.
Stanton, Gregory R., Sophists and Philosophers. Problems of Classification, in: The American Journal of Philology 94 (1973), 350–364.
Wieland, Wolfgang, Platon und die Formen des Wissens, Göttingen: Vandenhoeck & Ruprecht, 1982.
Winter, Bruce W., After Paul Left Corinth. The Influence of Secular Ethics and Social Change, Grand Rapids/Cambridge: William B. Eerdmans, 2001.

Winter, Bruce W., Philo and Paul Among the Sophists, Cambridge: William B. Eerdmans, 1996.
Winter, Bruce W., The Influence of Secular Ethics and Social Change, Cambridge: William B. Eerdmans, 2001.
Wyss, Beatrice, Lukians sophistische Philosophen in den *Fugitivi,* in: Hartmann-Neumann, Arlette/Schmidt, Thomas S. (Hg.), Munera friburgensia. Festschrift zu Ehren von Margarethe Billerbeck, Bern: Peter Lang, 2016, 55–68.
Wyss, Beatrice/Hirsch-Luipold, Rainer/Hirschli, Solmeng-Jonas, Sophisten in Hellenismus und Kaiserzeit, Tübingen: Mohr Siebeck, 2017, 177–212.
Wyss, Beatrice, Der gekreuzigte Sophist, in: Early Christianity 4 (2014), 503–527.
Wyss, Beatrice, Philon und die Sophisten – Philons Sophistendiskurs vor dem Hintergrund des alexandrinischen Bildungsumfelds, in: Hirschberger, Martina (Hg.), Jüdisch-hellenistische Literatur in ihrem interkulturellen Kontext, Frankfurt/Main: Peter Lang, 2012, 89–105.

Jacob Thiessen

Der Dionysoskult und die »Zungenredner« in Korinth

1. Einführung

In 1. Kor 12–14 greift Paulus offensichtlich eine neue Thematik innerhalb des 1. Korintherbriefes auf. Wahrscheinlich gehörte das angesprochene Thema zu den schriftlichen Anfragen, die aus der Gemeinde von Korinth an Paulus gelangt waren (vgl. 1. Kor 7,1). Dabei geht es um »die geistlichen Dinge« (τὰ πνευματικά).[1] In dieser Hinsicht gab es offenbar Fragen bzw. Probleme in der christlichen Gemeinde von Korinth, die das Potential hatten, zu Spaltung zu führen (vgl. 1. Kor 12,25).[2] Paulus betont im Gegensatz dazu besonders in 1. Kor 12 die Einheit, die der Geist Gottes durch die unterschiedlichen »Gnadengaben« (χαρίσματα) bewirkt.[3] Die Spaltungen schei-

1 In 1. Kor 12,1 ist τῶν πνευματικῶν m. E. wie τὰ πνευματικά in 1. Kor 14,1 als Neutrum zu verstehen. Ähnlich sieht es z. B. auch Schnabel (Schnabel, Korinther, 682). Er ergänzt jedoch: »Attraktiv ist der allerdings unbeweisbare Vorschlag, dass beide Nuancen angesprochen sind: Die mask. Konnotation spiegelt die Position der Korinther wieder, während das Neutrum das Verständnis des Apostels beschreibt, der in der folgenden Diskussion den Ausdruck πνευματικά vermeidet und stattdessen von χαρίσματα spricht, was weniger den Geistesbesitz betont« (ebd.; vgl. dazu auch Kuwornu-Adjaottor, Spiritual Gifts, 260–273). Dass der Zusammenhang zwischen den »Geistesgaben« und den »geistlichen Personen« (vgl. auch 1. Kor 2,13.15; 3,1) betont wurde, scheint offensichtlich zu sein. Das bedeutet jedoch nicht, dass in der Gemeinde von Korinth im Zusammenhang mit der in 1. Kor 12–14 behandelten Thematik nicht der Ausdruck τὰ πνευματικά (als Neutrum) verwendet wurde.

2 Dass es »Spaltungen« (σχίσματα) in der Gemeinde in Korinth gab, bringt 1. Kor 11,18 zum Ausdruck. Bereits in 1. Kor 1,10 hatte der Apostel betont, dass es nicht Spaltungen geben sollte. Die Einheit der Gemeinde ist gemäß 1. Kor 1,13 in Christus begründet, der nicht »zerteilt« ist, und dieser Aspekt wird auch in 1. Kor 12,12 ff. aufgegriffen.

3 Zur Frage nach dem Verhältnis zwischen den »geistlichen Dingen« (τὰ πνευματικά) und den »Gnadengaben« (τὰ χαρίσματα) in dem Abschnitt vgl. u. a. Li, Paul's Teaching, 105 ff., zum Nomen *rei actae* χάρισμα vgl. ebd., 12 ff. Dieses Nomen ist vom Verb χαρίζομαι abgeleitet (vgl. ebd., 12), das im 1. Korintherbrief nur in 2,12 erscheint. 1. Kor 2,12 kann darüber Auskunft geben, warum

nen dadurch entstanden zu sein, dass sich Einzelne in der Gemeinde als »Geistliche« über den »Durchschnittsgläubigen« hinwegsetzten (vgl. 1. Kor 3,1; 14,12.37).[4]

Wie 1. Kor 12,4–6 zeigt, will Paulus diese Spaltung vor allem dadurch überwinden, dass er darauf hinweist, dass der trinitarische Gott die Quelle aller Fähigkeiten ist, nicht die eigene »Geistlichkeit« (vgl. auch 1. Kor 4,7). In 1. Kor 12,7–11 hebt der Apostel dann hervor, dass »der eine und derselbe Geist« alle »Gnadengaben« bewirkt, und zwar »wie er beschließt« (1. Kor 12,11). Dass die Pluralität der Fähigkeiten nicht zu Spaltungen, sondern vielmehr zur Einheit in der Gemeinde führen soll, wird in 1. Kor 12,12 ff. dargelegt. In 1. Kor 13 betont Paulus anschließend, dass die Grundlage für diese Einheit die Liebe ist, ohne die alle Fähigkeiten schlussendlich nicht zur Erbauung der Gemeinde dienen. In 1. Kor 14 kommt der Apostel nach dem »Exkurs« über die Liebe wieder zu den »geistlichen Dingen« zurück und geht dabei besonders auf das prophetische Reden und das »Zungenreden« bzw. »Sprachenreden« ein. Es war offensichtlich vor allem dieses »Sprachenreden«, das Unruhe in der Gemeinde verursacht hat, während Paulus in 1. Kor 14 demgegenüber die Ordnung und die Erbauung der ganzen Gemeinde hervorhebt.

Um die Probleme in Korinth und die Reaktion des Apostels Paulus besser einordnen und verstehen zu können, stellt sich die Frage, was der (mögliche) Hintergrund der Problematik war. Dabei muss überlegt werden, inwiefern der Abschnitt zumindest ansatzweise selbst die Antwort auf die Frage gibt. Die These, die im Folgenden vertreten wird, ist, dass die Problematik besonders, wenn möglicherweise auch nicht ausschließlich auf den Dionysoskult zurückzuführen ist, was an dieser Stelle kurz begründet werden soll.

Paulus nicht wie einige Korinther – die in 1. Kor 12,1 und 14,1 »zitiert« werden – von »geistlichen Dingen«, sondern von »Gnadengaben« spricht: Alle (geistlichen) Fähigkeiten werden von Gott aus Gnade gewährt, damit man damit der Gemeinde dient, und sie können daher nicht Ausdruck einer besonderen Geistlichkeit sein (vgl. 1. Kor 4,7). Bereits in 1. Kor 1,5 hatte der Apostel betont, dass in der Gemeinde von Korinth kein Mangel an Gnadengaben bestehe. Allerdings gab es sehr einseitige Ansichten über diese Gnadengaben und ihre Bedeutung. Vgl. auch Thiessen, Paulus als Lehrer, 362 ff.

4 Vgl. dazu auch Lohrmann, Frucht und Gaben, 28.

2. Der Dionysoskult als wahrscheinlicher Hintergrund von 1. Kor 12–14

In 1. Kor 12,2 erinnert Paulus die Leser des Briefes daran, wie sie vor ihrer Hinwendung zum Glauben an Jesus Christus »zu den stimmlosen Götzenbilden getrieben« wurden.[5] Diese Feststellung könnte an und für sich sicher grundsätzlich für jeden Mysterienkult zutreffen. Auch die Praxis des Stammelns in fremdartigen »Sprachen« bzw. Lauten war sicher nicht nur im Dionysoskult bekannt.[6] Die Verwendung von Begriffen in 1. Kor 14 in dieser Hinsicht (z. B. τοῖς φθόγγοις, ἄδηλον, εὔσημον λόγον, βάρβαρος) passt ebenfalls nicht nur für den Dionysoskult.[7]

»Typisch dionysisch« sind jedoch die Musikinstrumente, die in 1. Kor 13,1 und 1. Kor 14,7 f. erwähnt werden. Und nachdem Paulus in 1. Kor 14,21 f. erklärt hat, was (im Einklang mit Jes 28,11) der »eigentliche Sinn« des Redens in fremden Sprachen ist, ergänzt er in 1. Kor 14,23: »Wenn nun die ganze Gemeinde zusammenkommt und alle in Sprachen reden, und es kommen Unkundige oder Ungläubige herein, werden sie nicht sagen, dass ihr alle wahnsinnig seid [… οὐκ ἐροῦσιν ὅτι μαίνεσθε;]?« Der Wahnsinn war mindestens schon seit Homer (vgl. 800 v. Chr.) ein Charakteristikum des Dionysos.[8] Zudem galt Dionysos als der »Gott der Frauen«,[9] und 1. Kor 14,34–36 deutet an, dass das Problem mit dem »Sprachenreden« möglicherweise

5 In 1. Kor 14,10 betont Paulus: »Es gibt wer weiß wie viele Arten von Stimmen in der Welt, und nichts ist stimmlos (οὐδὲν ἄφωνον).« In dem Sinn haben auch die Götzenbilder eine »Stimme«, wenn man z. B. darauf schlägt. Sie haben jedoch keine Stimme, mit der sie verständlich, d. h. in einer von den Menschen verstandenen Sprache kommunizieren können, was im Alten Testament wiederholt thematisiert wird.

6 Vgl. dazu und zum Folgenden weiter unten sowie Seubert/Thiessen, Auf den Spuren, 111 ff.

7 Vgl. dazu Riedweg, Mysterien-Terminologie, 1987.

8 Vgl. Homer, Ilias 6,132 ff.

9 Vgl. auch Schlesier, Dionysos, 653: »Die Vorrangstellung der Frauen im Umkreis des D. kommt bereits bei Homers erstmaligen Nennung zur Geltung.« Zudem: »Auch der (nicht vor dem Hellenismus inschr. belegte) Terminus *mainás*, wörtlich ›rasende Frau‹, taucht bei Homer (Il,22,460) erstmals auf, wobei rituelle Raserei von Frauen bei der D.-Verehrung implizit vorausgesetzt zu sein scheint« (ebd.)

durch gewisse Frauen in der Gemeinde verursacht wurde.[10] Es spricht also viel dafür, dass die Praxis einiger Personen in der Gemeinde von Korinth vor allem auf den Dionysoskult zurückging.[11]

Offensichtlich spielte der Dionysoskult schon früh nicht nur in Athen, sondern auch in Korinth eine wichtige Rolle. Dem Mythos nach hatte sich Phentheus, der König von Theben, bei der Ankunft des Dionysos in Theben (nördlich von Korinth und westlich von Athen) auf einem Baum versteckt, wobei er jedoch u.a. von seiner Mutter entdeckt und getötet worden sein soll. Das Orakel der Pythia wies die Frauen, den Baum wiederzufinden und ihn als Gott zu verehren. »Aus diesem Grund schufen sie Bilder von ihm«, bemerkt Pausanias.[12] Als Pausanias im 2. Jh. n. Chr. Korinth besuchte, fand er diese Bilder dort noch vor: »Auf der Agora – denn dort befinden sich die meisten der Heiligtümer/Tempel – gibt es eine Artemis[-Statue] mit dem Beinamen ›Ephesia‹ und Holzstatuen von Dionysos, die – abgesehen von den Gesichtern – vergoldet sind …«[13]

In der großen Säulenhalle auf der Südseite der Agora von Korinth gab es u.a. eine Folge von Tavernen, wie z.B. die vielen Scherben von Trinkgefäßen mit Inschriften wie »Prost«, »Gesundheit«, »Dionysos«, »Gegen den Schluckauf« belegen. Auch das Theater in der Nähe der Agora zeugt für das Vorhandensein der Dionysos-Verehrung, wie antike Quellen bestätigen. Herodot (um 500 v. Chr.) zufolge soll Arion von Methymna (ca. 600 v. Chr.), der einen großen Teil seines Lebens in Korinth am Hof des Tyrannen Periander verbrachte, sogar »als erster der Menschen, soweit wir wissen«, in Korinth einen (dionysischen) Dithyrambos kunstvoll gedichtet und einstudiert

10 Einige Ausleger betrachten 1. Kor 14,34–36 als späteren Einschub, weil der Text anscheinend nicht zum Kontext passt (vgl. u.a. Walker, Interpolations, 68–72 und 80–88; Lindemann, Korinther, 317–321; Schrage, Korinther 4, 481–487; Fee, Corinthians, 699–711; Hays, Corinthians, 247f.). Doch haben wir in textkritischer Hinsicht keine wirkliche Grundlage für diese Annahme, auch wenn 1. Kor 14,34f. in einzelnen späteren Handschriften nach 1. Kor 14,40 eingefügt wurde (vgl. dazu auch u.a. Wolff, Korinther, 341–345; Thiselton, Corinthians, 1148–1150; Garland, Corinthians, 675f.).

11 Darauf kann auch die Problematik mit der Enthüllung des Kopfes, auf die Paulus in 1. Kor 11,2ff. eingeht und die möglicherweise im Kontext der Feier des »Herrenmahls« (vgl. 1. Kor 11,17ff.) entstanden ist, hindeuten.

12 Pausanias, Graec descr 2,2,7.

13 Pausanias, Graec descr 2,2,6. Über die Sage von den Holzstatuen vgl. ebd. 2,2,7.

(gelehrt) haben.[14] Während in Athen die Theaterwettbewerbe und in Elis der Sport im Zentrum standen, spielte nach Athenaios (ca. 200 n. Chr.) – der eine Schrift von Hegesander (aus Delphi; 3. Jh. v. Chr.) zitiert – in Korinth das dramatische Orchester mit Tanz (θυμελικός) eine zentrale Rolle.[15] Zeugnisse des Dionysoskults in Korinth befinden sich zudem im Museum des antiken Korinth.[16]

Im Folgenden soll nun dieser Dionysoskult in seinen Charakterzügen kurz vorgestellt werden.[17] Anschließend wollen wir uns mit dem außerbiblischen »Zungenreden« beschäftigen, bevor wir versuchen, die paulinischen Aussagen in 1. Kor 12–14 bzw. die Problematik in der Gemeinde von Korinth, die damit verbunden ist, einzuordnen und zu verstehen.

3. Wer ist Dionysos?

Cicero bemerkt: »Wir haben viele Dionysos[gestalten].«[18] Diese Aussage zeigt die Komplexität des Dionysoskultes.[19] Ebenso komplex ist auch die Frage nach der Herkunft des Kultes. Oft gelten Thrakien (um Philippi)[20] und Phrygien (in Kleinasien) als Ursprungsort. Doch das ist nur ein möglicher Weg des Dionysos in das antike Griechenland. Im

14 Herodot, Hist 1,23; vgl. auch z. B. Pindar, Olymp 13,4.12-13.

15 Athenaios, Deipn 8,42. Diesem »Gelehrtengastmahl« zufolge (gemeint ist ein Symposium, zu dem der Römer Publius Livius Larensis aus seiner Umgebung die besten Experten aller Wissensgebiete eingeladen hatte, dessen Inhalt Athenaios wiedergibt) hat Hegesandros Stratonikos in Byzantion nach dem Auftritt eines Harfenspielers u. a. gesagt, dass die Eleer (in Olympia) die Sportwettkämpfe veranstalten sollten, die Korinther die Musikwettbewerbe und die Athener die Theaterwettbewerbe (ebd.).

16 Vgl. dazu Parahatzis, Das antike Korinth, 86, 90 und 96 (tanzende Mänade aus dem 2. Jh. n. Chr.).

17 Vgl. dazu auch Seubert/Thiessen, Auf den Spuren, 107 ff. Die folgenden Ausführungen über den Dionysoskult wurden zum Teil aus dem Buch übernommen und angepasst. Der Text im Buch ist von mir verfasst worden. Dankbar bin ich meinem Kollegen Harald Seubert für Literaturhinweise.

18 Cicero, De Nat Deor 3,23: *Dionysos multos habemus.*

19 Vgl. dazu u. a. Bierl, Der vielnamige Dionysos, 30–39; Henrichs, Dionysos, 554–582.

20 Zum Dionysoskult in Thrakien und Thessalien vgl. u. a. Faraone, Gender Differentiation, 120–143.

Mythos spielt Nysa eine zentrale Rolle,[21] doch wird dieses Nysa, von dem möglicherweise der Name »Dionysos« (*Dios* = Zeus) abgeleitet ist, schon früh u. a. in Ägypten, Äthiopien oder sogar in Indien lokalisiert.[22] Sehr wahrscheinlich führte zumindest ein Weg des Dionysoskultes im 2. Jt. v. Chr. aus Ägypten über Kreta[23] u. a. nach Mykene (in der Nähe von Korinth) und damit ins antike Griechenland.[24] Sowohl im minoischen Reich von Kreta sowie im mykenischen Reich auf der Peleponnes ist der Kult schon etwa im 14. Jh. v. Chr. bezeugt.[25]

Um 500 v. Chr. identifiziert Herodot, der »Vater der Geschichte«, Dionysos mit dem ägyptischen Gott Osiris,[26] so auch u. a. Diodorus, Lucius Cassius Dio und Plutarch,[27] Letzterer mit einer ausführlichen Begründung.[28] Die frühe Verbreitung des Dionysoskultes bis weit in den Osten ist dabei auch zu beachten. In einem Tempel von Tel Akko (Ptolemais) wurden etwa typische Kelche des Dionysoskults

21 So bereits Homer, Ilias 6,133; ders., Hymn 34,8. Homer setzt um 800 v. Chr. den Kult in Griechenland als allgemein bekannt voraus. Vgl. Homer, Odyssee 1,321–325.

22 Vgl. z. B. Herodot, Hist 2,146,2; vgl. auch u. a. Otto, Dionysos, 60. Zu Indien als Herkunftslang vgl. u. a. Mythos Dionysos, 11; Giebel, Mysterien, 55.

23 Es ist zu beachten, dass die minoische Kultur (ca. 2600–1100 v. Chr.) von Kreta (und Mykene) schon früh u. a. im Westen Kleinasiens und auch u. a. bis in die Gegend von Israel (Sodom usw.) zumindest teilweise die Gesellschaften prägte. Zudem werden die Philister in Zeph 2,5 als »Nation der Kreter« bezeichnet (vgl. auch 1. Sam 30,14; Hes 25,16: »Siehe, ich strecke meine Hand gegen die Philister aus und rotte die Kreter aus und tilge den Überrest an der Küste des Meeres aus«), wobei offenbar ihre Herkunft von der Insel vorausgesetzt wird. Anderswo im TANACH wird die Herkunft der Philister als »Kaftor« bezeichnet (Jer 47,4; Am 9,7; vgl. Gen 10,4; Dtn 2,23; 1. Chr 1,12).

24 Vgl. dazu u. a. Kerényi, Dionysos, 48 ff.; Mythos Dionysos, 11 ff.; Giebel, Geheimnis, 56.

25 Vgl. dazu u. a. Bernabé, Dionysos, 23–37; vgl. auch u. a. Kretscher, Dionysos Oriens, 55 ff.

26 Vgl. z. B. Herodot (ca. 485–424 v. Chr.), Hist 2,144,2; 2,42,2; 2,47–50; vgl. Hist 2,49; vgl. dazu auch Hernández, Herodotus' Egyptian Dionysos, 250–260. Herodot identifiziert Isis mit Demeter, die in den Mysterien von Eleusis neben Dionysos verehrt wurde (Hist 2,59,2).

27 Diodorus, Hist 1,25,2; Lucius Cassius Dio (ca. 160–230 n. Chr.), Hist Rom 50,5 (»indem sie sagen, dieser Osiris sei auch Dionysos, jene Selene auch Isis«); Plutarch, Isis et Osiris 35, 364C – ebenso auch Ausonius im 4. Jh. n. Chr. (Text in: Mythos Dionysos, 150).

28 Vgl. dazu z. B. Otto, Dionysos, 176: »Tatsächlich ist der Vergleich des Dionysos mit Osiris, der ein Hauptstück der Schrift Plutarchs über Isis und Osiris bildet, sehr viel sinnvoller als der Vergleich mit thrakischen, phrygischen der minoischen Gottheiten.« Vgl. dazu u. a. Edmonds, Dionysos in Egypt?, 415–432.

aus der Zeit von 400 v. Chr. gefunden. Die Gegend wurde damals von den Phöniziern beherrscht. Serapis, der eine Verschmelzung des Osiris mit anderen Gottheiten darstellt, wurde in Alexandria von Ptolemais I (ca. 366–282 v. Chr.) zum Reichsgott erklärt.[29]

Ob der Dionysoskult tatsächlich direkt auf den Osiriskult zurückgeht oder durch diesen zumindest indirekt beeinflusst wurde, ist wohl nicht zu entscheiden. Auf jeden Fall scheint u. a. auch der Baal- und Aschera-Kult im Land Kanaan »dionysische« Züge angenommen zu haben.[30] Die Vermischung des Dionysoskultes mit anderen Religionen ist nichts Neues, denn schon früh »ging er eine Verbindung mit anderen Göttern ein, mit Demeter in Lerna, mit Jahwe in Syrien, mit Osiris in Ägypten, mit dem Fruchtbarkeitsgott Liber pater [= *Dionysos eleutheros*] in Italien«.[31]

Dionysos ist mit Bakchus, dem Gott des Weines und des Rausches, der Vegetation, der Unterwelt und der Gott der Gegensätze bzw. einer, der die Gegensätze (wie Leben und Tod, Diesseits und Jenseits, Freude und Trauer, Lärm und Stille,[32] Wahnsinn und Besonnenheit, Mann und Frau usw.) überwindet, sie aber schlussendlich doch nicht ganz aufhebt, »identisch«. Der Dionysoskult spielte im antiken Griechenland eine zentrale Rolle wie kaum ein anderer Mysterienkult. Dionysos (= Bakchus) war als Gott des Weines, der Freude, der Fruchtbarkeit und des Wahnsinns (μανία) bzw. der Ekstase beliebt,[33] auch wenn er in Griechenland (wie später in Rom) ursprünglich offenbar als »Fremdling« kritisch betrachtet wurde. Bereits von Homer (um 800 v. Chr.) wird Dionysos mit

29 Vgl. dazu Schmidt, Israel, Zion und die Völker, 93.

30 Aus der Zeit von ca. 800 v. Chr. wurde in Kuntillet ʿAdschrud auf der Sinaihalbinsel bei Ausgrabungen in den Jahren 1975/76 ein Text entdeckt, in dem von »Jahwe und seiner Aschera« die Rede ist, und derselbe Ausdruck wurde auch in Chirbet el-Kom westlich von Hebron aus dem 8. Jh. v. Chr. gefunden (vgl. dazu u. a. Keel/Uehlinger, Göttinnen, 237–282).

31 Haufe, Mysterien, 107. Zu Dionysos und Demeter vgl. auch u. a. Merkelbach, Hirten, 31 f.

32 Vgl. dazu Otto, Dionysos, 85–87. Dionysos wird in den Texten oft als »Bromios« angesprochen, was »der Lärmende« bedeutet (vgl. z. B. Euripides, Bacchae 65.88.115.139.976.1031 [Chor: »O Herr Bromios, du erscheinst als großer/starker Gott«]; ders., Her 892 f.; Strabo, Geogr 10,3; Diodous Siculus, Bibl Hist 4,5,1).

33 Als richtiger Bakchos wurde offenbar nur derjenige angesehen, der »vom Gott besessen war« (vgl. Clinton, Bakchos, 408).

dem »Wahnsinn« in Verbindung gebracht.[34] Charakteristisch für den Dionysoskult war die Maske als Symbol für die Aufgabe des Selbst und als Mittel zur Verwandlung, wobei die Masken allein von den Männern getragen wurden.[35] Als »Gott des Wahnsinns« wurde vor allem in der Nacht bei Fackellicht auf Berghöhen gefeiert. Dazu bemerkt Giebel:

> »Die Festfeier wird in der Nacht begangen, bei Fackelschein, mit Tänzen zum Klang der Flöte und des Tympanons, einer tamburinartigen Handtrommel. Dazu ertönt das Klappern der Krotala, einer Art Kastagneten. Die Mänaden [die ›Wahnsinnigen‹ – Nachfolgerinnen des Dionysos] erreichen ihren Zustand der Verzückung nicht durch Wein, es ist auch nicht an eine unkontrollierte Massenbewegung zu denken.«[36]

Bei der Ekstase, dem »Aus-sich-Heraustreten«, ist das Ziel, der Gottheit Raum für die Besitzergreifung zu schaffen.[37] Nach Plato gehört der Wahnsinn (μανία) zu den »Einweihungen« des Dionysoskults,[38] und er wird mit dem Eros identifiziert.[39] Dieser Wahnsinn, welcher der Besonnenheit entgegengesetzt wird,[40] entsteht »nicht durch menschliche Krankheiten, sondern durch göttliches Hinausversetzen aus den gewohnten Zuständen«, betont Plato.[41] Der »aus Gott stammende Wahnsinn« ist nach Plato »edler als die von Menschen stammende Besonnenheit«, denn »uns werden durch den Wahnsinn die größten der Güter zuteil«, und zwar als »göttliche Gabe«.[42] Die Prophetin von Dephi (Phytia) und die Priesterinnen von Dodone haben – so Plato – im Zustand des Wahnsinns Griechenland viel Gutes gebracht, bei klarem Verstand jedoch nur Kümmerliches

34 Vgl. Homer, Ilias 6,132 ff.
35 Vgl. dazu u. a. Kerényi, Dionysos, 194; Howatson, Dionysos, 183.
36 Giebel, Geheimnis, 60.
37 Vgl. dazu u. a. ebd., 60 f.; Rhode, Psyche, 143 ff. (für Thrakien); Otto, Dionysos, 121 ff.; Wetzig, Tanzende Mänaden, 61–65.
38 Plato, Phaidros 265b.
39 Plato, Phaidros 265a (Eros ist ein typisches Merkmal der Aphrodite; vgl. Plato, Phaidros 265b).
40 Vgl. dazu Plato, Phaidros 244.
41 Plato, Phaidros 265a; vgl. auch Plato, Phaidros 244.
42 Plato, Phaidros 244a.

oder gar nichts.[43] Menschen hätten in schweren Leiden im Wahnsinnszustand Rettung erfahren, und zwar durch die Zuflucht zum Göttlichen in Gebeten und Gottesdiensten.[44] Euripides bezeichnet in seiner Tragödie »Die Bakchen« (298) »den Dämon« als Wahrsager (μάντις). Der Wahnsinn berge »viel Wahrsagerei« in sich (300). »Denn wenn viel von dem Gott in jemandes Leib eingeht, lässt er die Wahnbefallenen die Zukunft sagen« (300 f.).

Nach Livius (ca. 60 v. Chr.–17 n. Chr.) ist der »höchste Gottesdienst« im Dionysoskult, dass man »nichts für Sünde hält«. [45] Die Männer hätten ihre Körper in Ekstase umhergeworfen und verschlüsselte Botschaften verkündigt, während die Frauen in besonderer Tracht, mit umherfliegendem Haar und mit brennenden Fackeln zum Tiber hinabgelaufen seien. Dort hätten sie die Fackeln, die mit Schwefel und Kalk durchdrungen gewesen seien, in das Wasser getaucht, um die Flammen ebenso leuchtend wieder herauszuziehen. Livius bezieht sich damit auf die römische Geschichte und auf das Verbot des Dionysoskults durch das römische Gesetzt im Jahr 186 v. Chr.[46] Vorausgesetzt ist an dieser Stelle, dass Männer wie Frauen an dem Kult teilnahmen. Dabei haben die Männer Livius zufolge mehr Unzucht untereinander als mit den Frauen verübt.[47]

43 Plato, Phaidros 244b.
44 Plato, Phaidros 244d–e.
45 Livius, Urbe cond 39.
46 Vgl. Livius, Urbe cond 39,18.
47 Auch diese Praxis scheint besonders auf die minoische Kultur von Kreta zurückzugehen, wo die Homosexualität eine bedeutende Rolle spielte und eine Art »Staatsreligion« darstellte (vgl. u. a. Dodd, Atheanian Ideas, S. 33–41). Nach Plato begründeten die Kreter die Homosexualität durch Mythen (Plato, Leges 1,636c–d; 8,836b; vgl. auch z. B. Strabo, Geogr 10,21,4). »Es herrscht Einigkeit darüber, wie sich die Päderastie im antiken Griechenland entwickelte. Der übernommenen antiken Mythologie zufolge war es Minos [Begründer des minoischen Reiches], der sie einführte, um die Überbevölkerung der Insel zu verhindern. Die athenische Gesellschaft sah die Päderastie als ein wesentliches Instrument der Sozialisation junger, frei geborener Jungen an, die so zu Männern erzogen und in die Bürgerschaft eingeführt wurden. Als Institution trat sie neben, nicht an die Stelle der heterosexuellen Ehe«, bemerkt Smalls (Gay Art, S. 17).

4. Dionysos und die Musik

Der ekstatische Zustand wurde offenbar u. a. durch lärmende Musik – z. B. mit einem ehernen Becken, einer Handpauke und einer tieftönenden »phrygischen« Flöte,[48] die eine zentrale Rolle spielt –, das Einatmen von Efeu und auch durch den Rausch des Weines sowie durch wilden Tanz erreicht,[49] wobei es nach Rhode »namentlich jene phrygische Flöte« ist, »deren Klängen die Griechen die Kraft zuschreiben, die Hörer ›des Gottes voll‹ zu machen«.[50] Schlesier bemerkt dazu:

> »Für die Vorrangstellung von Blas- und Schlaginstrumenten (*aúlos* [›Flöte‹], *týmpanon* [›Tamburin‹], *kýmbala* [›Zimbel‹], *krótala* [›Becken‹]) im dionysischen Ambiente sprechen insbes. die Zeugnisse der Vasenbilder, doch waren Saiteninstrumente nicht ausgeschlossen. Die bes. Affinität der *aúlos*-Musik (auf der Bühne und im Kult) zu kathartischem Orgiasmus und dionysischer Einweihung, *bakcheía*, wurde von Aristoteles unterstrichen (pol. 1341a21–25, 1341b32–1342b18), der sie deshalb als ungeeignet für die Jünglingserziehung erachtet.«[51]

48 Vgl. dazu u. a. Euripides, Bacchae 59, 126 f., 156, 158 f., 380, 687; Pindar, Dith 70,8 f.; Nonnos, Dionysiaka 24,151–154 (»… Bakchos. Als dieser heranzog, schrillten die Flöten, dröhnten mit roher Rindshaut bespannte Pauken zweiseitig unter den Hieben eherner Schlegel, gellten auch Hirtenpfeifen. Der ganze Urwald erbebte …«); 45,43 f.; Ovid, Ars Am 1,536 f. Pausanias erwähnt in seiner »Beschreibung Griechenlands«, dass das Flötenspiel auch in Delphi in die Wettspiele aufgenommen worden sei, dann aber wieder aufgehoben wurde, »da sie meinten, es sei nicht glückverheißend, ihn zu hören. Denn der Flötengesang bestand aus den düstersten Flötenmelodien und aus den zu Flöten gesungenen Trauerliedern« (Pausanias, Graec descr 7,5).

49 Zum Tanz im dionysischen Chor der griechischen Tragödie vgl. u. a. Henrichs, Warum soll ich denn tanzen?, 1996.

50 Rhode, Psyche, 148; vgl. auch u. a. Nonnos, Dionysiaka 24,151 ff.; Otto, Dionysos, 86 f.

51 Schlesier, Dionysos, 655. Vgl. auch z. B. auch Philo, Spec 2,193: »Nach dem [Fest] der Trompeten wird das Fastenfest gefeiert. Nun könnte alsbald jemand der Andersgläubigen, die sich nicht scheuen, die guten/schönen Dinge zu verunglimpfen, sagen: ›Was ist ein Fest ohne Symposien (Trinkgelage) und Schmausereien (συμπόσια καὶ συσσίτια) und einen Verein/eine Gemeinschaft (θίασος) von Bankett-Veranstaltern und Wirten und [ohne] viel ungemischtem [Wein] und reichbesetzte Tische und Ausstattungen [u. a. von dramatischen Chören zur Aufführung von Reigentänzen und Gesängen] und Vorräte von allem, was zu

Aristoteles übernimmt in dieser Hinsicht jedoch offensichtlich die Argumentation von Plato,[52] mit dem er zumindest in diesem Punkt weitgehend übereinstimmt. Dabei spielen die Worte, die Harmonie und der Rhythmus eine wichtige Rolle.[53] Anschließend geht es um die Frage, welche Töne der Tapferkeit und der Besonnenheit dienen und welche sogar für Frauen schädlich sind, und zwar solche, die verweichlicht sind und die bei den Trinkgelagen (Symposien)[54] ertönen. Dazu gehören »vielsaitige Instrumente« und »allerlei Töne/Harmonien«. »Erbauer von Dreiecken [als Musikinstrument gebraucht] und lyrischen Harfen (πηκτίς) und allen Instrumenten, die aus vielen Saiten bestehen und für viele Tonarten geeignet sind, werden wir nicht hegen.«[55] Nur die Lyra (λύρα) und die Harfe (κιθάρα) seien zu gebrauchen. Dabei werden die Musikinstrumente des Apollo bevorzugt,[56] welche zur »Wohlanständigkeit« (εὐσχημοσύνη) führten.[57]

Das Wichtigste in der Erziehung durch Musik sind demnach der passende Rhythmus und die Harmonie, welche in das Innerste der Seele eindringen, »Wohlanständigkeit« erzeugen »und also auch

einem öffentlichen Fest gehört, sowie Heiterkeit und Schlemmerei (κῶμοι) mit Spielen und Spöttereien und Scherz/Tanz (παιδιά) mit Flöte und Harfe und Tamburin und Zimbel (μετ᾽ αὐλοῦ καὶ κιθάρας καὶ τυμπάνων τε καὶ κυμβάλων) und den anderen [Musikinstrumenten], die in der Gestalt der auflösenden und ganz weibisch machenden Musik durch die Ohren unaufhaltsame Begierde wecken?‹«

52 Vgl. Plato, Pol 398c–403c; ders., Nomoi 653d–659c.

53 Vgl. Plato, Pol 398d. Vgl. auch Plato, Nomoi 653e–654a: »Die anderen Lebewesen nun haben kein Empfinden der Ordnung und der Unordnung in den Bewegungen, welchen der Name Rhythmus und Harmonie [zukommt]. Für uns sind dieselben Götter, welche, wie schon gesagt, zu Festgemeinschaften gegeben sind, auch zugleich die Geber der Wahrnehmung des Rhythmus und der Harmonie zusammen mit der Lust …« Deshalb wird festgehalten, dass die erste Erziehung sowohl von den Musen als auch von Apollo herkommen müsse (vgl. ebd. 654a). In Nomoi 655c wehrt sich »der Athener« dagegen, dass »die Tänze des Lasters/Bösen« schöner sein sollen als die »Tänze der Tugend«, und es wird betont, dass die Meinung, die Vollkommenheit der musischen Kunst bestehe darin, den Seelen Genuss zu bereiten, nicht zu dulden sei (ebd. 655d).

54 Vgl. dazu das umfangreiche Werk (787 Seiten!) von Heinemann, Der Gott des Gelages, 2016.

55 Vgl. Plato, Pol 399cf.

56 Vgl. Plato, Pol 399e. Vgl. auch Plato, Nomoi 653d, wo Apollo mit der Muse und Dionysos mit der Festgemeinschaft in Verbindung gebracht werden (und das im Zusammenhang mit der Musik).

57 Dabei wird u. a. wiederholt der Begriff εὐσχημοσύνη (»Wohlanständigkeit«) verwendet (siehe Plato, Pol 400d–401d), der in 1. Kor 12–14 eine nicht unwesentliche Rolle spielt (vgl. 1. Kor 12,23 f.; 13,5; 14,40).

wohlanständig machen, wenn einer richtig erzogen wird«,[58] während die »Unanständigkeit und Unangemessenheit und Misstönigkeit dem schlechten Geschwätz (κακολογία) und der schlechten Sitte (κακοήθεια) verschwistert« sind[59]. Die Erziehung durch die Musik soll also zur Besonnenheit und nicht zur »überschwänglichen Lust« führen.[60] In Platos *Politeia* endet der Beitrag zur Erziehung durch Musik mit folgendem Satz: »Das Musikalische soll in der Liebe/dem Eros zum Schönen (τὰ τοῦ καλοῦ ἐρωτικά) enden/zum Ziel gelangen (τελευτᾶν).«[61]

Gegenüber der *Politeia* von »Sokrates« (Plato) betont Aristoteles, dass jener zu Unrecht neben der dorischen nur die phrygische Harmonie habe gelten lassen;

> »und dies, obwohl er unter den Instrumenten die Flöte verwirft. Dabei hat die Phrygische [Melodie] unter den Harmonien dieselbe Bedeutung (τὴν αὐτὴν δύναμιν)[62] wie unter den Instrumenten die Flöte. Beide sind orgiastisch und leidenschaftlich. Das zeigen die Dichtungen. Denn jede dionysische und verwandte Bewegung stellt sich unter den Instrumenten am meisten in der Flöte dar ...«.[63]

Etwas später ergänzt Aristoteles: »Darum machen einige Musiker auch darin dem Sokrates mit Recht einen Vorwurf, dass er die sanfteren Weisen von dem Unterricht ausschloss, da er sie für berauschend hielt, nicht im Sinn des Weins (denn dieser puscht vielmehr auf), sondern einschläfernd«.[64] Aristoteles meint, dass für die (ethische) Erziehung[65] (um die es Paulus gemäß 1. Kor 14,20 geht) »weder die Flöten (αὐλούς) noch sonst ein technisches Instrument wie die Harfe

58 Plato, Pol 401d

59 Plato, Pol 401a.

60 Vgl. auch Plato, Pol 402e.

61 Plato, Pol 403c. Zur Bedeutung des *Erōs* (ἔρως) in diesem Zusammenhang vgl. Plato, Pol 403af.

62 Vgl. dazu 1. Kor 14,11: ... τὴν δύναμιν τῆς φωνῆς = »... die Bedeutung der Stimme«. Zu beachten ist dabei, dass an beiden Stellen das Nomen δύναμις (»Kraft, Macht; Können, Fähigkeit«) etwa im Sinn von »Bedeutung« gebraucht wird.

63 Aristoteles, Pol 1342a–b.

64 Aristoteles, Pol 1342b.

65 Vgl. dazu Aristoteles, Pol 1340aff.

(κιθάρα) oder ein anderes dergleichen« heranzuziehen seien.[66] »Auch ist die Flöte nicht ethisch, sondern eher orgiastisch, sodass man sie bei solchen Gelegenheiten verwenden soll, bei denen der Hörer mehr eine Reinigung als ein Lernen anstrebt.«[67]

Aristoteles lehnt die Flötenmusik also nicht grundsätzlich ab, sondern nur in Bezug auf das Lernen (μάθησις) in der Erziehung. Aristoteles verweist auf die Zeit, als die Flöte in Athen so sehr in Mode gekommen sei, »dass die meisten der Freigeborenen sie erlernten«, doch sei sie durch die Erfahrung wieder außer Mode gekommen, »da die Menschen besser zu beurteilen lernten, was der Tugend dient und was nicht«.[68] Dabei erwähnt Aristoteles die Überlieferung, wonach (die Göttin) Athene die Flöte erfunden und sie dann wieder verworfen habe, »weil sie sich darüber geärgert haben soll, wie sehr das Instrument das Gesicht entstellt«.[69] Aristoteles fügt hinzu: »Noch wahrscheinlicher ist es allerdings, dass eben der Flötenunterricht für den Intellekt nichts bedeutet, aber Athene ist für uns die Göttin des Wissens und der Kunst.«[70]

Plutarch charakterisiert den dionysischen Dithyrambos[71] als »voller Leidenschaft und Wechsel, Wirrnis und Schwanken«,[72] den apollonischen Paian hingegen als »geordneten und besonnenen/zuchtvollen (τεταγμένεν καὶ σώφρονα) Gesang«[73].[74] In Delphi, wo im Sommer der apollonische Paian und im Winter der dionysische

66 Aristoteles, Pol 1341a.
67 Aristoteles, Pol 1341a.
68 Aristoteles, Pol 1341a.
69 Aristoteles, Pol 1341b. Zum Dionysoskult in Athen vgl. u.a. Kretscher, Dionysos Oriens, 97 ff.
70 Aristoteles, Pol 1341b.
71 Der Dithyrambos ist ein Hymnus zu Ehren des Dionysos, der u.a. an den dionysischen Festen in Athen angestimmt wurde. Das Wort διθύραμβος ist abgeleitet von διά (»hindurch« usw.) und θύραμβος, einer Form von θρίαμβος (»Sieg«; lat. *triumphus*), wie der ursprüngliche Name offenbar lautete (vgl. auch Kerényi, Mythologie 1, 210 f.). Es handelt sich ursprünglich um (ekstatische) Siegeslieder auf Dionysos. Vgl. dazu auch Calame, ›Rien pour Dionysos?‹, 82–99.
72 Plutarch, De E apud Delphos 9,389A. Vgl. auch Philo, Spec 2,193. Vgl. zudem Philo, Legum 3,21, wo Philo das Tamburin und die Harfe in Bezug auf die sinnliche Wahrnehmung der Lüste erwähnt.
73 Plutarch, De E apud Delphos 9,389B.
74 Vgl. dazu auch u.a. Kerényi, Dionysos, 137; Rhode, Psyche, 149.

Dithyrambos angestimmt wurden,[75] hat die Verehrung des Gottes Apollo offenbar in der Seherpraxis dionysische Züge übernommen, was auch dafür spricht, dass Dionysos dort vor Apollo eingekehrt ist.[76]

5. Dionysos und die Frauen

Grundsätzlich war der Dionysoskult sowohl Männern als auch Frauen zugänglich, und die öffentlichen Dionysosfeste waren für alle Bewohnern einer Stadt offen, so auch für Kinder und Sklaven.[77] Doch schon bei Homer wird eine enge Beziehung zwischen dem »rasenden« Dionysos und den Mänaden, den »rasenden« weiblichen Nachfolgerinnen des Dionysos, hergestellt,[78] und es gab Kultfeiern, bei denen nur Frauen zugelassen waren. Plutarch bezeichnet Dionysos als »Herrn des rasenden und wahnsinnig machenden Frauengeschreis«.[79] Dionysos ist einerseits der göttliche Ideal-Gatte,[80] anderseits wird er aber auch geringschätzig als »der Weibische«, »der frauenhafte Fremdling« oder als der »Mannweibliche« bezeichnet.[81]

In den Städten gab es dionysische Vereine von eingeweihten Frauen *(Bakcheia)*, die Dionysos an ihren Kultfesten im Zwei-Jahres-Rhythmus feierten, wie Diodorus (1. Jh. v. Chr.) berichtet.[82] Den »Bakchen« des Euripides (407 v. Chr.) zufolge trieb Dionysos »des Frauenvolks Haufe« (jugendliche und verheiratete Frauen) aus dem Haus, weg von ihren alltäglichen Arbeiten (vom Webstuhl und von

75 Vgl. Plutarch, De E apud Delphos 9,389C; vgl. dazu auch Thum, Plutarchs Dialog, 195 f. (zu Apollo und Dionysos vgl. ebd, 189 ff.).

76 Vgl. dazu auch Rhode, Psyche, 168; Otto, Dionysos, 132.

77 Vgl. u. a. Merkelbach, Hirten, S8 ff.; Behnk, Dionysos, 2 ff.

78 Vgl. Homer, Ilias 6,132 ff.

79 Plutarch, Moralia 671C; vgl. auch u. a. Schlesier, Dionysos, 652.

80 Zur »heiligen Hochzeit« in Athen vgl. Heinemann, Gott des Gelages, 442 ff.; vgl. auch Xenophon, Symp 9,2–7 (wo in Bezug auf die Hochzeit von Dionysos und Ariadne wie in Offb 21,2 der Ausdruck »die geschmückte Braut« erscheint). Nach Xenophon setzte Adriadne sich auf den (Thron-)Sessel (ἐπὶ οὗ θρόνου). Und obwohl Dionysos noch nicht erschien, wurde auf der Flöte bereits die bakchische Weise gespielt … Als Dionysos sie schließlich erblickte, tanzte er wie jemand mit größter Zuneigung, setzte sich auf ihre Knie, umschlang sie und küsste sie« (Symp 9,3 f.).

81 Vgl. Otto, Dionysos, 160; Kerényi, Mythologie 1, 214; vgl. zudem Kerényi, Dionysos, 92 ff.

82 Diodorus, Bibl Hist 4,3,3.

den Spindeln) auf das Gebirge in die Raserei. Beim Verlassen des Hauses wurde der Schleier abgedeckt[83] und eine leichte Kleidung angezogen (u. a. mit einem Gürtel), um dann mit frei fliegenden langwallenden Haaren (mit einer Binde um den Kopf) sowie bei dröhnender Pauken- und Flötenmusik und bei Fackellichtern dem Gott zu tanzen,[84] womit dieser zum Leben erweckt werden sollte.[85] So stellt Dionysos in der Einführung der »Bakchen« fest:

> »Darum trieb ich sie von den Wohnungen weg in Raserei, im Wahnsinn. Auf dem Gebirge hausen sie nun, wahnsinnig gemacht (παράκοποι φρενῶν), und tragen die Tracht (Geräte) – ich zwang sie – meines Geheimdienstes, die ganze weibliche Kohorte der Kadmeier [Leute aus Theben],[86] alle, die Frauen waren, ließ ich aus den Wohnungen in die Hitze [der Raserei] stürzen.«[87]

Die Haartracht und die Kleidung spielten eine wichtige Rolle.[88] Diese Tracht wirkte auf die Männer sehr erotisch. Nonnos beschreibt in seinen dionysischen Gesängen (Dionysiaka)[89] einen Mann, der Morrheus heißt, als »Meister im Speerwurf« bezeichnet wird und hinter einem unverschleierten Mädchen (einer »Jungfrau« mit Namen Chalkomede) aus den Nachfolgerinnen des Dionysos her

83 Vgl. dazu Nonnos, Dionysiaka 45,50: »… warfen die Schleier herab von den Locken und zwischen drängten die Bassariden sich, wurden aonische Bakchen.« Vgl. dazu auch Rhode, Psyche, 146: »Meist waren es Weiber, die bis zur Erschöpfung in diesen Wirbeltänzen sich umschwangen; seltsam verkleidet: sie trugen ›Bassaren‹, lang wallende Gewänder, wie es scheint, aus Fuchspelzen genäht; sonst über dem Gewande Rehfelle, auch wohl Hörner auf dem Haupte. Wild flattern die Haare, Schlangen, dem Sabazios heilig, halten die Hände …«

84 Die jungen Frauen tanzten, während die älteren musizierten.

85 Vgl. z. B. Euripides, Bacchae 31–35, 115–119, 217–221, 683–698, 821–836; vgl. auch Nonnos, Dionysiaka 34,270–281; 45,36–51. Vgl. dazu u. a. Giebel, Geheimnis, 61; Rhode, Psyche, 46.

86 Kadmos ist der Vater der Semele, der mythischen Mutter des Dionysos. Er soll Gründer der Kadmeia sein, einer Burg auf einem Ausläufer des Kithairon-Gebirges von Theben (westlich von Athen). Darum heißt Theben auch »Kadmeia-Land«.

87 Euripides, Bacchae 31–36.

88 Vgl. u. a. Euripides, Bacchae 104, 112, 150, 455, 494, 695 ff., 828 ff., 928; Tacitus, Annalen 11,31; Livius, Ab urbe condita 39,13; Nonnos, Dionysiaka 12,351 f.; 34,308 ff.338 ff.; 45,48 ff.; vgl. zudem Giebel, Geheimnis, 61; Rhode, Psyche, 146; Otto, Dionysos, 122.

89 Siehe Nonnos, Dionysiaka 34,268–342.

ist. Diese wird in ihrer »leuchtender Schönheit« beschrieben und erscheint »gleich liebesdurstigen Frauen«. Der Luftzug peitscht dabei »die flatternden Locken« der Jungfrau und »entblößte den Nacken, der es an Schönheit mit jener Semeles [Mutter des Dionynsos] aufnehmen konnte«. Trotz der Liebesbekundungen des Morrheus der Chalkomede gegenüber hat dieser keinen Erfolg; Chalkomede entkommt und mischt sich wieder unter die Kriegerinnen des Dionysos – die »männliche Tapferkeit« angenommen hatten.

Immer wieder wurde den Nachfolgerinnen des Dionysos u. a. wegen der äußeren Aufmachung Unkeuschheit vorgeworfen. Und tatsächlich sind sexuelle Begehren und sexuelle Ausschweifungen zentral mit dem Dionysoskult verbunden.[90] Allerdings bedeutet das nicht, dass alle »dionysischen Frauen« unsittlich waren. Otto bemerkt dazu:

> »Den orgiastischen Tänzerinnen des Gottes ist nichts so fremd wie die Hemmungslosigkeit erotischer Triebe. Wenn sich unter den zahllosen Bildern dionysischen Treibens einmal eine Szene finden mag, die ans Bedenkliche streift, so zeigen die übrigen auf das überzeugendste, daß Vornehmheit und Unnahbarkeit zum Charakter der Mänade gehören und daß ihre Wildheit mit der wollüstigen Erregung jener halbtierischen Gesellen, die sie umkreisen, nichts zu tun hat. In der berühmten Botenrede der Bacchen des Euripides wird die Sittsamkeit der schwärmenden Frauen, gegenüber böswilligen Verleumdungen ausdrücklich betont (686 ff.).«[91]

In Euripides' »Bakchen« sagt Teiresias dazu: »Nicht kann Dionysos Frauen zwingen, sittsam, keusch zu sein; muss man im angeborenen Wesen doch hierzu den Grund sehen. Auch im Bakchos-Taumel wird, die keusch ist, sittsam, nicht verdorben, auch nicht verführt.«[92] Dionysos selbst sagt zu Pentheus, der überlistet wird, Frauenkleidung anzuziehen,[93] und der meint, dann auf dem Berg das »schändliche

90 Vgl. dazu u. a. Heinemann, Gott des Gelages, 161 ff.
91 Otto, Dionysos, 161.
92 Euripides, Bacchae 315–318.
93 Vgl. Euripides, Bacchae 821 ff.

Treiben der Mainaden« zu sehen,[94] dass er diese »unerwartet zuchtvoll« antreffen werde.[95]

Eine »dionysische Frau« muss also nicht an und für sich unsittlich sein, auch wenn sie im Gefolge des Dionysos vorübergehend den Haushalt verlässt und sich »unsittlich« kleidet. Andererseits wird dadurch doch das Bild der Frau in der Antike, die untertänig zu Hause dem Haushalt nachgeht und sonst in der Gesellschaft wenig zu suchen hat, »beschädigt«. In Euripides' »Bakchen« ist es allerdings Pentheus, der König von Theben, der die Frauen, die Dionysos dazu verführt hat, Böses zu tun, wieder am Webstuhl als Dienerinnen anstellen will, nachdem er ihrem Paukendröhnen und ihrem Lärm ein Ende gemacht hat.[96]

6. Außerbiblisches »Zungenreden«

Im Zusammenhang mit der Musik und dem »Wahnsinn« spielte das ekstatische Stammeln von fremdartigen Lauten eine wichtige Rolle. Dieses stammelnde Reden wird in antiken Texten besonders mit dem Dionysoskult in Verbindung gebracht. Wie oben bereits dargelegt wurde, scheint die in 1. Kor 12–14 behandelte Problematik mit dem »Zungenreden« einen solchen »dionysischen« Hintergrund zu haben.

Der Ausdruck »Zungenreden« bzw. »Glossolalie« stammt von der griechischen Wendung λαλεῖν γλώσσῃ, die wiederholt in 1. Kor 14 erscheint. Dabei ist zu beachten, dass das dabei verwendete Verb λαλεῖν im Neuen Testament ein breites Bedeutungsspektrum hat. Grundsätzlich bedeutet das Verb etwa »Laute von sich geben«, die »eine Art von Sprache darstellen können«.[97] Da das Wort γλῶσσα im Sinn von »Zunge«, »Sprache« oder »Glosse«[98] gebraucht werden

94 Euripides, Bacchae 1062.

95 Euripides, Bacchae 939–940. Vgl. auch ebd. 693–694: »Und sprangen auf, ein Wunder ordnungsvoller Zucht (θαῦμ' ἰδεῖν εὐκοσμίας), Junge wie Alte, Jungfrauen auch, noch unvermählt.«

96 Euripides, Bacchae 511–514.

97 Vgl. Bauer/Aland, Wörterbuch, 941. Wiederholt wird das Verb im Neuen Testament im Sinn von »verkündigen« gebraucht.

98 Damit kann eine archaische Sprache gemeint sein, die oft im Kult gesprochen wurde, so z. B. das unverständliche Stammeln der Pythia von Delphi (vgl. auch Héring, First Epistle, 128: »… a technical term to designate an archaic language, often used in a cult, and sometimes speech that was incomprehensible like that of the Pythia of Delphi«).

kann, ist die Wendung λαλεῖν γλώσσῃ an und für sich vieldeutig. In 1. Kor 14 kann man sie grundsätzlich im Sinn von »Laute in einer [fremden] Sprache von sich geben« verstehen. Das Gegenteil davon ist die »vernünftige Rede« (λόγος; vgl. 1. Kor 14,9.19).

Obwohl es zur Zeit des Paulus für das Stammeln in (teilweise) unverständlichen Lauten keinen »Fachbegriff« gab,[99] gibt es doch besonders in 1. Kor 14 deutliche sprachliche Anlehnungen an außerbiblische Texte, die auf dieses Stammeln eingehen. So spricht Paulus z.B. in 1. Kor 14,7 zwei typisch dionysische Musikinstrumente an und betont die Bedeutungslosigkeit, »wenn es einen Unterschied in den Tönen (τοῖς φθόγγοις) nicht gibt«. Das Nomen φθόγγος (»Ton, Laut, Schall«) und das entsprechende Verb (ἀπο-)φθέγγομαι (»aussprechen, laut sprechen, ausrufen«) erscheinen wiederholt in außerbiblischen Texten, die auf das »Zungenreden« eingehen.[100] Gemäß 1. Kor 14,8 wird sich niemand zum Krieg rüsten, »wenn die Posaune eine undeutliche Stimme abgibt« (ἐὰν ἄδηλον σάλπιγξ φωνὴν δῷ). Auch das Adjektiv »undeutlich« (ἄδηλον) wird in Bezug auf das Stammeln in fremdartigen Lauten gebraucht.[101]

Paulus weist die Korinther darauf hin, dass sie »in die Luft reden« werden, wenn sie mit der Zunge keine verständliche Rede (εὔσημον λόγον) halten werden (1. Kor 14,9). Lucian beschreibt seinerseits den »falschen Propheten Alexander«, der nackt auf den Marktplatz rennt und sein aufgelöstes Haar schüttelt »wie solche, die sich um die [Große] Mutter [d.h. die Priester der Kybele] versammeln und in Raserei geraten«, wobei er »gewisse Stimmen ohne Bedeutung ausstieß (ὁ δὲ φωνὰς τινας ἀσήμους φθεγγόμενος), wie sie wohl von Hebräern oder Phöniziern sein könnten« (Alex 13).

99 Vgl. auch Harrisville, Speaking in Tongues, 42.

100 Vgl. z.B. TestJob 48,3; Strabo, Geogr 14,16; Plutarch, Pyth or 22 und 23; Lucian, Alex 13. Nach Plato wird der »Ausfluss« der Gedanken, die in einem Laut/Ton (μετὰ φθόγγου) durch den Mund »fließen«, »Rede« (λόγος) genannt (Soph 263e; vgl. Soph 253b; Crat 389d).

101 Vgl. u.a. Lucian, Alex 13; ders., Nesy 9 (βαρβαρικά τινα καὶ ἄδηλα ὀνόματα = »gewisse barbarische und undeutliche Namen«). Vgl. zudem Origenes, Cels 7,9: »Wenn sie diese Dinge drohend vorgehalten haben, fügen sie der Reihe nach unverständliche, verrückte und ganz unklare Worte (πάντῃ ἄδηλα) hinzu, deren Sinn kein Verständiger herausbringen könnte, denn sie sind dunkel und nichtssagend …« (vgl. Jes 33,19: »… das Volk mit dunkler Sprache, das man nicht versteht …«).

Nach 1. Kor 14,11 ist für denjenigen, der »die Kraft/Bedeutung der Sprache (τὴν δύναμιν τῆς φωνῆς) nicht kennt«, der Redende ein »Barbar« (βάρβαρος). Nach Herodot gebrauchte das Orakel eine »barbarische Sprache« (βαρβάρῳ γλώσσῃ),[102] und wiederholt wird in dem Zusammenhang von »barbarischer Rede« (ῥῆσις βαρβαρική oder βάρβαρος/βαρβαρικά γλῶσσα) gesprochen[103]. In Bezug auf die Phytia von Delphi spricht Plutarch von einem »Status der Leidenschaft und der Unordnung (ἀκατάστατον)«, während Paulus in 1. Kor 14,33 betont, dass Gott »nicht ein Gott der Unordnung (ἀκαταστασίας), sondern des Friedens« ist. Entsprechend soll in der Gemeinde von Korinth »alles wohlanständig (εὐσχημόνως) [wie es sich für den Leib Christi geziemt] und in einer Ordnung« geschehen (1. Kor 14,40; vgl. 1. Kor 13,5a).

Das Stammeln in fremdartigen Lauten wurde zum Teil im ekstatischen Zustand vollzogen,[104] der z. B. im Dionysoskult u. a. durch Wein und Musik herbeigeführt wurde[105]. Dieses Stammeln in fremdartigen Lauten als »ekstatisch-inspirierte Rede«, das auf Grund von 1. Kor 12–14 missverständlich als »Glossolalie« bzw. »Zungenreden« bezeichnet wird,[106] wird wiederholt als »barbarisches Reden« (ῥῆσις βαρβαρική) beschrieben.[107] Andererseits wurde es als göttliche bzw. himmlische Sprache betrachtet, mit der man (im ekstati-

102 Herodot, Hist 8,135,2 (»… man sagt, dass der Prophet [des Orakels] die karianische Sprache gebrauche«).

103 Lucian, Dial mer 4,5: λέγουσα ἐπιτρόχῳ τῇ γλώττῃ βαρβαρικά καὶ φρικώδη ὀνόματα (»… indem sie in beiläufiger Sprache barbarische und schauderhafte Namen sagte«).

104 Vgl. u. a. Euripides, Bacchae 300 f., 735 ff., 1088 ff.

105 Vgl. dazu Plutarch, Mor 613c: Dionysos befreit (durch Wein) »am meisten die Zügel der Zunge und gibt der Stimme am meisten Freiheit« (zum Reden); Plutarch, Mor 763a: »Verursachen die Flöte, das Tamburin, die Hymnen der Kybele einen begeisterten/ekstatischen Zustand unter den Verehrern?« Vgl. zudem Philo, Cont 83–85: »Und nach dem Essen (τὸ δεῖπνον) halten sie die heilige Nachtfeier (τὴν ἱερὰν παννυχίδα) … Und sie singen Hymnen auf Gott … Wenn dann jeder der beiden Chöre [ein Männer- und ein Frauenchor] allein für sich seinen Anteil am Fest erhalten hat und sie wie bei den Bakchusfesten (ἐν ταῖς βακχείαις) den unvermischten Wein der Gottesliebe in vollen Zügen genossen haben (ἀκράτου σπάσαντες τοῦ θεοφιλοῦς), vermischen sie sich untereinander und werden ein Chor aus zweien.«

106 Vgl. allerdings auch z. B. Aristoteles, Poet 1457a–1459a.

107 Vgl. dazu und zum Folgenden Klauck, Kassandra, 119 ff.; vgl. zudem Meier, Mystik, 157 ff.

schen Zustand) besonders zu Gott sprechen könne.[108] So lesen wir z. B. in ApkZeph 8,14, dass Zephanja, nachdem er die Totenwelt verlassen hat, an den Ort der Engel kommt. Die Engel beten, und auch Zephanja fängt an, mit ihnen zu beten. Und er versteht »ihre Sprache, die sie mit mir redeten«. TestJob 48,1–3 zufolge bekam Hemera, eine der drei Töchter des Hiob, »ein anderes Herz«, sodass sie nicht mehr über die Dinge der Welt nachdachte (ὡς φρονεῖν μηκέτι τὰ τῆς γῆς), sondern »in engelhafter [Sprache]« redete und ein Lied zu Gott emporsandte.

Aristoteles geht in seiner Schrift »Poetik« auf die Bedeutung und die Verschiedenartigkeit der Sprache ein.[109] Dabei wird das Wort γλῶττα (γλῶσσα) im Sinn von »Glosse« gebraucht und von dem »üblichen Ausdruck« (κύριον) unterschieden. Während demnach der »übliche Ausdruck« Klarheit bewirkt, wird die reine »Glosse« als »Barbarismus« bezeichnet.[110] Aristoteles stellt sich die »vollkommene Sprache« als Mischung vor, die gleichzeitig »nicht niedrig/banal« (μὴ ταπεινήν) und »klar« (σαφῆ) ist. In einem anderen Volk kann dabei ein gewisses Wort »ein üblicher Ausdruck« sein, während es »bei uns eine Glosse« ist.[111] Plutarch erwähnt seinerseits, dass die Philosophie, »da sie das Klare und Lehrbare lieber begrüßt als das Erschütternde«, die Forschung (τὴν ζήτησιν) durch verständliche Worte (διὰ λόγων) betreibt. Andererseits habe Gott die epischen Reime, die unklaren Glossen (γλώσσας), die Umschreibungen und die Unklarheit aus dem Orakel der Pythia entfernt, und so habe er die Sprache dem angepasst, »was verständlich und überzeugend ist«.[112] In Bezug auf die Wahrsagerei betont Plutarch, dass »der Gott« (Apollo) selbst nicht die genauen Worte eingebe und die Seherin wie ein Musikinstrument verwende, sondern ihr lediglich einen ersten Anstoß in der Seele gebe.[113] Ist die Seele erhitzt und durchglüht, so gibt sie nach Plutarch die Scheu auf, »welche die sterbliche Vernunft (φρόνησις) ihr auferlegt und oft die verzückende Begeisterung vertreibt oder auslöscht«.[114]

108 Vgl. u. a. TestJob 38,1–3; vgl. zudem 1. Kor 13,1; 14,14–16.
109 Siehe Aristoteles, Poet 1457a–1459a.
110 Aristoteles, Poet 1458a.
111 Aristoteles, Poet 1457b.
112 Plutarch, Pyth or 406e–f.
113 Plutarch, Pyth or 397c, 404b–c; ders., Def orac 414e, 431c.
114 Plutarch, Def or 432f.

In Aischylos' Tragödie »Agamemnon« (um 458 v. Chr.) ist es die Seherin Kassandra, die als Kriegsgefangene offenbar in einem ekstatischen Zustand in fremdartigen Lauten stammelt.[115] Ihre Gegenspielerin Klytaimnestra meint, Kassandra sei einer zwitschernden Schwalbe gleich, die eine »unverständige barbarische Stimme« (ἀγνῶτα φωνὴν βάρβαρον) habe.[116] Während der Chor feststellt, dass »die Fremde« wohl einen Übersetzer brauche (ἑρμηνέως ἔοικεν ἡ ξένη τοροῦ),[117] beschreibt Klytaimnestra Kassandra als Rasende, die »den bösen Gesinnungen« folge (ἦ μαίνεταί γε καὶ κακῶν κλύει φρενῶν),[118] und bittet sie, wenn schon keine vernünftige/verständliche Rede (λόγον bzw. σαφῆ λόγον) gehalten werde,[119] ein Zeichen »anstelle der Stimme mit ausländischer Hand« zu geben.[120] Es folgen stammelnde Aussprüche von Kassandra mit Andeutungen auf den Namen des Gottes Apollo (zweimal wiederholt: »Opollon«),[121] wobei der Chor u. a. antwortet: »Sie ruft wieder mit schmähenden [Worten] den Gott, der nicht im Klagegesang (Totenklage) anwesend ist.«[122] Als Klytaimnestra dann »Apollon« mit deutlichen Worten anspricht, antwortet der Chor: »Ich meine, sie macht Orakelsprüche über die schlimmen Dinge, die sie [getroffen haben]; das Göttliche bleibe durchaus auch in der Gesinnung/dem Sinn einer Sklavin (μένει τὸ θεῖον δουλίᾳ περ ἐν φρενί).«[123]

Offenbar wurde dieses »Zungenreden« als Ansprache an die Gottheit verstanden.[124] »Für diese Kommunikation bedarf es einer eigenen Sprachgestalt, einer Götter- oder Himmelsprache, die von den transhumanen Wesen selbst verwendet, aber auch von besonders

115 Siehe Aischylos, Agam 1047 ff.; vgl. dazu auch Klauck, Kassandra, 120 ff.
116 Aischylos, Agam 1050 f.
117 Aischylos, Agam 1062.
118 Aischylos, Agam 1064.
119 Vgl. zum Begriff Aischylos, Agam 1047, 1053, 1060. Für Aristoteles ist der λόγος »eine zusammengesetzte, bedeutungshafte Stimme« (φωνὴ συνθετὴ σημαντική; vgl, Aristoteles, Poet 1457a).
120 Aischylos, Agam 1060 f.
121 Aischylos, Agam 1072 ff.
122 Aischylos, Agam 1078 f.
123 Aischylos, Agam 1080–84.
124 Vgl. dazu auch Clemens Alexandrinus, Strom 1,21,143,1: »Platon teilt auch den Göttern einen Dialekt/eine Sprache (διάλεκτον) zu, indem er auf sie vor allem aus Träumen und Orakelsprüchen schließt, außerdem aber auch aus den Besessenen, die nicht ihre eigene Stimme/Sprache (φωνήν) oder Mundart (διάλεκτον) ist, sondern die der Dämonen, die in sie eingedrungen sind.«

begabten Menschen beherrscht wird«, stellt Klauck fest.[125] Dabei sind nach Iamblichos von Chalkis (ca. 300 n. Chr.), der über die Mysterien der Ägypter geschrieben hat, die Dialekte »der heiligen Nationen wie der Assyrer und auch der Ägypter« besonders geeignet. Die Menschen sollten die Götter in einer Sprache anreden, die ihnen wesensverwandt erscheint, und »deshalb ist diese Art der Stimme auch die erste und die älteste«.[126]

> »Wenn nämlich die Götter die gesamten Sprachen der heiligen Völker wie der Ägypter und Assyrer für heilig erklärt haben, sind wir der Ansicht, dass unser mündlicher Verkehr mit den Göttern sich in jener Ausdrucksweise abwickeln müsse, die den Göttern verwandt ist.«[127]

In Bakchos-Hymnen sind es u. a. die »Euoi«-Rufe,[128] die an das Stammeln an die Gottheit erinnern. Heraklit zufolge hat die Sibylle »mit rasendem Mund (μαινομένῳ στόματι) Ungelachtes (Trauriges) und Ungeschmücktes und Ungesalbtes wegen des Gottes (διὰ τὸν θεόν) verkündet«, wobei Pindar nach Plutarch ergänzt haben soll, dass das »durch den Gott« (διὰ τοῦ θεοῦ) geschehen sei.[129]

7. »Zungenreden« zur Zeit des Jesaja?

Paulus zitiert Jes 28,11 in 1. Kor 14,21 und weist im Anschluss an dieses Zitat auf die biblische Bedeutung des »Sprachenredens« (als Zeichen des göttlichen Gerichts) hin, wobei er offensichtlich auch den Kontext der Jesajastelle kennt und darauf anspielt.[130] Andeutungen an das stammelnde »Reden« in den Mysterien scheint es in Jes 28,10.13a

125 Klauck, Kassanda, 124.
126 Iamblichos, Myst Aegypt 7,4.
127 Ebd.; vgl. dazu Klauck, Kassanda, 125.
128 Vgl. z. B. Euripides, Bacchae 135, 141, 151, 157 f., 215, 402, 604, 775, 1165; vgl. auch Euripides, Cyclops 1.175; Diodorus Siculus, Hist 4,3,2 f.; Nonnos, Dionysiaka 12,356. Vgl. dazu auch Meier, Mystik, 164: »Dieser Laut ist vermutlich kein Wort, sondern eine sub-sprachliche affektive Äußerung: Die Bakchen befinden sich in einem emotionalen Zustand, der sich durch lautes Rufen artikuliert.«
129 Plutarch, Pyth or 397a. Vgl. zudem u. a. Vergil, Aen 6,46 ff.77–80.98-102; Lucian, Bell civ 5,163–177.186–196.208–223; vgl. dazu Forbes, Prophecy and Speech, 108 f.
130 Vgl. z. B. 1. Kor 14,20 mit Jes 28,9!

zu geben. Demnach wird Gottes Wort mit folgenden Worten an Israel gerichtet: »Zaw la zaw, zaw la zaw, kaw la kaw, kaw la kaw, hier ein wenig, da ein wenig« (צַו = »Befehl«[131]; קַו = »Spannkraft, Schnur, Richtschnur«[132]). Priester und Propheten in Israel, die vom Wein wanken (vgl. Jes 28,7), werden »hingehen und rückwärts stürzen und zerschmettert werden, sich verstricken lassen und gefangen werden« (Jes 28,11b). Das geschieht, indem Gott »durch stammelnde Lippen und durch eine fremde Sprache (בְּלַעֲגֵי שָׂפָה וּבְלָשׁוֹן אַחֶרֶת) zu diesem Volk« redet (Jes 28,11; vgl. Hes 3,5 f.). Angesprochen wird die Führungsschicht in Ephraim (Israel), die vom Wein betrunken ist (Jes 28,1.3.7), die mit dem Tod einen Bund geschlossen hat (Jes 28,15.18)[133] und die »verborgene/geheime tiefe Pläne« schmiedet (Jes 29,15).[134] Doch »die Wasser werden das Geheimnis/Versteck (סֵתֶר) wegschwemmen« (Jes 28,17).

Nimmt man den weiteren Kontext noch dazu, so ist die »lärmende Stadt« bzw. die »lärmende Menge« angesprochen (Jes 5,13 f.; 22,2; 32,14), wobei es bei diesem »Lärm der Ausgelassenen« und bei der »Festfreude der Tamburinen« (Jes 24,8) um das »Lärmen der Fremden« und den »Gesang der Gewaltigen« handelt (Jes 25,5).[135]

131 Die Kurzform צַו erscheint im TANACH nur noch in Hos 5,11 (wiederholt im neuhebräischen Neuen Testament). Die gleiche Wurzel erscheint auch z. B. im Verb צִוָּה (»befehlen«) und im Nomen מִצְוָה (»Befehl, Gebot«).

132 Vgl. Jes 28,17: »Und ich habe das Recht zur Richtschnur (לְקָו) gesetzt …« (vgl. auch Jes 34,11.17; 44,13). Der Ausdruck גּוֹי קַו־קָו (»Spannkraft-Nation«) erscheint bereits zweimal in Jes 18,2.7. Er bezieht sich dabei auf eine »Nation, die hochgewachsen und blank ist«, eine »Spannkraft-Nation«, »deren Land Ströme durchschneidet«. Die Wurzel קו erscheint u. a. im Verb קוה (Qal = »hoffen«; Nifal = »sich sammeln« [Wasser]; Piel = »hoffen, auflauern« und im Nomen תִּקְוָה (»Spannkraft, Spannschnur; Hoffnung«) – auch in den Nomina מִקְוֶה (»Ansammlung; Hoffnung«) und מִקְוָה (»Sammelort« [von Wasser]).

133 Vgl. auch Jes 5,14; 14,9.11.15.

134 Vgl. Jer 15,17a: »Nie saß ich im geheimen Kreis der Spielenden/Tanzenden (בְסוֹד־מְשַׂחֲקִים; LXX: ἐν συνεδρίῳ αὐτῶν παιζόντων) und war fröhlich …« (סוֹד = μυστήριον); Jer 16,5: »Denn so spricht Jahwe: ›Geh nicht in ein Haus des Kult-Gelages (LXX: εἰς θίασον αὐτῶν), geh nicht hin, um zu klagen, und bekunde ihnen kein Beileid! Denn ich habe meinen Frieden von diesem Volk weggenommen‹, spricht Jahwe, ›die Gnade und das Erbarmen‹«; Jer 16,8: »Auch in ein Haus des Gastmahls/Gelages (בֵּית מִשְׁתֶּה) sollst du nicht gehen, um bei ihnen zu sitzen, zu essen und zu trinken.«

135 Vgl. auch Jes 22,13: »Aber siehe, Wonne und Freude, Rindertöten und Schafeschlachten, Fleischessen und Weintrinken: Lasst uns essen und trinken, denn morgen sterben wir!«

Dabei gehören »Zither und Harfe, Tamburin und Flöte[136] und Wein[137] zu ihrem Trinkgelage (מִשְׁתֶּה)« (Jes 5,12). Frauen spielen u. a. mit besonderem Kopfschmuck, mit Kopfbinde und Gürtel eine wichtige Rolle;[138] sie sind »stolz und gehen mit aufgerecktem Hals, mit lüsternen Augen, trippeln und tanzen daher und tragen an ihren Füßen Fußspangen [LXX: καὶ τοῖς ποσὶν ἅμα παίζουσαι = ›und mit ihren Füßen tanzen sie zugleich‹]« (Jes 3,16).[139] Dabei spielen die Terrassengärten für die Feste offensichtlich eine wesentliche Rolle (vgl. Jes 1,29; 16,8.10; 65,3; 66,17).

Gott wird sie jedoch »keltern« (vgl. Jes 28,3.18; 63,3),[140] und der »prächtige Weinstock«, der besungen wird (Jes 24,7 ff.; 27,2 ff.), wird verwelken, der Most verstrocken (Jes 24,7; 32,10; 34,4) und die Festfreude sowie der Gesang um den Wein (Jes 24,9; 25,5) werden zum »Klagegeschrei um den Wein« (Jes 24,11). »Da sind Freude und Jubel aus den Fruchtgärten abgeerntet, und in den Weinbergen wird nicht gejubelt, nicht gejauchzt. In den Kelterkufen tritt kein Kelterer den Wein; dem Jauchzen habe ich ein Ende gemacht«, spricht Gott (Jes 16,10). Die »geschändete Jungfrau, Tochter Sidon«, soll sich nach Kittim (= Kreta?) aufmachen – von wo die Tarsis-Schiffe nach Tyrus gekommen sind, um Handel zu treiben (Jes 23,1 f.) –, aber sie wird auch dort keine Ruhe finden (Jes 23,12). Damit ist möglicherweise die Herkunft der »Festfreude« aus »Kittim« – d. h. wohl aus Kreta – angedeutet, die demnach über Sidon und Tyrus in Israel

136 Vgl. Jes 24,8: »Ins Stocken geraten ist die Freude der Tamburine, der Lärm der Ausgelassenen hat aufgehört, es stockt die Freude der Zither« (vgl. zudem Jes 14,1).
137 Sie machen sich »früh am Morgen auf, um Rauschtrank nachzujagen«, und indem sie »sich bis zum abendlichen Dunkel verspäten, erhitzt sie der Wein« (Jes 5,11). Sie sind »Helden im Weintrinken« und »tapfere Männer im Mischen von Rauschtrank« (Jes 5,22). In dem Zusammenhang wird in Jes 16,10 betont: »Lasst uns essen und trinken, den morgen sterben wir!« Paulus zitiert diese Stelle in 1. Kor 15,32.
138 Vgl. Jes 3,12.16.20; 27,11; 32,9; 61,3.10; vgl. auch Jer 7,18; 9,16.19; 44,15; Hes 3,14.
139 Vgl. Jes 13,21; Jer 15,17; 29,26, 31,4. Auch in Am 5,21 betont Gott, dass er »eure Feste« verwirft und dass er »eure Festversammlungen« (LXX: ἐν ταῖς πανηγύρεσιν ὑμῶν) nicht mehr riechen kann. Nach Am 5,23 soll Israel deshalb »den Lärm deiner Lieder« (LXX: ἦχον ᾠδῶν σου) von Gott fernhalten, »und das Spiel deiner Harfen will ich nicht mehr hören« (vgl. auch Hos 2,13).
140 Vgl. auch Jes 51,17.22. Zur Bedeutung des Kelterns im Dionysoskult vgl. u. a. Merkelbach, Hirten, 76 ff.

eingedrungen sein könnte. Es ist also gut möglich, dass sich »Dionysos« auf diese Weise schon früh mit dem Baalskult vermischt hat.

Nach Jes 27,2 f. wird Jahwe »an jenem Tag« – wenn er die »Schuld der Bewohner der Erde an ihnen heimsuchen« wird – (Jes 26,21) den »prächtigen Weinberg« behüten und ihn »alle Augenblicke« bewässern. Und nach Jes 27,1 wird er dann »den Leviatan, die flüchtige Schlange, und den Leviatan, die gewundene Schlange«, mit seinem »harten, großen und starken Schwert heimsuchen« und wird »das Ungeheuer/den Drachen erschlagen, das/der im Meer ist« (vgl. Jes 51,9; Offb 12,3 ff.; 13,1; 20,2). Das »Ungeheuer« bzw. der »Drache« (תַּנִּין), das/der in Ägypten aus dem Stab Aarons und den Stäben der ägyptischen Zauberer entstand (vgl. Ex 7,9–12) – wobei »Aarons Stab ihre Stäbe« verschluckte –, erinnert dabei an das Ungeheuer Python, einen schlangenartigen Drache (deshalb auch »Schlange«), den *Gaia*, die Erde, dem Mythos nach bei Delphi geboren hat und der hellsichtig gewesen sein soll. Apollo besiegt Python später, wobei sich die hellseherische Fähigkeit auf den Ort, Delphi, überträgt.[141] Will wohl heißen: Dionysos wird in Delphi zwar von Apollo besiegt, aber seine hellseherischen Kräfte wirken weiter.

Die Aussage in Jes 27,1 geht offen sichtbar (zumindest indirekt) auf den ugaritischen Mythos vom Baal zurück. Nach diesem Mythos hat Baal den Gott des Meeres, *Jam*, vernichtet, *Tunnan*, das Ungeheuer bzw. den Drachen, angebunden,[142] die »gewundene Schlange, die Mächtige mit sieben Köpfen«[143], abgeknickt und *Lotan* (= *Laviatan*), »die flüchtige Schlange«, erschlagen.[144] Dabei ist zu beachten, dass Baal wie Osiris in Ägypten und Dionysos u. a. in Griechenland ein Vegetationsgott ist, der eng mit dem Tod und der Auferstehung in Verbindung gebracht wird. Jesaja spricht im Kontext von Jes 27,1 über die Überwindung des Todes durch die Auferstehung der Toten

141 Die ältere Fassung findet sich in den homerischen Hymnen (Apoll 356–374). Die Bezeichnung als Πύθων leitet sich dabei vom Verb πύθεσθαι = »verfaulen« ab. Der Leichnam soll demnach unter den Strahlen der Sonne verfault sein.
142 Vgl. dazu Offb 20,2: »Und er griff den Drachen, die alte Schlange, die der Teufel und der Satan ist; und er band ihn tausend Jahre …«
143 Vgl. dazu Offb 12,3 (»Und es erschien ein anderes Zeichen im Himmel: Siehe, ein *großer, feuerroter Drache,* der *sieben Köpfe* und zehn Hörner und auf seinen Köpfen sieben Diademe hatte«) und 13,1 (»Und ich sah aus dem Meer *ein Tier* aufsteigen, das zehn Hörner und *sieben Köpfe* hatte, und auf seinen Hörnern zehn Diademe und auf seinen Köpfen Namen der Lästerung«).
144 Siehe den Text bei Beugen, Jesaja 13–27, S. 389.

(vgl. Jes 26,19 ff.). Ja, der Tod wird »auf ewig« verschlungen werden (Jes 25,8). In dem erwähnten ugaritischen Mythos ist es Baal, der das Ungeheuer überwindet, in Jes 27,1 ist es Jahwe, der es überwindet.

Gott verheißt damit eine Zeit, in der sich »Bilder der Ascherim und Räucheraltäre« in Israel »nicht mehr erheben« (Jes 27,9) und in der er – indem er den Tod »verschlingt« (Jes 25,6–10) – in Israel die wahre Festfreude wiederherstellen wird (Jes 30,29; vgl. Jes 25,6 ff.)[145] und in der »die Zunge der Stammelnden fließend Deutliches reden« wird (Jes 32,4; vgl. Jes 19,18; Zeph 3,9; Sach 8,23). Gott verheißt, dass Israel »das freche Volk«, »das mit dunkler Sprache, die man nicht versteht, mit stammelnder Zunge ohne Verständnis/Sinn«, nicht mehr sehen wird (Jes 33,19). Zion (Jerusalem) wird dann wieder Versammlungsplatz (für Feste) sein (vgl. Jes 33,20).[146]

Ob diese »dionysische Sprache«, die den (weiteren) Kontext von Jes 28,13 stark prägt, auch auf das Vorhandensein des Dionysoskults hinweist, kann hier nicht beantwortet werden. Sicher haben Baal und Aschera »dionysische Züge« angenommen, die ebenfalls im Kult um Osiris und Isis (Ägypten) präsent waren. Deutlich scheint auf jeden Fall, dass »Dionysos« im Hintergrund der Texte vorhanden ist. Es kann sein, dass diese Elemente aus Ägypten oder auch z. B. (indirekt) aus Kreta übernommen worden sind (vgl. Jes 23,1.12).

In 1. Kor 14,21 zitiert Paulus in Bezug auf das »Zungenreden« in der Gemeinde von Korinth aus Jes 28,11. Demnach verheißt Gott, zu den vom Wein Taumelnden im Volk »mit stammelnder/spottender Lippe/Sprache und mit anderer Zunge/Sprache« (בְּלַעֲגֵי שָׂפָה וּבְלָשׁוֹן אַחֶרֶת) zu reden. Damit ist im Kontext von Jesaja gemeint, dass Gott das Gericht über Israel durch die Assyrer herbeiführen wird. Bei dem Gestammel in den Lauten »Zaw la zaw, kaw la kaw« in dem Zusammenhang (Jes 28,10.13) handelt es sich wohl um die in Vers 11 genannte »stammelnde Sprache« und möglicherweise gleichzeitig um eine »Anlehnung« an das Gestammel des Rauschkultes, der im Kontext angesprochen wird. Dabei wird erwähnt, dass denjenigen (Kindern), »die von der Milch entwöhnt sind, die von

145 Vgl. auch z. B. Jes 25,6–10; 29,19.

146 Gemäß Zeph 3,9 wird Gott sich in Zukunft den Völkern in »deutlicher Lippe/Sprache« (שָׂפָה בְרוּרָה) zuwenden, damit sie alle den Namen Jahwes anrufen und ihm einmütig dienen« (vgl. Sach 8,23).

den Brüsten abgesetzt sind«, die Erkenntnis gelehrt werden soll (Jes 28,9; vgl. 1. Kor 14,20).

Paulus scheint somit in 1. Kor 14,20 ff. nicht nur Jes 28,11 zu zitieren, sondern auch an den Kontext anzuknüpfen. Die Gläubigen in Korinth sollen in Bezug auf das Denken (ταῖς φρεσίν) keine Unmündigen sein, sondern vielmehr »vollkommen«, d.h. erwachsen werden (1. Kor 14,20; vgl. 1. Kor 13,11). Sie sollen verstehen, dass die Sprachen in dem Sinn als Zeichen für die Ungläubigen, d.h. für diejenigen, die nicht glauben wollen, dienen (1. Kor 14,22), und zwar im Sinn von Jes 28,10 ff. als Zeichen des Gerichts Gottes über den Unglauben und den Ungehorsam.

8. Die problematische Praxis in Korinth

In 1. Kor 12–14 erscheint wiederholt das Nomen γλῶσσα (»Zunge, Sprache, Glosse«), wobei es nur in 1. Kor 14,9 die Zunge als Glied zu bezeichnen scheint. Erscheint der Plural des Begriffs,[147] so sind in der Regel Sprachen gemeint, die zur Erbauung der Gemeindeglieder dienen sollen, wie schon der Ausdruck »Arten/Geschlechter von Sprachen« (γένη γλωσσῶν; vgl. 1. Kor 12,10.28)[148] und die Rede von der Übersetzung der Sprachen[149] andeutet. Verwendet Paulus jedoch die Singularform, so bezieht er sich allgemein auf die problematische Praxis in der Gemeinde in Korinth,[150] womit direkt noch keine Beurteilung dieser Praxis vorgenommen wird.[151] Auffallend ist, dass Paulus in diesem Kontext mit Bezug auf sich selbst und in

147 Was in den verschiedenen Übersetzungen leider sehr oft nicht unterschieden wird (soweit ich sehe nur in der Elberfelder-Übersetzung).

148 Aristoteles verwendet das Wort γένος in Bezug auf die Sprache im Sinn von »Gattung«, während das Wort εἶδος in dem Zusammenhang die »Art« bezeichnet (vgl. Aristoteles, Poet 1457b).

149 So in 1. Kor 12,10.30; 14,5.13.26 f. Meier bemerkt: »Wo fremdartige Äußerungen (γλῶττα) beschrieben werden, handelt es sich meist nur um einzelne fremdartige Ausdrücke oder Passagen. Orakel bedürfen daher nicht der Übersetzung, sondern der Deutung« (Meier, Mystik, 162). In 1. Kor 12–14 erscheint zweimal das Nomen ἑρμηνεία (»Übersetzung«; 1. Kor 12,10; 14,26) und viermal das Verb διερμηνεύω (»übersetzen«; 1. Kor 12,30; 14,5.13.27). Dabei geht es Paulus um die Übersetzung der fremden Sprachen (vgl. auch z.B. Mt 1,23; Mk 5,41; 15,20.34; Joh 1,41 f.; 9,7; Apg 4,36; 9,36; 13,8).

150 So in 1. Kor 14,2.4.13.18.27.

151 Vgl. jedoch 1. Kor 14,23.

Bezug auf die Praxis, wie er sie in Korinth ausdrücklich nicht verbietet, jeweils die Pluralform verwendet.[152] Somit bezieht Paulus sich mit dem Begriff γλῶσσα in dem Abschnitt zum Teil auf die Praxis Einzelner in Korinth, die in der vorliegenden Weise für den Apostel alles andere als erbauend ist und Paulus zufolge auf den menschlichen »Geist« zurückzuführen ist (vgl. 1. Kor 14,2.14.32), während er andererseits von »Arten von Sprachen« spricht (1. Kor 12,10.28), die übersetzt werden sollen, damit die ganze Gemeinde erbaut werden kann.[153]

Wie 1. Kor 14,13 ff. andeutet, scheinen diejenigen, die in Korinth in fremder Sprache redeten, dieses Reden vor allem als Gebet zur Gottheit bzw. »für (einen) Gott« (vgl. 1. Kor 14,2)[154] verstanden zu haben. 1. Kor 13,1 könnte zudem andeuten, dass sie dabei annahmen, dass es sich um Engelssprache(n) handelte. Dass diese Deutung naheliegend ist, zeigen außerbiblische Beispiele.[155] Und wie 1. Kor 14,4a darlegt, ist man von einer »Selbsterbauung« durch das »Zungengebet« ausgegangen. In diesem Fall spielt es auch keine Rolle, dass niemand versteht und deshalb auch niemand zuhört (vgl. 1. Kor 14,2).

Ganz anders beurteilt Paulus die Lage. Für ihn ist alles Reden in menschlichen und sogar in Engelssprachen nutzlos, wenn es nicht in Liebe praktiziert wird und zur Erbauung der (ganzen) Gemeinde dient (1. Kor 13,1 ff.). Die Sprachen, die gesprochen werden, werden 1. Kor 13,8 zufolge aufhören. Damit kann es sich kaum um »Engelssprachen« handeln. Gemäß 1. Kor 14,23 würde ein »Nichtfachmann« (ἰδιώτης) – der als »Ungläubiger« beschrieben wird –, wenn er in die Versammlung käme, während die ganze Gemeinde in fremden Sprachen/Glossen reden würde, sogar meinen, die Sprachenredner seien alle im Zustand des Wahnsinns. Dabei ist zu beachten, dass an dieser Stelle nicht von »Wahrsagerei« (μαντεία) die Rede ist, sondern eben vom Wahnsinnszustand (μανία), wie der Gebrauch des

152 So in 1. Kor 14,6.18.39.

153 Meier beachtet diesen Unterschied offensichtlich nicht, indem er bemerkt: »Unter γλώσσαις λαλεῖν versteht das Neue Testament also, daß einzelne oder mehrere mit lauter Stimme in einer Sprache beten, die ihnen selbst fremd ist. Die Sprache ist jedoch prinzipiell verständlich bzw. übersetzbar (Act 2,6.8.11; 1Kor 12,10; 14,13.27). Sowohl Lukas (Act 10,45f; 19,6) als auch Paulus (1Kor 14,2.14) führen ein solches Geschehen auf das Wirken des Heiligen Geistes zurück« (Meier, Mystik, 159).

154 Es ist zu beachten, dass in 1. Kor 14,2 der bestimmte Artikel von »Gott« fehlt (so wahrscheinlich ursprünglich – mit den alten Handschriften).

155 Vgl. dazu auch z. B. Meier, Mystik, 170 ff.

Verbs μαίνομαι zeigt.[156] Offenbar waren die betroffenen Personen in der Gemeinde der Meinung, dass sie in Gebeten (vgl. 1. Kor 14,14) »für (einen) Gott« redeten (vgl. 1. Kor 14,2), und das in fremdartigen Glossen. Für Paulus ist die »dionysische« Art dieser Korinther, Gottesdienst zu feiern, jedoch kein gutes Zeugnis für die Außenwelt und dient auch nicht zur Erbauung der Gemeinde.

In 1. Kor 13,1 vergleicht Paulus das »engelhafte Reden« mit einem Erzbecken (χαλκός), das besonders im Dionysoskult als Musikinstrument verwendet wurde, und mit einer Zimbel, also mit einem metallenen, im Kult verwendeten Handbecken, »das, mit einem anderen zusammengeschlagen, einen gellenden Ton gab«[157] und ebenfalls eines der typischen Musikinstrumente des Dionysoskultes war. In diese Richtung deutet auch der Gebrauch des Verbs »lärmen« (ἀλαλάζω = »schreien, laut klagen, lärmen«) in 1. Kor 13,2, das im Sinn von »beim Beginn der Schlacht zu Ehren des Kriegsgottes das Kriegsgeschrei erheben«, aber auch in der Bedeutung »Klagegeschrei/Angstgeschrei erheben« gebraucht wird[158]. Zudem deutet die Rede von den »Geheimnissen« (μυστήρια) in 1. Kor 13,2 und 14,2 in diese Richtung.

Ein zweites besonders typisches Musikinstrument des Dionysoskultes, die »Flöte« (αὐλός), wird in 1. Kor 14,7 erwähnt, daneben auch die »Harfe« (κιθάρα)[159]. In diesem Kontext deutet Paulus an, dass zumindest die Flöte und die Harfe auch sinnvoll eingesetzt werden können. Allerdings müssen sie dann »einen Unterschied in den Tönen (τοῖς φθόγγοις) geben« (1. Kor 14,7), wie auch die Posaune

156 Jamblichos zufolge (Myst 3,8) wird durch den »Wahnsinn« (μανία) »unser Eigenbewusstsein und unsere Eigentätigkeit überall« ausgeschaltet, und sie lässt in Menschen »Worte hervorstoßen«, die nicht bei Verstandesbewusstsein gesprochen werden (vgl. auch 1. Kor 14,14 f.!). Zur Mantik in Verzückung und Schlaf und zur Deutung durch die Propheten bei besonnenem Verstand vgl. auch Platon, Tim 71e–72b.

157 Bauer/Aland, Wörterbuch, 929.

158 Vgl. Pape, Handwörterbuch I, 88.

159 Vgl. Diogenes Laertius, Vitae 6,64: »Dem Mann, der zu ihm sagte: ›Du weißt nichts, obwohl du ein Philosoph bist‹, antwortete er: ›Selbst wenn ich ein Heuchler der Weisheit bin, so ist auch das Philosophie.‹ Wenn jemand ein Kind zu ihm brachte und ihm erklärte, dass es höchst begabt und in Bezug auf die Sitten ausgezeichnet sei, so sagte er: ›Was also habe ich für einen Nutzen an denen, die ehrenwerte Dinge reden, aber [sie] nicht tun. Sie unterscheiden sich nicht von einer Harfe (μηδὲν διαφέρειν κιθάρας). Denn auch diese‹, sagte er weiter, ›können weder hören noch haben sie Empfindungen‹.«

nur dann sinnvoll eingesetzt werden kann, wenn sie nicht »eine undeutliche Stimme (ἄδηλον φωνήν) gibt« (1. Kor 14,8). Solche »undeutliche Stimme« wurde offenbar in der Gemeinde von Korinth von einzelnen Personen praktiziert, indem man »im [menschlichen] Geist«[160] in einer fremden Sprache redete und dabei auf »Selbsterbauung« bedacht war (1. Kor 14,2–4).

In diesem Zusammenhang ist ein Vergleich mit Plato interessant, der darauf hinweist, dass man den Sitz der Seherkraft in der Leber lokalisiert habe.[161] Der Verstand (λόγος) wird dafür als ungeeignet betrachtet, und solange der Mensch im Besitz des Verstandes sei, könne er nicht die wahre Seherkraft empfangen. »Gott« habe somit die Leber dafür bestimmt, »damit in ihr die fortreißende Kraft der Gedanken, die aus dem Verstand [stammt] (τῶν διανοημάτων ἡ ἐκ τοῦ νοῦ φερομένη δύναμις), wie in einem Spiegel (ἐν κατόπτρῳ), der Abdrücke und Bilder (τύπους καὶ εἴδωλα) empfängt, aufgenommen wird«.[162] Die Leber nimmt demnach die Bilder, die der Verstand nicht aufnehmen kann, im Zustand des Schlafs oder des Wahnsinns auf, woraus die Wahrsagerei entsteht.[163]

> »Es gibt ein genügendes Zeichen dafür, dass Gott die Seherkunst durch das menschliche Unbewusstsein/den menschlichen Unverstand gegeben hat. Denn niemand wird bei klarem Verstand (ἔννους) von der von Gott ergriffenen und wahren Seherkraft entzündet; vielmehr [geschieht das] entweder im Schlaf, wenn die Kraft der Überlegungen gefesselt ist, oder wenn sie durch eine Krankheit oder durch verzückte Begeisterung (ἐνθουσιασμόν) verändert worden ist …«[164]

160 Der Begriff πνεῦμα erscheint in 1. Kor 14 siebenmal (1. Kor 14,2.12.14.15.16.32). In 1. Kor 14,12 erscheint die Pluralform im Sinn von »Geistesäußerungen«, und ansonsten ist offenbar jedes Mal der menschliche Geist gemeint, wie z. B. Vers 14 (»mein Geist«) und Vers 32 (»die Geister der Propheten«) zeigen.

161 Plato, Tim 70a–b. Die Bedürfnisse des Leibes haben demnach ihren Sitz in der Gegend zwischen Zwerchfell und Nabel, wobei für das Zwerchfell das Nomen φρήν verwendet wird, das auch im Sinn von »Denken, Verstehen« verwendet wird und im Neuen Testament nur zweimal in 1. Kor 14,20 erscheint (vgl. φρονέω = »denken, im Sinn haben, bedacht sein auf«).

162 Plato, Tim 71b.

163 Plato, Tim 71d

164 Plato, Tim 71e.

Diese im Traum oder in der verzückten Begeisterung wahrgenommenen Bilder müssen dann durch verständiges, klares Nachdenken (σωφρονεῖν, σωφροσύνη) gegliedert werden, »um danach zu entscheiden/beurteilen (κρίνειν), inwiefern und für wen sie etwas Zukünftiges, Vergangenes oder Gegenwärtiges Gutes oder Schlimmes bedeuten«.[165] Dabei betont Plato, dass von alters her mit Recht behauptet werde, dass der Mensch nur im besonnenen Zustand sich selbst und seine Handlungen beurteilen könne. Daher sei es auch Brauch (νόμος), »den durch die Verzückungen von Gott Ergriffenen (ἐνθέοις) das Geschlecht der Propheten als Deuter (κριτάς) zur Seite zu stellen«.[166] Diese werden Plato zufolge von manchen als »Seher« (μάντεις) bezeichnet, doch wüssten diejenigen, die das täten, nicht, »dass diese nur Ausleger (ὑποκριταί) des durch Rätsel (δι᾽ αἰνιγμῶν) [vermittelten] Ausspruches und der Erscheinung sind und keineswegs Wahrsager; aber mit vollem Recht werden sie Propheten der Wahrsagenden genannt«.[167]

Paulus spricht wie Plato in 1. Kor 13,12 vom »Spiegel« und vom »Rätsel« (δι᾽ ἐσόπτρου ἐν αἰνίγματι),[168] indem er die Korinther daran erinnert, dass ihr »Zungenreden« eher dem Lallen eines Kleinkindes ähnelt als der vollkommenden Offenbarung Gottes (1. Kor 13,10 f.; vgl. 1. Kor 14,20). Andererseits betont Paulus, dass er dem Redenden und der Redende ihm ein »Barbar« wären, wenn er »die Kraft der Stimme« (d. h. Bedeutung der Laute) nicht erkennen könne (1. Kor 14,11), also wie einer, der nur *»Brrr Brrr Brrr«* (d. h. kein Griechisch) spricht und den man deshalb nicht verstehen kann, womit dieser »in die Luft« sprechen würde (vgl. 1. Kor 14,9).

Eine »gut verständliche Rede« (vgl. 1. Kor 14,9: εὔσημον λόγον) von sich zu geben, die die ganze Gemeinde erbaut, geschieht nach Paulus bei gesundem und nüchternen Menschenverstand (vgl. auch 2. Kor 5,13), und darum fordert der Apostel die Korinther auf, in Bezug auf das Denken »vollkommen« zu sein (1. Kor 14,20). Er selbst will seinen Verstand beim Singen und Beten in der Gemeinde nicht

165 Plato, Tim 72a.
166 Plato, Tim 72a–b.
167 Plato, Tim 72a.
168 Vgl. dazu auch Num 12,8.

ausschalten (1. Kor 14,15).[169] Vielmehr will er in Korinth lieber fünf (verständliche) Wörter »mit meinem Versand« reden, als 10 000 Wörter in einer fremder Sprache, »damit ich andere [ἄλλους = die diese Sprache verstehen[170]] unterrichte« (1. Kor 14,19). Und in 2. Kor 5,13 ergänzt der Apostel, dass er, wenn er für Menschen redet, das bei gesundem Menschenversand – und somit in verständlichen Wörtern – tut. Die Liebe des Christus »drängt« Paulus dazu (2. Kor 5,14), und die Erbauung der ganzen Gemeinde ist das Ziel, das in 1. Kor 14 wiederholt betont wird.[171]

9. Die Erbauung der ganzen Gemeinde

In 1. Kor 12 steht die Einheit der christlichen Gemeinde als »der Leib Christi« in seiner Vielfältigkeit im Zentrum. Wenn Paulus in 1. Kor 12,27 schreibt: »Ihr aber seid Leib Christi …«, so kommt damit zum Ausdruck, dass die Gemeinde in Korinth vor Ort den *einen* universalen Leib Christi repräsentiert.[172] Es ist der eine Geist Gottes, der Gläubige in den Leib Christi einfügt (1. Kor 12,13), und dieser eine Geist teilt zwar unterschiedliche »Gnadengaben« aus (1. Kor 12,11), aber sie sollen alle zum Nutzen und zur Erbauung der

169 Vgl. auch Klauck, Engelszungen, 158: »Anstatt sich darüber zu freuen, dass die Ausschaltung des Verstandes mehr Raum für die pneumatische Eingebung schafft, beklagt er die Untätigkeit des Verstandes bei der reinen Glossolalie und plädiert für eine Kooperation …«

170 In 1. Kor 14,17 (und 21) erscheint hingegen das Wort ἕτερος, das den »Andersartigen« bezeichnet – an dieser Stelle jemanden, der die gesprochene Sprache nicht versteht und deshalb »Laie« (ἰδιώτης = »Nichtfachmann«) ist (vgl. 1. Kor 14,16.23; vgl. zudem 2. Kor 11,6).

171 Vgl. 1. Kor 14,3.5 f.9.12.17.24 f.26.31.

172 Anders z. B. Park, Kirche, 302. Der Ausdruck σῶμα Χριστοῦ (ohne Artikel) erscheint im Neuen Testament nur in 1. Kor 12,27, und zwar mit konkretem Hinweis auf die Gläubigen in Korinth, während in 1. Kor 12,13 von »dem einen Leib Christi« und in 1. Kor 12,28 von »der Kirche« (als Ganzes) die Rede ist. Der Ausdruck τὸ σῶμα τοῦ Χριστοῦ bezeichnet in Röm 7,4 den am Kreuz hingegebenen Leib Jesu, während in Eph 4,12 damit die Gesamtkirche als »der Leib Christi« bezeichnet wird und in 1. Kor 10,16 wahrscheinlich sowohl an den am Kreuz hingegebenen Leib Jesu als auch an die Gemeinde Jesu gedacht ist. Die Gesamtkirche wird in Eph 1,13; 5,30 und Kol 1,24 als τὸ σῶμα αὐτοῦ bezeichnet (vgl. auch 1. Kor 3,17: τὸν ναὸν τοῦ θεοῦ). In 1. Kor 12,12 f. wird »der eine Leib Christi« (vgl. auch Eph 4,4) mit »dem Christus« identifiziert. Christus ist gemäß 1. Kor 1,13 nicht geteilt. Ebenso ist »der Leib Christi« auch nicht in »viele Leiber Christi« geteilt.

ganzen Gemeinde dienen (1. Kor 12,7). Dadurch soll die Einheit des Leibes Christi in der Ortsgemeinde konkret werden.

In 1. Kor 12,31 macht der Apostel den Korinthern ein »Zugeständnis«, nach den »größeren« Gnadengaben eifern zu dürfen,[173] weist aber gleichzeitig darauf hin, dass er ihnen einen »Weg im Übermaß« zeigen werde. Dieser »Weg« ist die Liebe (ἀγάπη), die die Erbauung der Gemeinde als Leib Christi in den Mittelpunkt der eigenen Tätigkeiten stellt, wie der Apostel in 1. Kor 13 betont. Deshalb ist die Liebe die »größere« unter allen Eigenschaften, die die Gemeinde prägen sollen (1. Kor 13,13). Denn obwohl es keine größeren oder kleineren »Gnadengaben« gibt (vgl. 1. Kor 12,22 f.), ist das, was die Gemeinde erbaut, »größer« (vgl. 1. Kor 14,5). Wer sich also für die göttliche Liebe entschließt, der entschließt sich dafür, seine Fähigkeiten in Demut in den Dienst der Gemeinde zu stellen. Die Liebe sucht nämlich nicht das Ihre, sondern das des »Andersartigen« (vgl. 1. Kor 13,5 mit 1. Kor 10,24).

In 1. Kor 13,1 ff. bringt Paulus indirekt, aber doch sehr deutlich zum Ausdruck, dass alles, was auch immer in der Gemeinde geredet wird, keinen Wert hat, wenn es nicht in verständlichen Worten gesagt wird, die einer bewussten Entscheidung, den Nächsten zu erbauen, entspringen, d.h. wenn das Reden nicht aus (Nächsten-) Liebe (ἀγάπη) geschieht. Paulus scheint sich dabei zwar zum Teil z.B. an Platos Sprache anzulehnen, doch gibt es wesentliche Unterschiede. So ist bei Plato der *Erōs* Ziel der Erziehung, wobei der *Erōs*

173 Das finite Verb ζηλοῦτε kann in 1. Kor 12,31 wie in 1. Kor 14,1 als Indikativ (»ihr eifert«) oder als Imperativ (»eifert!«) verstanden werden. An Eifer fehlte es den Korinthern nicht (vgl. 1. Kor 14,12), aber es mangelte offenbar an Liebe (ἀγάπη). In 1. Kor 13,4 betont Paulus, dass die Liebe (ἀγάπη) nicht eifert. So stellt sich natürlich die Frage, ob es möglich ist, dass er sie in 1. Kor 12,31 zum Eifern auffordert, oder ob er ihnen nicht vielmehr bezeugt, dass sie eifern (vgl. 1. Kor 14,12). Anderseits muss das Verb »eifern« in 1. Kor 14,1 aber dem Kontext nach als Befehl verstanden werden. Deshalb ist es angebracht, ζηλοῦτε sowohl in 1. Kor 12,31als auch in 1. Kor 14,1 als »Zugeständnis« verstehen (vgl. 1. Kor 14,28), wie z.B. der Imperativ ὀργίζεσθε in Eph 4,26 gebraucht wird (vgl. auch Pred 11,1^{LXX}; vgl. dazu Blass/Debrunner/Rehkopf, Grammatik, § 387,1); d.h. Paulus »erlaubt« den Empfängern des Briefes, nach den »größeren Gnadengaben« zu eifern, doch nicht mit dem Ziel, sich hervorzutun. Vielmehr sollen sie vor allem bestrebt sein, sich mit Liebe (ἀγάπη) zu »bekleiden«, denn dann werden die Fähigkeiten zur gegenseitigen Erbauung und damit auch zur Einheit in der Gemeinde führen. Mit anderen Worten: Der Eifer der Korinther ist in dem Sinn erlaubt, dass sie bestrebt sein sollen, das Beste für die Erbauung der ganzen Gemeinde zu geben.

als »eine Art Wahnsinn« bezeichnet wird[174]. Auch im Kontext des Dionysoskults spielt der *Erōs* eine zentrale Rolle, während bei Paulus die ἀγάπη mit dem Zweck der Erbauung der Mitgläubigen das entscheidende Ziel ist, wie 1. Kor 13 darlegt (vgl. 1. Tim 1,5).

Es ist diese Erbauung, die in 1. Kor 14 wiederholt ins Zentrum gestellt wird.[175] Alles, was in der Gemeindeversammlung geschieht, soll zur Erbauung der ganzen Gemeinde dienen, betont Paulus (vgl. z. B. 1. Kor 14,26). Und das bedeutet für ihn, dass alles Reden in der Gemeindeversammlung auch von allen verstanden werden soll. Deshalb will er selbst, wenn er nach Korinth kommt, in verständlicher Sprache zu ihnen sprechen, damit sie geistlich erbaut werden (vgl. 1. Kor 14,6.19). Den Korinthern verbietet Paulus das Reden in fremden Sprachen nicht grundsätzlich, aber in der Gemeinde soll alles übersetzt werden. Ohne Übersetzung soll man in der Gemeinde schweigen, »aber er möge für sich und für Gott reden« (1. Kor 14,28). Wahre Geistlichkeit wird das respektieren, betont der Apostel abschließend (1. Kor 14,37).

Bibliografie

Bauer, Walter, Wörterbuch zum Neuen Testament, hg. v. Kurt Aland/Barbara Aland, Berlin/New York: Walter de Gruyter, 6. Aufl. 1988.

Behnk, Judith, Dionysos und seine Gefolgschaft. Weibliche Besessenheit in der griechischen Antike, Hamburg: Diplomica, 2009.

Bernabé, Alberto, Dionysos in the Mycenaean World, in: Bernabé u. a., Redefining Dionysos, 23–37.

Bernabé, Alberto/Herrero de Jáuregui, Miguel/Jiménez San Cristóbal, Anna Isabel/Martín Hernández, Raquel (Hg.), Redefining Dionysos, Leipzig/Berlin: Walter de Gruyter, 2013.

Beugen, W. A. M., Jesaja 13–27 (HThKAT), Freiburg/Basel/Wien: Herder, 2007.

174 Plato, Phaidros 265a. Dabei teilt »Sokrates« den »göttlichen Wahnsinn nach vier Göttern in vier Teile«, indem dem Apollo die seherische Inspiration zugeschrieben wird, dem Dionysos die Weihen, den Musen die dichterische Kunst und der Aphrodite der *Erōs*, »wobei wir diesen als Liebeswahnsinn bezeichneten und sagten, er [der *Erōs*] sei der beste von allen« (ebd.).

175 Siehe 1. Kor 14,3.5.12.17.19.26.

Bierl, Anton, Der Chor in der Alten Komödie: Ritual und Performativität unter besonderer Berücksichtigung von Aristophanes' Thesmophoriazusen und der Phalloslieder fr. 851 PMG (Beiträge zur Altertumskunde 126), München/Leipzig: Walter de Gruyter, 2000 (Neudruck 2012).
Bierl, Anton, Der vielnamige Dionysos. Wesen und Funktion des Gottes im Spiegel der Beinamen, in: Philipp, Dionysos. Rausch und Ekstase, 30–39.
Philipp, Michael (Hg.), Dionysos. Rausch und Ekstase, Hamburg: Hirmer, 2013.
Blass, Friedrich/Debrunner, Albert/Rehkopf, Friedrich, Grammatik des neutestamentlichen Griechisch, Göttingen: Vandenhoeck & Ruprecht, 18. Aufl. 2001.
Calame, Claude, ›Rien pour Dionysos?‹ Le dithyrambe comme forme poétique entre Apollon et Dionysos, in: Bernabé u. a., Redefining Dionysos, 82–99.
Clinton, K., Art. Bakchos, in: Der Neue Pauly 2 (1997), 408–411.
Corrente, Paola, Dushara und Allāt alias Dionysos and Aphrodite in Herodotus 3.8, in: Redefining Dionysos, 261–271.
Dodd, David B., Atheanian Ideas about Cretan Pederasty, in: Hubbard, Thomas K. (Hg.), Greek Love Reconsidered, New York: W. Hamilton Press, 2000, 33–41.
Edmonds, Radcliffe G., Dionysos in Egypt? Epaphian Dionysos in the Orphic Hymns, in: Bernabé u. a., Redefining Dionysos, 415–432.
Faraone, Christopfer A., Gender Differentiation and Role Models in the Worship of Dionysos: The Thracian and Thessalian Pattern, in: Bernabé u. a., Redefining Dionysos, 120–143.
Fee, Gordon, The First Epistle to the Corinthians (NICNT), Grand Rapids, Michigan: Eerdmans, 1987 (Neudruck 1993).
Forbes, Christopher, Prophecy and Inspired Speech in Early Christianity and Its Hellenistic Environment (WUNT II/75), Tübingen: Mohr Siebeck, 1995 (Nachdruck Peabody: Hendrickson, 1997).
Garland, David E., 1 Corinthians (BECNT), Grand Rapids: Baker, 2003.
Giebel, Marion, Das Geheimnis der Mysterien. Antike Kulte in Griechenland, Rom und Ägypten, Ostfildern: Patmos, 3. Aufl. 2003.
Hays, Richard B., First Corinthians (Interpretation), Louisville: John Knox, 1997.
Heinemann, Alexander, Der Gott des Gelages. Dionysos, Satyrn und Mänaden auf attischem Trinkgeschirr des 5. Jahrhunderts v. Chr., Leipzig/Berlin: Walter de Gruyter, 2016.
Henrichs, Albert, Dionysos: One or Many?, in: Bernabé u. a., Redefining Dionysos, 554–582.
Henrichs, Albert, »Warum soll ich denn tanzen?« Dionysisches im Chor der griechischen Tragödie (Lectio Teubneriana IV), Leipzig: Walter de Gruyter, 1996.
Héring, Jean, The First Epistle of St. Paul to the Corinthians, London: Epworth, 1962.

Howatson, M. C., Art. »Dionysos«, in: Reclam Lexikon der Antike, Ditzingen: Reclam, 1996, 183.

Keel, Othmar/Uehlinger, Christoph, Göttinnen, Götter und Gottessymbole. Neue Erkenntnisse zur Religionsgeschichte Kanaans und Israels aufgrund bislang unerschlossener ikonographischer Quellen, Freiburg: Herder, 1992.

Kerényi, Karl, Dionysos. Urbild des unzerstörbaren Lebens, Stuttgart: Klett-Cotta, 1994.

Kerényi, Karl, Die Mythologie der Griechen, Bd. 1: Die Götter- und die Menschheitsgeschichten, Stuttgart: dtv, 19. Aufl. 1998.

Klauck, Hans-Josef, Mit Engelszungen? Vom Charisma der verständlichen Reden, in: Ders., Religion und Gesellschaft im frühen Christentum. Neutestamentliche Studien (WUNT 152), Tübingen: Mohr Siebeck, 2003, 145–170.

Klauck, Hans-Josef, Von Kassandra bis zur Gnosis. Im Umfeld der frühchristlichen Glossolalie, in: Ders., Religion und Gesellschaft im frühen Christentum. Neutestamentliche Studien (WUNT 152), Tübingen: Mohr Siebeck, 2003, 119–144.

Kretscher, Ralf Siegfried, Dionysos Oriens. Festkultur und Polis – Die Dionysos-Kulte im Spannungsfeld religiöser Rituale und gesellschaftlicher Entwicklung im archaischen Griechenland, Göttingen: Cuviellier, 2016.

Kuwornu-Adjaottor, J. E. T., Spiritual Gifts, Spiritual Persons, or Spiritually-Gifted Persons? A Creative Translation of τῶν πνευματικῶν in 1 Corinthians 12,1a, in: Neotestamentica 46/2 (2012), 260–27.

Li, Soeng Yu, Paul's Teaching on the Pneumatika in 1 Corinthians 12–14 (WUNT II/455), Tübingen: Mohr Siebeck, 2017.

Lindemann, Andreas, Der Erste Korintherbrief (HNT 9/I), Tübingen: Mohr, 2000.

Lohrmann, Walter, Frucht und Gaben des Heiligen Geistes, Gießen/Basel: Brunnen, 3. Aufl. 1984.

Meier, Hans-Christoph, Mystik bei Paulus. Zur Phänomenologie religiöser Erfahrung (TANZ 26), Tübingen: Francke, 1998.

Merkelbach, Reinhold, Die Hirten des Dionysos. Die Dionysos-Mysterien der römischen Kaiserzeit und der bukolische Mythos Dionysos. Texte von Homer bis Thomas Mann, hg. v. J. Schmidt und U. Schmidt-Berger, Stuttgart: Reclam, 2008.

Otto, Walter F., Dionysos, Frankfurt a. M.: Vittorio Klostermann, 7., um ein Nachwort vermehrte Auflage 2011 (1933).

Pape, Wilhelm, Griechisch-Deutsches Handwörterbuch, Braunschweig: Vieweg & Sohn, 3. Aufl. 1914, 2 Bde.

Papahatzis, Nicos, Das antike Korinth. Die Museen von Korinth, Isthmia und Sikyon, Athen: Ekdotike Athenon, 2001.

Park, Heon-Wook, Die Kirche als Leib Christi bei Paulus, Gießen: Brunnen, 1992.

Rhode, Erwin, Psyche. Seelenkult und Unsterblichkeitsglaube der Grie-

chen, ausgewählt und eingeleitet von Hans Eckstein, Stuttgart: Kröner, o. J. (um 1940).
Riedweg, Christoph, Mysterien-Terminologie bei Platon, Philon und Klemens von Alexandrien (UaLG 26), Berlin/New York: Walter de Gruyter, 1987.
Scherer, Hildegard, Geistreiche Argumente. Das Pneuma-Konzept des Paulus im Kontext seiner Briefe (Neutestamentliche Abhandlungen, Neue Folge 55), Münster: Aschendorff, 2011.
Smalls, James, Gay Art, New York: Parkstone International, 2008.
Schnabel, Eckhard, Der erste Brief des Paulus an die Korinther (HTA), Wuppertal: Brockhaus und Gießen: Brunnen, 2006.
Schrage, Wolfgang, Der erste Brief an die Korinther, Bd. 4: 1. Kor 15,1–16,24 [EKK VII/4], Düsseldorf/Zürich: Benziger und Neukirchen-Vluyn: Neukirchener, 2001.
Seubert, Harald/Thiessen, Jacob, Auf den Spuren des Apostels Paulus in Griechenland. Historischer, philosophischer und theologischer Reisebegleiter, Ansbach: Logos Editions, Februar 2018.
Schlesier, R., Art. »Dionysos«, in: Der Neue Pauly 3 (1997), 651–662.
Thiselton, Antony C., The First Epistle to the Corinthians (NIGTC), Grand Rapids, Michigan/Cambridge: Eerdmans, 2000.
Thiessen, Jacob, Paulus als Lehrer der christlichen Gemeinden. Eine Theologie der Paulusbriefe, Nürnberg: VTR, 2019.
Thum, T., Plutarchs Dialog De E apud Delphos (STAC 80), Tübingen: Mohr Siebeck, 2013.
Walker, W. O., Interpolations in the Pauline Letters [JSNT Suppl. Series 213], London/New York: Sheffield, 2001.
Wetzig, Saskia, Tanzende Mänaden und musizierende Satyrn. Antike Bilder dionysischer Ekstase, in: Philipp, Dionysos. Rausch und Ekstase, 61–65.
Wolff, Christian, Der erste Brief an die Korinther [ThHKNT 7], Berlin: Evangelische Verlagsanstalt, 2. Aufl. 2000.

Christian Stettler

Ohnmacht und Macht Gottes nach den Korintherbriefen

1. Gottes Ohnmacht in der Theologie nach Auschwitz

Dietrich Bonhoeffer schrieb am 16.07.1944 an Eberhard Bethge aus dem Gefängnis:

> »Gott lässt sich aus der Welt herausdrängen ans Kreuz, Gott ist ohnmächtig und schwach in der Welt und gerade und nur so ist er bei uns und hilft uns. Es ist Matthäus 8,17 [›… auf dass erfüllt würde, was gesagt ist durch den Propheten Jesaja, der da spricht: Er hat unsre Schwachheit auf sich genommen, und unsre Krankheiten hat er getragen‹] ganz deutlich, dass Christus nicht hilft kraft seiner Allmacht, sondern kraft seiner Schwachheit, seines Leidens! Hier liegt der entscheidende Unterschied zu allen Religionen. Die Religiosität des Menschen weist ihn in seiner Not an die Macht Gottes in der Welt, Gott ist der deus ex machina. Die Bibel weist den Menschen an die Ohnmacht und das Leiden Gottes; nur der leidende Gott kann helfen. Insofern kann man sagen, dass die beschriebene Entwicklung zur Mündigkeit der Welt, durch die mit einer falschen Gottesvorstellung aufgeräumt wird, den Blick frei macht für den Gott der Bibel, der durch seine Ohnmacht in der Welt Macht und Raum gewinnt.«[1]

1 Bonhoeffer, DBW 8,534 f. Bonhoeffer schrieb zwei Tage später: »Der Mensch wird aufgerufen, das Leiden Gottes an der gottlosen Welt mitzuleiden.« (DBW 8,535) Das gleiche Thema findet sich auch in seinem Gedicht »Christen und Heiden« (DBW 8,515 f., im Original in Verszeilen ohne Trennstriche): »1. Menschen gehen zu Gott in ihrer Not, / flehen um Hilfe, bitten um Glück und Brot / um Errettung aus Krankheit, Schuld und Tod. / So tun sie alle, Christen und Heiden. // 2. Menschen gehen zu Gott in Seiner Not, / finden ihn arm, geschmäht, ohne Obdach und Brot, / sehn ihn verschlungen von Sünde, Schwachheit und Tod. / Christen stehen bei Gott in Seinen Leiden. // 3. Gott geht zu allen Menschen in ihrer Not, / sättigt den Leib und die Seele mit Seinem Brot, / stirbt für Christen und Heiden den Kreuzestod, / und vergibt ihnen beiden.« Vgl. Tietz, Der leidende Gott; Weyl, Von der Verwundbarkeit, bes. 66–72.

Für Bonhoeffer ist seine Rede vom ohnmächtigen und schwachen Gott Konsequenz der Inkarnation Gottes in Jesus: »Er ist ganz Mensch.«[2] Zum Menschsein gehören Schwäche, Leiden, Tod. Bonhoeffer stellt deshalb das Apathie-Axiom in Frage, das seit der Alten Kirche feststand und besagt, dass Gott seiner göttlichen Natur nach nicht leiden kann. Bonhoeffer tut dies als Erster im deutschsprachigen Raum.[3] Seine Aussagen werden von vielen als Ausgangspunkt der Diskussion über die Allmacht und Ohnmacht Gottes gesehen, welche nach dem 2. Weltkrieg angesichts der Gräuel des Holocausts intensiv geführt wurde und bis heute nicht zum Abschluss gekommen ist.[4]

So versuchten Moltmann und von Balthasar, die Inkarnation Gottes in Jesus im Blick auf sein Leiden zu Ende zu denken. Die altkirchliche Lösung, dass Jesus nur nach seiner menschlichen, nicht aber nach seiner göttlichen Natur gelitten habe, nimmt für sie die biblischen Aussagen nicht ernst genug. Stellvertretend sei hier von Balthasar zitiert:

> »Alle Theologie, die … Christus am Kreuz nur in seinem ›unteren Seelenteil‹ leiden lässt, während seine Geisthöhe in himmlischer, seliger Schau verweilt, bricht dem Erlösungsdrama die Spitze ab; sie sieht nicht, dass der Sohn als ganzer die Situation der gottabgewendeten, sündigen Welt auf sich nimmt, ja durch seinen absoluten Gehorsam ›unterwandert‹ und damit entmächtigt.«[5]

2 DBW 12,340.

3 Tietz, Der leidende Gott, 107; Weyl, Von der Verwundbarkeit, 67. Zum englischen Sprachraum s. Tietz, Der leidende Gott, 115–118; Moltmann, Der gekreuzigte Gott, 36–73.

4 Vgl. Tietz, Der leidende Gott, 107 f. 111–115; Link-Wieczorek, Verzweiflung im Leiden; Tück, Passion Gottes. – Trotz seiner Betonung der »Ohnmacht« Gottes konnte Bonhoeffer weiterhin auch von Gottes Macht sprechen, so kurz nach dem misslungenen Attentat vom 20. Juli 1944 (in einem Brief am Eberhard Bethge vom 10. August 1944): »Im übrigen sitzt nach wie vor Gott im Regiment« (DBW 8,563). Zum Verhältnis von Selbsterniedrigung und Allmacht Gottes äußert sich Bonhoeffer in DBW 8,558: »Aus der Freiheit von sich selbst, aus dem ›Für-andere-dasein‹ bis zum Tod entspringt erst die Allmacht, Allwissenheit, Allgegenwart.« Gottes Allmacht wird also durch das Kreuz bestimmt: Sie ist die Hilfe, die Gott uns nur kraft seines Leidens geben kann (s. dazu Tietz, Der leidende Gott, 114 f. und bes. 119: »Bonhoeffer meint nicht, Gottes Ohnmacht *ersetze* seine Allmacht«). – Weil nach Bonhoeffer im Leiden Christi unser Heil liegt, versteht er das Kreuz nicht nur als Leiden *wie wir* oder *mit uns,* sondern v. a. Leiden *für uns,* durch das er das Leiden selbst »überwand« (DBW 8,34). Zur Heilsbedeutung des Kreuzes bei Bonhoeffer s. Tietz, Rechtfertigung und Heiligung, 88 f.; Weyl, Von der Verwundbarkeit, 73.

5 Von Balthasar, Ist der Gekreuzigte ›selig‹, 108.

Von Balthasar und Moltmann verstehen deshalb die Gottverlassenheit Jesu am Kreuz als »ein Geschehen in Gott selbst«, als »*stasis*« innerhalb der Dreieinigkeit: »Gott gegen Gott«.[6] Während Gott der Sohn am Kreuz vom Vater verlassen ist und stirbt, leidet der Vater um den Sohn, den er ausliefern und verlassen muss.[7] Auch nach dem Kreuz leidet Gott, der sich schon in der Schöpfung zugunsten von etwas anderem als ihm selbst zurückgenommen hat, weiterhin an der Rebellion seiner Geschöpfe, bis er im Eschaton alles neu geschaffen haben wird.[8] »Gott wird [!] der bis zum Tod und noch darüber hinaus *solidarische Gott*.«[9] Nach Moltmann ist deshalb nicht nur die Erlösung der Welt eine Notwendigkeit, sondern »auch der Prozess der Erlösung Gottes von den Leiden seiner Liebe«.[10]

Auf katholischer wie evangelischer Seite ist dieser Ansatz von der traditionellen Lehre der *impassibilitas* Gottes her kritisiert worden.[11] Andere haben ihn radikalisiert und so interpretiert, dass es am Kreuz nicht um ein Leiden *für* uns gehe, sondern (nur) um ein Leiden *mit* uns. Im Extremfall kann das Kreuz so zum bloßen Symbol für alles menschliche Leiden werden. Es hat dann keinerlei soteriologische Bedeutung und verliert jeglichen Bezug zu einem transzendenten Gott. Wenn z. B. Rebekka Klein die Ohnmacht des Gekreuzigten als Chiffre für ein »emanzipatives Potenzial der menschlichen Verletzlichkeit« ver-

6 So Moltmann, Der gekreuzigte Gott, 266.
7 S. dazu Tück, Passion Gottes, 18 f.
8 S. dazu Tück, Passion Gottes, 19.
9 Moltmann, Trinität und Reich Gottes, 134.
10 Moltmann, Trinität und Reich Gottes, 75. Sibylle Rolf bemerkt zu Moltmanns Entwurf mit Recht kritisch: »An der erhofften *Überwindung* des Leidens kann nur noch schwer festgehalten werden, wenn eine Tendenz zur Verabsolutierung des Leidens als eines Leidens *in Gott* besteht.« (Rolf, Crux sola, 228); ähnlich Friedrich Hermanni: »Entweder ist der leidende Gott wirklich ohnmächtig, oder er ist eine dem Leiden überlegene Macht« (Hermanni, Das Böse und die Theodizee, 250). Die fundamentale Frage, um die es hier geht, wird auf den Punkt gebracht von Welker, 2017 in reformierter Sicht 5: »In welcher Weise wirkt der auf diese Weise sich in Christus offenbarende leidende Gott in dieser Welt? In welcher Wese kann ein Gott, der sich in Leiden, Ohnmacht und Tod offenbart, die Welt retten und erheben? Kluge theologische und philosophische Ausdrücke, Formeln und Denkanweisungen wie ›sub contrario‹, ›paradoxal‹ oder ›spekulativer Karfreitag‹ (Hegel) helfen nicht weiter.« Vgl. ferner Tück, Passion Gottes, 25 (mit Verweis auf von Balthasar, Theodramatik IV,205 und Kasper, Revolution im Gottesverständnis).
11 So z. B. Karl Rahner und Jean-Baptiste Metz auf katholischer Seite (s. Tück, Passion Gottes, 25–30); auf evangelischer Seite z. B.: Hill, The New Orthodoxy; Smith, Only the Non-Suffering God; Brewis, So Passionate; Bray, Can God Suffer.

steht[12], drückt das Kreuz faktisch nur etwas aus, was auch abgesehen vom Kreuz gilt. Das Kreuz hat seine Einzigartigkeit eingebüßt, es ist verzichtbar geworden. Andere gehen nicht so weit, sondern halten die Identität des Gekreuzigten mit Gott fest; aber sie verstehen Gott im Gefolge von Hans Jonas als gegenüber der Welt »ohnmächtig«, weil er im Holocaust nicht eingegriffen hat: »... nicht weil er nicht *wollte*, sondern weil er nicht *konnte*, griff er nicht ein«.[13] Hier wird das Kreuz zum Symbol »eines gegenüber den Gräueln der Geschichte ohnmächtigen Gottes«.[14] Von einem Gericht Gottes gegenüber allem Bösen kann dann keine Rede mehr sein; Gott ist *nur* noch der Mit-Leidende.[15]

2. John D. Caputo: Die Ohnmacht Gottes radikaler denken als Paulus

Interessanterweise ist die paulinische Rede von der »Schwachheit Gottes« im Anschluss an 1. Kor 1,25 in jüngster Zeit den von Philosophen Gianni Vattimo, John D. Caputo und Slavoj Žižek auf-

12 So Klein, Die Schwachheit Gottes, 243. Dieses »Potential« dürfe nicht durch den Hinweis auf die Auferstehung Jesu im Sinne einer »Aufhebung der Ohnmacht in versöhnende Allmacht ... verspielt« werden (Klein/Rass, Einleitung, 22).

13 Hans Jonas, Der Gottesbegriff, 205. Nach Jonas versucht Gott zwar, in das Weltgeschehen einzugreifen, aber nur »mit dem eindringlich-stummen Werben seines unerfüllten Zieles«, und zwar indem er uns Menschen die Verantwortung gebe, auf der Welt etwas zu verändern (ebd.; s. dazu Kessler, Allmacht 3 f.). Hartmut von Sass unterscheidet »zwischen ›Gottes Schwachheit‹ und einem ›schwachen Gott‹; denn das eine ist eine Aussage, die noch zuließe, dass Gott unter für ihn günstigeren Umständen wieder erstarkt; das andere aber ist eine Aussage über Gott selbst ohne den tröstlichen oder gar erschreckenden Ausweg nur verdeckter, für eine Zeit suspendierter Souveränität ... Gott käme demnach nicht nur die Eigenschaft der Schwäche zu, sondern er selbst ›sei‹ schwach.« (Von Sass, Dreifaltige Uneinigkeit, 160 f.) Indem von Sass die Trinitätslehre als »theologische Näherbestimmung des menschlichen ... Vollzugs« und nicht als »Doktrin über eine personal zu denkende ... Instanz« versteht, interpretiert er das Kreuz als Symbol für rein menschliche Vorgänge.

14 So die Formulierung von Tück, Passion Gottes, 30 f., der dies mit Recht als eine »mythologische Vorstellung« bezeichnet.

15 Hierzu hat Karl Rahner kritisch bemerkt: »Um – einmal primitiv gesagt – aus meinem Dreck und Schlamassel und meiner Verzweiflung herauszukommen, nützt es mir doch nichts, wenn es Gott – um es einmal grob zu sagen – genauso dreckig geht« (Rahner, Im Gespräch 1, 246). Auch nach Rolf, Crux sola, 236 greift diese Sicht zu kurz: »Für die Beendigung des Leidens steht die Auferstehung ein und der Zustand des eschatologischen Heils, der mit dem Leben des Auferstandenen angebrochen ist. Darum darf das Kreuz von der Auferstehung nicht abstrahiert werden, und darum trägt die Hoffnung, dass Gott die Leiden dieser Zeit beenden wird.«

genommen und im Sinne einer postmodernen Metaphysik-Kritik reflektiert worden.[16] Je auf eigene Weise interpretieren die drei den Kreuzestod Jesu »als eine Absage an das sogenannte onto-theologische Gottesbild und als das Ende aller als ›metaphysisch‹ einzustufenden Versuche einer Letztbegründung oder ontologischen Fundierung der Wirklichkeit«, als »›Entleerung‹, ›Entäußerung‹, ›Negativierung‹ und ›Dekonstruktion‹ absoluter Macht«, von der her »die dualistische Entgegensetzung von Allmacht und Ohnmacht unterlaufen werden kann«.[17]

Vattimo sieht in der Identifikation Gottes mit dem Gekreuzigten »eine subversive Macht der Umwendung des Bestehenden, die das bewährte Ineinandergreifen von Allmacht und Ohnmacht grundlegend zu verunsichern vermag«.[18]

Für Žižek ist der gekreuzigte Gott nicht nur Symbol für »›andere‹ Möglichkeiten der Interpretation und Deutung der Wirklichkeit, sondern [für] deren abgründiges Scheitern«; es gehe um die »›Geburt‹ einer ganz anderen Ordnung der Wirklichkeit«.[19]

Für John D. Caputo ist Paulus in seiner Interpretation des Kreuzes nicht konsequent und radikal genug: Nach Paulus entledige sich Gott der Sohn am Kreuz nur temporär aller Macht, weil sie wieder triumphiere in Jesu Auferstehung und erst recht im Endgericht, wenn er alle seine Feinde unterwerfen werde.

Caputo hat richtig beobachtet, dass Paulus von der Ohnmacht *und* Macht Gottes bzw. Christi spricht. Das ist in der Diskussion um Gottes Ohnmacht viel zu wenig beachtet worden.[20] Schon an der einzigen Stelle, an der Paulus die Ohnmacht Gottes erwähnt (τὸ ἀσθενὲς τοῦ θεοῦ 1. Kor 1,25 – wörtlich: »das Schwache/Ohnmächtige Gottes«), formuliert er scheinbar paradox: »Das *Ohnmächtige* Gottes ist *mächtiger* als die Menschen«. Im unmittelbaren Kontext finden sich weitere Hinweise auf die Macht/Kraft/Stärke Gottes bzw. Christi: Christus ist für die Glaubenden »Gottes Kraft« (θεοῦ δύναμις 1,24),

16 Vattimo, Jenseits des Christentums; Caputo, The Weakness of God; Žižek/Milbank, The Monstrosity of Christ; s. dazu Klein/Rass, Einleitung (weitere Titel der genannten Philosophen ebd., 7, Anm. 1).

17 Klein/Rass, Einleitung, 7.

18 So zusammenfassend Klein, Die Schwachheit Gottes, 228.

19 So die Zusammenfassung von Klein, Die Schwachheit Gottes, 229.

20 Einen Kontrapunkt setzt allerdings die Monographie von Gräbe, The Power of God.

und auch das »Wort vom Kreuz« ist für sie rettende »Kraft Gottes« (δύναμις θεοῦ 1,18); es wird begleitet von Machttaten des Geistes (ἀπόδειξις πνεύματος καὶ δυνάμεως 2,4), so dass der Glaube, der es aufnimmt, nicht auf menschlicher Überzeugungskraft gründet, sondern auf »Gottes Kraft« (δύναμις θεοῦ 2,5).

Im übrigen 1. Korintherbrief wie im gesamten *Corpus Paulinum* finden sich viele weitere Aussagen, welche trotz Paulus' Betonung der Ohnmacht des Gekreuzigten von der Kraft, Macht und Stärke Gottes und des Auferstandenen sprechen.[21]

Im Folgenden werden wir uns nicht mit Caputos Hermeneutik auseinandersetzen, aber bei seiner Beobachtung ansetzen, dass Paulus tatsächlich von der Ohnmacht *und* Macht Gottes (bzw. des Christus) spricht. Was meint Paulus, wenn er im Zusammenhang mit dem Kreuz von Ohnmacht spricht? Wie verhalten sich Ohnmacht und Macht Gottes zueinander? Zunächst werden wir die beiden Schlüsselstellen zur Ohnmacht des Gekreuzigten 1. Kor 1,25 und 2. Kor 13,4 in ihrem Kontext analysieren (3.+4.), dann uns dem »Wort vom Kreuz« als »Kraft Gottes« (1. Kor 1,18) zuwenden (5.), nach dem Verhältnis von Schwäche und Kraft des Paulus nach 2. Kor 12,10 fragen (6.) und schließlich einen kurzen Blick auf Aussagen des Paulus über die in den Glaubenden wirksame Kraft Gottes werfen (7.). Ein Fazit im Blick auf die Rede von der »Ohnmacht Gottes« wird die Untersuchung abschließen (8.).

3. »Das Schwache Gottes ist stärker, als die Menschen sind« (1. Kor 1,25)

Paulus spricht von der Ohnmacht Gottes im Kontext seiner Weisheitsrede 1. Kor 1,18–2,16. »Weisheit« ist hier Thema in einer doppelten Gegenüberstellung: Weisheit *versus* Torheit und Weisheit Gottes *versus* Weisheit der Welt. Anlass des Abschnitts ist nach weithin übereinstimmender Rekonstruktion der neueren Exegese die Situation, dass sich die korinthischen Christen von mehreren Ver-

21 Röm 1,20; 9,17.22; 14,4.9; 2. Kor 9,8; Eph 1,9.19; 3,7; 6,10; Phil 3,21; Kol 1,11; 2. Thess 1,7.9; 1. Tim 6,15 f.; 2. Tim 1,12. Hinzu kommen alle Stellen, welche von Gott oder Christus als dem »Herrn« (κύριος, δεσπότης) oder »König« (βασιλεύς) und von seiner »Herrschaft« (βασιλεία) sprechen. Im Folgenden werden die Wurzeln σθενός, κῦρος, κράτος, βασιλεύς, ἰσχύς, ἐνεργής, δυνατός berücksichtigt.

kündigern blenden ließen (vgl. 4,15 hyperbolisch: »zehntausend Pädagogen«[22]), welche sowohl als glänzende Rhetoren wie als philosophische Lehrer auftraten.[23] Während die korinthischen Christen diese Lehrer nach den Maßstäben hellenistischer Philosophie und Rhetorik[24] äußerst positiv beurteilten, grenzt sich Paulus scharf von solchen Maßstäben ab:

1,17: »… nicht mit Weisheit des Wortes«
1,20: »Gott hat die Weisheit der Welt zur Torheit gemacht«
1,22: »… die Griechen suchen Weisheit«
1,27–29: »… das Törichte (in den Augen) der Welt hat Gott erwählt, um die Weisen zu beschämen, … damit sich kein Fleisch rühme vor Gott«
2,1: »Ich kam nicht zu euch mit überragender Rede oder Weisheit«
2,4 f.: »… meine Verkündigung geschah nicht mit überzeugenden Worten der Weisheit, … damit euer Glaube nicht auf der Weisheit von Menschen beruhe«
2,6: »… wir verkündigen eine Weisheit, die nicht von dieser Welt stammt noch von den Herrschern dieser Welt, die vergehen«
2,12 f.: »Wir haben nicht den Geist der Welt empfangen … und sprechen nicht mit Worten, die von menschlicher Weisheit gelehrt werden«
3,18 f.: »Niemand soll sich täuschen: Wenn jemand meint, in dieser Weltzeit weise zu sein, soll er töricht werden, damit er weise werde; denn die Weisheit dieser Welt ist Torheit bei Gott«
3,21: »… es soll sich niemand wegen Menschen rühmen«

22 Siehe Hall, Unity, 10–12.25–29.
23 ἐν σοφίᾳ λόγου (1,17) bezieht sich sowohl auf »Weisheit« im inhaltlichen Sinne (als Philosophie) als auch auf die rhetorische Darbietung (vgl. differenzierter 2,1: ὑπεροχῇ λόγου ἤ σοφίας). Die Korinther haben Paulus vorgeworfen, seine Rhetorik und sein Auftreten seien armselig im Vergleich zu ihren Lieblingsverkündigern (2,3; 4,10; deutlicher: 2. Kor 10,10; 11,6). Vgl. Hall, The Unity 14 f.; Vollenweider, Weisheit am Kreuzweg 3–5; Schrage, Der erste Brief an die Korinther 1, 158 f.
24 Vgl. Vollenweider, Weisheit am Kreuzweg, 3–5; Winter, Philo and Paul, 145–202; ders., After Paul Left Corinth, 31–43.

Die nach weltlichen Maßstäben in Inhalt und Form glänzenden Verkündiger haben offenbar einige Gemeindeglieder getauft, welche ihnen nun besonders verbunden sind und sich ihrer »rühmen«, d.h. auf die besondere Verbindung mit ihnen stolz sind, und »sich aufblasen«, d.h. daraus einen besonderen Status innerhalb der Gemeinde ableiten und andere Christen verachten (1,10–17a; 3,1–4; 4,1–5.6–8.10.18 f.).[25] Dadurch ist die Gemeinde in mehrere Gruppen gespalten, welche untereinander Konflikte austragen (1,10–13; 3,3 f.).

Paulus führt diese Gruppenbildung *ad absurdum*, indem er den Korinthern in den Mund legt: »Ich bin des Paulus, ich des Apollos, ich des Kephas, ich des Christus« (1,12).[26] »Des Christus« sind sie ja alle, und »Paulus, Apollos und Kephas« gehören ihnen gleichermaßen, wie Paulus in 3,21–23 ausdrücklich betont. Wie David Hall gezeigt hat, entschlüsselt Paulus in 4,6 seine bisherige Argumentation: »Dies habe ich *auf mich und Apollos übertragen* wegen euch, damit ihr an uns lernt …«[27] An die Stelle der korinthischen Weisheitslehrer, um die es in Wirklichkeit geht, deren Namen Paulus aber nirgends nennt, setzt er seinen und des Apollos Namen. Dies tut er, um die Absurdität der korinthischen Gruppenbildung herauszustellen, denn Apollos und er haben bisher in Einigkeit gewirkt, wie 3,5; 16,12 zeigen; dasselbe gilt für Paulus und Kephas, s. 1. Kor 15,5.11[28].

Vom Kontext des gesamten ersten Korintherbriefs können wir folgern, dass die Weisheitslehrer in Korinth die Herrlichkeits-Seite des Christseins, den gegenwärtigen Besitz jenseitiger Kräfte, das

25 Schrage bezeichnet diese Haltung treffend als »Präferenz der Korinther für die Weisheit ihrer jeweiligen Respektspersonen« (Der erste Brief an die Korinther 1, 139), Vollenweider spricht von der »Ausrichtung mancher korinthischer Christen an prestigeträchtigen Leitfiguren« (Toren als Weise, 3).

26 Teilweise wiederholt in 3,4: »Ich bin des Paulus, ich des Apollos«.

27 Siehe Hall, Unity, 4–8.19–25. Hall zeigt, dass μετασχηματίζω »die Form oder Gestalt von etwas verändern in etwas anderes« bedeutet; εἰς c. acc. gibt dabei das Endprodukt der Veränderung an. In 1. Kor 4,6 sagt Paulus also, dass er sein Argument »verwandelt« habe: Er legt *in übertragener Weise* in Bezug auf sich selber und Apollos dar, was *in Wirklichkeit* andere betrifft. Damit hat Hall die oft vertretene Meinung widerlegt, dass es in Korinth tatsächlich eine Apollos- und eine Kephasgruppe (so z.B. Schrage, Der erste Brief an die Korinther 1, 139) und vielleicht sogar eine Paulugruppe gegeben habe (so z.B. Kammler, Kreuz und Weisheit, 7–11).

28 Auf die Einigkeit des Paulus mit Apollos und Kephas verweist auch Kammler, Kreuz und Weisheit 8.

»Jetzt-schon« überbetont (oder allein betont) haben. Nach 4,8 sind die Korinther in ihren eigenen Augen schon »satt« und »reich«, und sie »herrschen als Könige« – d. h. für sie ist die künftige Königsherrschaft Gottes schon in den geistlichen Kräften, welche sie gegenwärtig erfahren, vollständig realisiert.[29] Deshalb blenden sie das Leiden als notwendigen Bestandteil des christlichen Lebens diesseits der Parusie aus – mehr noch, sie verachten Paulus dafür, dass er leidet. Für sie sind Verhaltensweisen, welche den Leib und das zwischenmenschliche Zusammenleben betreffen, ethisch irrelevant[30], und sie glauben, dass sie jetzt schon »auferstanden« sind, so dass keine leibliche Auferstehung der Toten mehr folgen muss[31].

Nach Paulus ist aber die Einheit der Gemeinde und die Gleichwertigkeit ihrer Glieder eine schon vorgegebene Realität, und zwar durch den einen Christus, seinen Kreuzestod und die Taufe auf seinen Namen: »Ist der Messias geteilt? Ist etwa Paulus für euch gekreuzigt worden, oder seid ihr auf den Namen des Paulus getauft worden?« (1,13). Dieser Realität sollen die Korinther auch in Haltung und Verhalten entsprechen (1,10; 4,6; vgl. 4,14–21).

Damit wir 1. Kor 1,25 in die paulinische Argumentation von 1. Kor 1,18–2,16 einordnen können, wird diese im Folgenden unter Berücksichtigung des weiteren Kontexts (1,10–4,20) in einem Schaubild dargestellt. Darauf folgt ein weiteres Schaubild, das einen Überblick über die Aussagen des Paulus zur *Art und Weise* der Verkündigung des »Wortes vom Kreuz« bietet.

29 So z. B. auch Schrage, Der erste Brief an die Korinther 1, 338–340. Demgegenüber ist Halls Argumentation gegen ein präsentisch-eschatologisches Verständnis von 1. Kor 4,8 schwach begründet (Hall, Unity, 79–85).

30 Dies zeigt sich an den von Paulus diskutierten Problemen: Kap. 5–6: Unzucht und Gerichtsverfahren; Kap. 7: Ehe und Ehelosigkeit; Kap. 8–10: Götzenopferfleisch und heidnische Kulte; Kap. 11: Schicklichkeit und soziales Miteinander im Gottesdienst; Kap. 12–14: Überschätzung der Zungenrede im Gottesdienst als Ausweis himmlischer Gegenwart.

31 Dies ist der wahrscheinlichste Hintergrund von Kap. 15, s. Schrage, Der erste Brief an die Korinther 4, 111–119.

Schaubild 1: Wort vom Kreuz und Weisheit dieser Welt nach 1. Kor 1,18–2,16 (1,10–4,21)

Verkündigung

- das Evangelium verkündigen 1,17b
- Wort 1,18
- Verkündigung 1,21
- verkündigen 1,23
- ankündigen 2,1

Inhalt

(von Paulus vorausgesetzt, nicht diskutabel)

- (Jesus der Messias) wurde für euch gekreuzigt 1,13
- das Kreuz des Messias 1,17b
- das Kreuz 1,18
- Gott 1,21
- der gekreuzigte Messias 1,23
- das Geheimnis Gottes 2,1
- Jesus der Messias, und zwar als gekreuzigt 2,2
- die Weisheit Gottes, die im Geheimnis verborgen war, die Gott vorherbestimmt hat vor allen Weltzeiten zu unserer Herrlichkeit … uns aber hat Gott es offenbart durch den Geist 2,7–10
- das uns von Gott Geschenkte 2,12
- Geistliches 2,13
- das einzige Fundament: Jesus der Messias 3,11

		Adressaten	
	diese Welt/diejenigen, die verloren gehen		die Glaubenden/die gerettet werden/die Berufenen/wir *Griechen und Juden*
Griechen/Heiden suchen nach Weisheit → Weisheit des Wortes		*Juden* fordern Zeichen → Macht(erweise)	
gelehrte Diskussions-redner	die Weisen dieser Welt	Schriftgelehrte	
		Urteil	
Torheit/Unsinn		Ärgernis, schwach	Der Messias ist »für uns« gekreuzigt, er ist Gottes Kraft und Weisheit
		Maßstab	
Weisheit (in den Augen der Menschen) 1,25	Weisheit der Welt	Macht (in den Augen der Menschen) 1,25	Weisheit Gottes das vom Geist Gelehrte und Bestätigte 2,4.13
		Wirkung	
	verloren gehen		erwählt werden/berufen werden/glauben/gerettet werden/gerecht gemacht, geheiligt und erlöst werden 1,18.21.24.26–28.30
	das Weise/Starke/Vornehme der Welt (»was etwas ist«) wird beschämt =die Weisheit der Welt wird zunichte gemacht 1,29.31; 3,21; 4,7		Niemand kann sich seiner selbst oder anderer Menschen rühmen

Schaubild 2: Die Art und Weise, wie Paulus nach 1. Kor 1–4 das »Wort vom Kreuz« verkündigt, »damit das Kreuz nicht um seine Wirkung gebracht wird« (1,17b)

1. Grundlegende, Glauben weckende Verkündigung

Ziel: 2,5 Glaube		
2,5 *Und zwar begründet:*	nicht in der Weisheit der Menschen	sondern in der Kraft Gottes
4,20 *Denn das Reich Gottes besteht*	nicht durch Worte[32]	sondern durch Kraft
Empfänger: ihr (damals)		
Inhalt der Verkündigung: 2,1 f.; 3,2.10 f.		das Geheimnis Gottes, nämlich nichts als Jesus, der Messias, und zwar als Gekreuzigter = Milch (γάλα) = das Fundament
Art der Verkündigung: 2,1–4	nicht durch die Exzellenz der Worte[33] oder der Weisheit, nicht mit überredenden Worten der Weisheit	sondern durch den Erweis des Geistes und der Kraft, mitten in menschlicher Schwachheit, Furcht und Zittern

2. Lehre für die Vollkommenen/Erwachsenen

Ziel: Dass die Christen gefestigt werden, zunehmen im Werk des Herrn, erwachsen werden in der Erkenntnis und untadelig sind am Tag des Herrn 1,8; 14,20; 15,58		
Empfänger: 2,6.12–16	nicht die den Geist der Welt empfangen haben = der seelische Mensch – er kann die Dinge des Geistes Gottes nicht empfangen, denn sie sind für ihn Unsinn, und er kann sie nicht verstehen	sondern die Erwachsenen/Vollkommenen (οἱ τέλειοι)[34] = wir = die den Geist aus Gott empfangen haben/ den Verstand des Messias haben = der geistliche Mensch, er beurteilt alles, wird selber aber von niemand beurteilt
Inhalt der Lehre: 2,6–10.13; 3,1 f.10 f.	nicht die Weisheit dieser Weltzeit noch der Herrscher dieser Weltzeit, die vergehen	sondern Gottes Weisheit, die im Geheimnis verborgen war, die Gott vor den Weltzeiten vorherbestimmt hat zu unserer Herrlichkeit und uns durch den Geist offenbart hat = geistliche Dinge = feste Speise (βρῶμα) = was auf dem Fundament aufgebaut wird
Art der Lehre: 2,13	nicht mit Worten, die von menschlicher Weisheit gelehrt sind	sondern mit Worten, die vom Geist gelehrt sind

32 Im Griechischen: Singular.
33 Im Griechischen: Singular.
34 In 3,1–3 und 14,20 meint οἱ τέλειοι nicht »die Vollkommenen«, sondern die »Erwachsenen« (vgl. auch Eph 4,13; Kol 1,28; Hebr 5,12–6,3). Schrage weist darauf

Die Aussage: »Das Schwache Gottes ist stärker, als die Menschen sind«, in 1,25b steht parallel zu 1,25a: »Das Törichte Gottes ist weiser, als die Menschen sind«. Beides erläutert (da mit ὅτι angeschlossen) V. 23–24: »Wir verkünden den gekreuzigten Messias (oder: den Messias als den Gekreuzigten), den Juden ein Ärgernis, den Heiden eine Torheit, den Berufenen aber, Juden und Griechen, den Messias (als) die Kraft Gottes und die Weisheit Gottes.« Der gekreuzigte Messias ist die Weisheit und Kraft Gottes in Person; für die Weisheit der Welt hingegen ist das Wort vom Kreuz Torheit und Ärgernis.

Wiewohl Paulus in 1. Kor 1,18–2,16 v. a. die Maßstäbe hellenistischer Rhetorik und Philosophie im Blick hat (s. o.), zeigt sich nach 1,20 der »Weise dieser Welt« nicht nur im griechischen »gelehrten Diskussionsredner« (συζητητής), sondern auch im jüdischen »Schriftgelehrten« (γραμματεύς). Beide sind Ausprägungen der Weisheit dieser Welt, weil beide das Kreuz des Messias ablehnen.

Für die Griechen, die in V. 24 *pars pro toto* für die Heidenvölker stehen (parallel zu ἔθνη in V. 23), ist das Kreuz des Messias »Unsinn«, weil sie »Weisheit suchen«, also auf philosophische Gotteserkenntnis aus sind; ein gekreuzigter Gottessohn verträgt sich nicht mit einem philosophischen Gottesbegriff.[35]

Die Juden lehnen das Kreuz ab, weil es die Schwäche Jesu offenbart und nicht mit ihrem Messiasbild zu vereinbaren ist. Sie »fordern Zeichen« (1,22), d. h. einen Machterweis vom Messias, der ihn als solchen eindeutig ausweist. Das Kreuz stellt aber das genaue Gegenteil eines solchen Machterweises dar, nämlich die Offenbarung der Schwäche Jesu, der sich dem schändlichen Tod nicht entziehen kann.

hin, dass in 2,6 mit οἱ τέλειοι, anders als in 3,1–3, nicht eine Teilmenge der Gemeinde, sondern alle Christen gemeint sind, da ihnen in 2,12–16 die »seelischen Menschen« gegenüberstehen, die den Geist Gottes nicht haben, während in 3,1–3 die »Erwachsenen« den »Unmündigen« entgegengesetzt sind, also eine Teilmenge der Christen bezeichnen; »V. 6 markiert gegenüber 3,1 sozusagen den Indikativ, der alle einschließt, allerdings nach einem entsprechenden Verhalten ruft« (Schrage, Der erste Brief an die Korinther 1, [249–]250). Paulus propagiert in 2,6–16 also nicht eine *andere* Weisheit als das Wort vom Kreuz: »Man könnte dahingehend formulieren, dass das Kreuz des Christus am Grund der ›Tiefen Gottes‹ aufgerichtet ist, trägt doch der alles ergründende Geist im Verständnis des Paulus die Züge des gekreuzigten Christus« (Vollenweider, Weisheit am Kreuzweg, [8–11] 10).

35 S. die schöne Zusammenstellung von Beispielen griechischer Kreuzeskritik bei Kammler, Torheit des Kreuzes, 295 f.

Dadurch zeigt sich Jesus als ein nach Dtn 21,23 zu Recht von Gott Verfluchter (vgl. Gal 3,13; 2. Kor 5,16). Aus diesem Grund ist das Kreuz für die Juden »skandalös« (1,22f.).[36]

Weil der Grund dafür, dass das Kreuz für Juden anstößig ist, in der offensichtlichen Schwäche des Gekreuzigten liegt, kommt Paulus in 1. Kor 1,24f. auf den Gegensatz »Macht-Kraft-Stärke« *versus* »Ohnmacht-Schwäche« zu sprechen, obwohl das übergeordnete Thema von 1,18–2,16 »Weisheit und Torheit« bzw. »Weisheit Gottes und Weisheit der Welt« ist (s.o.). In 1,25 stehen auf der einen Seite »töricht« und »schwach« parallel, auf der anderen Seite »weise« und »stark«. Nach 1,24 ist der gekreuzigte Messias, der in den Augen der Welt (d.h. für ungläubige Griechen und Juden) unsinnig und schwach aussieht, *in Wirklichkeit* – »für die berufenen Griechen und Juden« – »Gottes Kraft und Gottes Weisheit« und somit »weiser … und stärker als die Menschen« (1,25).

Für das Verständnis der paulinischen Rede von der Schwäche und Ohnmacht Gottes (bzw. seines Sohnes) ist an unserer Stelle der Gegensatz von Welt und Gott entscheidend: Schwach, ohnmächtig ist Gott nicht im Sinne eines *Wesensmerkmals*. Vielmehr ist das Kreuz für Paulus der Ort, an dem sich die *Kraft* Gottes zur Rettung der Glaubenden erwiesen hat.[37] »Schwach« ist der Gottessohn am Kreuz nicht in Gottes Augen, d.h. in der Wirklichkeit, die vor Gott und im Blick auf sein Reich gilt, sondern im »Zusammenprall« zweier Wirklichkeiten: Auf der einen Seite steht die Wirklichkeit Gottes, sein Reich, das schon jetzt angebrochen ist und dereinst vollendet werden wird. Auf der anderen Seite steht die Wirklichkeit einer Welt, welche vom Bösen durchdrungen und als solche vergehende Welt ist[38] – »diese Welt(zeit)« (ὁ αἰὼν οὗτος/ὁ ἐνεστώς = הָעוֹלָם הַזֶּה)[39] im Gegensatz zur »kommenden Welt(zeit)« (ὁ αἰὼν ὁ ἐρχόμενος/ὁ

36 S. dazu Vollenweider, Weisheit am Kreuzweg, 5 (mit Lit.) und die Zusammenstellung jüdischer Kreuzeskritik bei Kammler, Torheit des Kreuzes, 294f.
37 Ähnlich Vollenweider, Weisheit am Kreuzweg, 6: »Die Figur des eschatologischen Komparativs gibt m.E. einen deutlichen Hinweis darauf, dass für Paulus das Kreuzeswort nicht einfach auf das paradoxe Anderssein Gottes abhebt, sondern weite vom Glauben ermöglichte Erfahrungsdimensionen erschließen will.«
38 Sie ist »diese böse Weltzeit« (Gal 1,4), der »Gott dieser Weltzeit« ist Satan (2. Kor 4,4); zur Vergänglichkeit s. Röm 8,20f.; 1. Kor 7,31.
39 1. Kor 1,20; 2,6.8; 3,18; 2. Kor 4,4; Gal 1,4 etc.

μέλλων = הָעוֹלָם הַבָּא)[40]. Die kommende Welt wird ganz von der Wirklichkeit Gottes beherrscht sein, befreit von allem Bösen und aller Vergänglichkeit. Die Christen gehören jetzt schon zur kommenden Welt, obwohl sie zugleich mit ihrem »äußeren Menschen«, d.h. ihrer Leiblichkeit, noch Anteil an dieser vergehenden Welt haben (vgl. 2. Kor 4,7–18).

Das Kreuz ist nicht in Wirklichkeit eine Torheit, sondern nur in den verblendeten Augen »dieser Welt«, welche die Dinge Gottes nicht verstehen kann bzw. will (2,6.8). Genauso ist der Sohn Gottes am Kreuz nicht in Gottes Augen schwach, sondern nur im Blick auf sein Schicksal in *dieser Welt*.[41] In Wirklichkeit überwindet, besiegt Gott am Kreuz die Weisheit und Macht dieser Welt. Der gekreuzigte Gottessohn ist weiser und mächtiger als jene Menschen, die ihn falsch beurteilt und deshalb gekreuzigt haben und ihn immer noch ablehnen. Er ist mächtiger auch als die Macht der Sünde, indem er den Glaubenden »zur Gerechtigkeit, Heiligung und Erlösung« geworden ist (1,31) und sie so von der drohenden Verurteilung im Endgericht »rettet« (1,18.21). Dies konnte er aber nur dadurch bewirken, dass er selbst das Opfer der »Herrscher dieser Weltzeit« wurde (2,6.8). Er hat die Macht und Weisheit dieser Welt besiegt, indem er ihr absolutes Gegenteil zur Vollendung gebracht hat: die Liebe[42], die auf jedes positive Urteil der Welt verzichtet, auf jeden Status, jedes Ansehen; die Liebe, die den Menschen dient bis zur Hingabe des Lebens für die Feinde Gottes (Röm 5,6–11). Diese Liebe ist so stark, dass keine noch so mächtigen Mächte der Welt die Glaubenden davon trennen können (Röm 8,35–39).[43] Durch diese Liebe können die Glaubenden trotz aller Widrigkeiten und Leiden

40 Eph 1,21; Mt 12,32; Mk 10,30 etc.

41 Gegen Schrage, für den »Gottes Handeln am Kreuz nach Paulus *tatsächlich* als töricht und schwach zu gelten« hat und nicht nur »im Koordinatensystem ›dieser Welt‹« (Der erste Brief an die Korinther 1,189). Schrage begründet dieses Verständnis von 1. Kor 1,25 mit 2. Kor 13,3–4; dort ist der Akzent aber ein anderer, s. u. Abschn. 4.

42 Von der Liebe Gottes bzw. des Messias spricht Paulus in den Korintherbriefen in 2. Kor 5,14; 13.11.13.

43 Dies gilt, obwohl Paulus sehr wohl von der »Macht« des Bösen sprechen kann (Macht Satans: 2. Thess 2,7–11; vgl. Röm 8,38; Eph 1,21; 2,2; 6,10–17; Herrschaft und Macht der Sünde: Röm 5,21; 7,5; 1. Kor 15,56; vgl. Röm 6,12; 2. Thess 2,7; Herrschaft des Todes: Röm 5,14.17). Auch die verschiedenen griechischen Begriffe, welche Paulus für Engel-»Mächte« verwendet (Röm 8,38 f.; 1. Kor 15,24;

»mehr als siegreich sein« (Röm 8,37; vgl. 2. Kor 1,2–14), d.h. das Böse durch fortwährendes Gutes-Tun besiegen (Röm 12,21) und am Glauben nicht verzagen, sondern dem Messias treu bleiben bis zu seiner Parusie (1. Kor 1,8).

Paulus führt in 1. Kor 1,26–28 als Bestätigung für die Richtigkeit seiner Aussagen in V. 23–25 die Zusammensetzung der Gemeinde in Korinth an.[44] Die Christen in Korinth sind *in Wirklichkeit,* nämlich in Gottes Augen und im Blick auf die kommende Welt, die »Gemeinde Gottes«, die Geheiligten und Berufenen, reich begabt mit Gottes Gnade und Gaben des göttlichen Geistes, bestimmt zur ewigen Gemeinschaft mit dem erhöhten Herrn. Unter ihnen finden sich wenige, die *in den Augen der Welt* weise, mächtig und vornehm sind; vielmehr hat Gott die erwählt, welche *vor den Augen der Welt* ungebildet, schwach, niedriger Herkunft und verachtet, kurz: »nichts sind« (V. 26–28).[45]

So, wie durch den Kreuzestod Jesu die Weisheit der Welt zuschanden gemacht wurde, so wird das, was in der Welt als weise, stark und vornehm gilt – was »etwas ist« –, durch die Zusammensetzung der Gemeinde zuschanden gemacht. Indem Gott *diese* Menschen erwählt hat, stellt er alle weltlichen Maßstäbe als unsinnig und bedeutungslos hin. *Diese* Menschen sind es ja gerade, welchen »alles« gehört: »Welt, Leben, Tod, Gegenwärtiges, Zukünftiges: Alles ist euer, ihr aber seid des Messias, der Messias aber ist Gottes« (3,22b–23). Ihre Bedeutung und Macht geht also weit über das hinaus, was die Weisen, Mächtigen und Vornehmen dieser Welt für sich beanspruchen können. Alle ihre Vorzüge haben die Glaubenden aber nicht sich selbst oder anderen Menschen zuzuschreiben, sondern schlicht von Gott »empfangen« (1,4; 3,21a; 4,7). Es sind Geschenke von Gottes Liebe (s.o.).

Eph 1,21; 3,10; 6,10–12; Kol 1,16; 2,10.15), bezeichnen bei ihm zumindest teilweise dämonische Wesen im Gefolge des Satans, s. Stettler, Kolosserhymnus, 170–181.196–198.

44 Nach Vollenweider, Weisheit am Kreuzweg, 7 spricht Paulus in 1,26–31 und 2,1–5 »*Glaubenserfahrung*« zur »Verifizierung des Wortes vom Kreuz« an.

45 »Demütig/niedrig sein« kann in der griechischen Philosophie zur Zeit des Neuen Testaments gleichbedeutend sein mit »von niedriger Gesinnung sein« und »unedel/ohne edle Abstammung sein« (s. Thiessen, Demut). Niedrige Geburt und mangelnde Bildung gehören zusammen, denn »in der weitgehend analphabetischen reichsrömischen Gesellschaft [war] das für Weisheit und Philosophie vorauszusetzende erhebliche Bildungsniveau im Normalfall nur für Eliten erschwinglich« (Vollenweider, Toren als Weise, 6).

4. »Gekreuzigt aus Schwachheit« (2. Kor 13,4)

Ähnlich wie in 1. Kor 1,25 kontrastiert Paulus in 2. Kor 13,3 f. in Bezug auf das Kreuz »Schwachheit« und »Kraft«. In V. 3 nimmt er Bezug auf den Vorwurf der Korinther, er sei in seinem rhetorischen Auftreten »schwach« (ebenso 2. Kor 10,10; 11,6; vgl. 11,21; 1. Kor 2,3; Gal 4,13). Ihre rhetorischen Maßstäbe teilt er nicht (s. o. zum Hintergrund des 1. Korintherbriefs). Wohl aber wird er ihnen bei seinem nächsten Besuch beweisen, dass »der in mir redende Messias« mächtig ist, allerdings nicht so, wie sie sich diese Macht vorstellen[46], sondern so, dass er sie »nicht schonen« wird wegen ihrer Verfehlungen, auf die er in 12,20 f. noch einmal zusammenfassend verwiesen hat. Er wird also seine »Vollmacht« ausüben, »die der Herr mir gegeben hat zum Aufbau und nicht zur Zerstörung« (13,2.10; vgl. 10,3–5.8).

Im Kontext dieser Ankündigung kommt Paulus nun auf Schwachheit und Kraft in Bezug auf das Kreuz zu sprechen: »[Der Messias] wurde aus Schwachheit gekreuzigt, aber er lebt aus der Kraft Gottes« (13,4a). Die Existenz des Paulus[47] ist dazu parallel: Er ist jetzt »schwach mit[48] ihm (= Christus)«, wird aber »mit ihm aus der Kraft Gottes leben« (13,4b).[49]

46 So auch Wolff, Der zweite Brief des Paulus an die Korinther, 262.

47 Paulus formuliert im Plural (»wir«), wohl in erster Linie bezogen auf sich und seine apostolischen Mitarbeiter (wie in 2. Kor 2,14–6,13; vgl. bes. 4,7–12; 6,4 f.9 f.; und in 1. Kor 4,9–13). Freilich ist das in 2. Kor 13,4b Gesagte auch für alle anderen Christen gültig (vgl. 1. Kor 15,43b: »Es wird gesät in Schwachheit [= Leben in dieser Welt], es wird auferweckt in Kraft«). Im weiteren Kontext der Ankündigung seines Besuchs bezieht sich »wir« ausschließlich auf Paulus (Thrall, The Second Epistle to the Corinthians 2, 885).

48 σύν ist die Lesart des alexandrinischen Texttyps (hier eindeutig repräsentiert durch ℵ und A) und somit die älteste erreichbare Lesart; ἐν (die Textlesart von NA[28]) ist eine sekundäre Lesart, da sie vom westlichen (hier repräsentiert von D und ar) und vom byzantinischen Text geboten wird.

49 Paulus sagt hier lediglich, dass die künftige Auferweckung durch dieselbe Kraft Gottes geschehen wird, die jetzt schon »für euch« wirksam ist, indem sie durch Paulus die Gemeinde zurechtbringen wird. Das futurisch formulierte »wir werden leben« meint also nicht, dass beim geplanten Besuch das Auferstehungsleben Christi im schwachen Paulus (vgl. 4,10 f.) und in der versammelten Gemeinde (vgl. 13,3; 1. Kor 5,4) wirksam sein werde (gegen Thrall, The Second Epistle to the Corinthians 2, 887; Wolff, Der zweite Brief des Paulus an die Korinther, 263). Vielmehr steht 2. Kor 13,4 parallel zu der Aussage, dass die Christen in der vollendeten Königsherrschaft Gottes ebenfalls herrschen werden (Röm 5,17; vgl. 1. Kor 4,8).

Hier betont Paulus, anders als in 1. Kor 1,25, nicht die *vermeintliche* Schwäche des Kreuzestodes, der in Wirklichkeit die rettende Kraft Gottes ist, sondern er spricht von der Kraft Gottes im Zusammenhang mit der Auferstehung Jesu: Während der Kreuzestod Jesu im Kontext dieses Äons aus Schwäche geschah, wurde Jesus durch Gottes Kraft auferweckt. »Christ's (genuine) weakness is the basis of Paul's argument«.[50] Es geht Paulus hier darum zu zeigen, dass seine eigene Schwäche nicht im Widerspruch steht zum machvollem Wirken des Auferstandenen durch ihn: Während er in seinem leiblichen Ergehen noch Anteil hat an der Schwäche des Gekreuzigten, wirkt der Auferstandene schon durch seinen Geist in ihm (13,3; vgl. 11,30; 12,5b.9 f.)[51]; an der leiblichen Auferweckung des Messias wird er erst in seiner eigenen leiblichen Auferweckung Anteil bekommen.[52] »We conclude, then, that Paul is speaking of Christ's own weakness, not hypothetically, nor simply as seen by the eyes of unbelievers, but as an actuality, and as the cause of his death. It is the weakness essentially inherent in mortal human existence.«[53]

Über den Auferstandenen hat der Tod hingegen keine Macht mehr (Röm 6,9). Vielmehr herrscht der Auferstandene selber als König (1. Kor 15,25) und unterwirft sich alle feindlichen (Geist-) Mächte (1. Kor 15,24–28).

5. Das »Wort vom Kreuz« als Gottes rettende Kraft (1. Kor 1,18)

»Das Wort vom Kreuz« (ὁ λόγος ὁ τοῦ σταυροῦ) in 1. Kor 1,18 nimmt »das Evangelium verkündigen« (εὐαγγελίζεσθαι) von V. 17 auf. »Wort vom Kreuz« ist also schlicht eine andere Bezeichnung für das Evangelium. Das Evangelium, das den Messias Jesus zum Inhalt hat (vgl. 1. Kor 9,12; 2. Kor 2,12; 9,13; 10,14: τὸ εὐαγγέλιον τοῦ Χριστοῦ),

50 Thrall, The Second Epistle to the Corinthians 2, 883 mit Verweis auf Heckel, Kraft in Schwachheit, 126.128.
51 Thrall, The Second Epistle to the Corinthians 2, 882.
52 Von der Auferstehung Christi und/oder der Glaubenden *durch die Kraft Gottes* spricht das *Corpus Paulinum* öfter: 1. Kor 6,14; 15,43; Eph 1,19 f.; Phil 3,10.21; ähnlich Kol 2,12; vgl. Röm 1,4: Christus wurde »eingesetzt zum Sohn Gottes *in Macht* nach dem Geist der Heiligkeit *aus der Auferstehung der Toten*«.
53 Thrall, The Second Epistle to the Corinthians 2, 884 mit Verweis auf Heckel, Kraft in Schwachheit, 124 f.

fokussiert sich demnach besonders auf seinen rettenden Tod am Kreuz (vgl. 1. Kor 1,23; 2,2).[54]

Warum der Kreuzestod Jesu die endzeitliche Rettung bewirkt, erläutert Paulus in 1. Kor 1,18–31 nicht, sondern setzt es als bekannt voraus. Wie Paulus diese Frage selber beantwortet hat, sehen wir anderswo, am prominentesten in 1. Kor 11,23–25[55]; 15,3; 2. Kor 5,14–21 und Röm 3,21–26. Wenn wir diese Stellen zusammenzusehen versuchen, erklärt Paulus hier den Kreuzestod Jesu als stellvertretenden Tod für alle Menschen, und zwar als das entscheidende endzeitliche Sühnopfer, das den neuen Bund besiegelt.[56] Es geht also am Kreuz um viel mehr, als dass der Sohn Gottes in seinem Leiden und Tod mit uns Menschen solidarisch geworden wäre, indem er unsere Schwachheit und unser Leiden teilte – dies tat er auch, aber es war nur die Voraussetzung dafür, dass er, der sündlose Gottessohn, für uns zum rettenden Sühnopfer werden konnte (2. Kor 5,21). Von Gottes Kraft auferweckt (2. Kor 13,4), tritt er nun kraft seines Opfers zur Rechten Gottes für die Seinen ein, so dass niemand sie anklagen oder verurteilen kann (Röm 8,33 f.).

Die rettende Macht des Gekreuzigten kommt auf dem Weg der Verkündigung zu den Menschen und wirbt um Glauben (vgl. das Stichwort »bitten« in 2. Kor 5,20). Im Glauben wird die Rettung empfangen.[57] Indem das Evangelium die rettende Macht des Messias zu den Menschen bringt, ist es selber »Kraft Gottes« zu ihrer Rettung (1. Kor 1,18; genauso Röm 1,16).

54 Zur Heilsbedeutung des Todes Jesu als zentralem Bestandteil des paulinischen Evangeliums siehe z. B. Wolter, Paulus, 65 f.; zum paulinischen Verständnis von »Evangelium« s. Stuhlmacher, Biblische Theologie 1, 310–325.

55 Vgl. die Einleitung zur Abendmahlsparadosis 1. Kor 11,23–25: »… was ich auch euch überliefert habe …«: Weil Paulus in Korinth die Bedeutung des Kreuzes in seiner mündlichen Lehre erläutert hatte, kann er sie nun als bekannt voraussetzen.

56 Vgl. auch Röm 8,3; Gal 3,13; Kol 1,20; Eph 1,7; 2,13–16; 5,2. Zu den reichhaltigen Aspekten der Bedeutung des Kreuzes nach Paulus s. grundlegend Stuhlmacher, Biblische Theologie 1, 282–299; zum Kreuzestod als Sühnopfer und dessen Verhältnis zu den atl. Sühnopfern nach Paulus s. Stettler, Endgericht, 196 f. (Lit.).

57 Zum Glauben als »Modus des Heilsempfangs und der Heilsteilhabe« bei Paulus s. Hofius, Zur Auslegung 157 f.; zum Zusammenhang von Kreuz, Evangelium und Glauben bei Paulus s. Stettler, Das Endgericht 245.249 f. (Lit.).

Diese Kraft kommt einerseits dadurch zum Ausdruck, dass das Evangelium nicht allein aus »Worten« im Sinn von bloßer Information besteht, sondern begleitet wird von »Erweisen des Geistes und der Kraft« (1. Kor 2,4; ähnlich 1. Thess 1,5).[58] Damit könnte das Wirken des Geistes Gottes in den Verkündigenden und/oder den Hörenden gemeint sein, das der Verkündigung Glauben wirkende Kraft verleiht.[59] Wahrscheinlicher ist, dass Paulus in 1. Kor 2,4 die »Zeichen des Apostels« meint, von denen er in 2. Kor 12,12 spricht: »Zeichen, Wunder und Krafterweise«, welche die Verkündigung begleiten und bestätigen.[60] Das Evangelium bewirkt im Zusammenspiel mit den Kraftwirkungen des Geistes Glauben bei den Hörenden, welche »berufen« bzw. »erwählt« sind. Ihr Glaube beruht somit »auf der Kraft Gottes« (1. Kor 2,5). Ebenso, wie Paulus mit Wort *und* Kraft verkündigt, so zeigt es sich auch nicht (allein) in den Worten, ob jemand zum Königreich Gottes gehört, sondern in der Kraft, »denn

58 Vgl. 1. Thess 1,5: »Unser Evangelium kam zu euch nicht allein im Wort, sondern auch in Kraft und mit dem Heiligen Geist und mit großer Fülle«.

59 So z. B. Vollenweider, Weisheit am Kreuzweg, 8; Schrage, Der erste Brief an die Korinther 1, 234. – Die einzige Aussage des Paulus, welche in diese Richtung deuten könnte, ist 1. Kor 12,3b: »Niemand kann sagen: Herr ist Jesus, außer im Heiligen Geist«. Nach Gal 3,14 ist die Reihenfolge umgekehrt, nämlich 1. Glaube, 2. Geistempfang: »… damit wir die Verheißung des Geistes (d. h. den verheißenen Geist) empfingen durch den Glauben«.

60 Genauso Röm 15,19: Die Verkündigung des Paulus geschah »in der Kraft von Zeichen und Wundern, in der Kraft des Geistes Gottes«; vgl. Hebr 2,4: Die Verkündigung der Rettung »bezeugt Gott mit, durch Zeichen und Wunder und vielfältige Krafterweise und Zuteilungen des Heiligen Geistes nach seinem Willen«. Diese Zweiheit von Verkündigung und Wundern geht auf Jesu Aussendungsreden an die Zwölf und Zweiundsiebzig zurück (Mt 19,7 f. par; Lk 10,17–20) und ist nach dem textgeschichtlich sekundären, aber echte Tradition verarbeitenden Markusschluss auch im Missionsbefehl des Auferstandenen bekräftigt worden (Mk 16,15–18). Nur so erklärt sich der von Paulus gebrauchte Ausdruck »Zeichen des Apostels«. Die Apostelgeschichte illustriert das Miteinander von Verkündigung und Wundern auf eindrückliche Weise für die Zeit nach Christi Auferstehung. Wenn Schrage, Der erste Brief an die Korinther 1, 234 gegen dieses Verständnis von 1. Kor 2,4 bemerkt, Paulus habe »eben erst den Wunderbeweis kategorisch abgewiesen (1,22)« und für Paulus seien »Kraft und Geist … nicht menschlicher Besitz«, »nicht verfügbar und beweiskräftig«, stellt er einen falschen Gegensatz auf.

das Königreich Gottes besteht nicht in Worten (ἐν λόγῳ), sondern in Kraft (ἐν δυνάμει)« (1. Kor 4,19 f.; ähnlich 1. Thess 1,5; 2. Tim 3,5).[61]

In 1. Kor 1,18 und Röm 1,16 f. bezeichnet Paulus das Evangelium selber als »Gottes Kraft«, die Rettung wirkt. Die Kraftwirkungen des Geistes bekräftigen das Evangelium zwar, aber es ist der Inhalt des Evangeliums, der allein retten kann.[62] Dieser Inhalt ist Jesus, der Messias, und zwar als der Gekreuzigte (1. Kor 1,13.17.23.30; 2,2; 3,11; 4,15).[63] Letztlich ist *er* die rettende Kraft und Weisheit Gottes, weil er *aufgrund seines Kreuzestodes* retten kann (1. Kor 1,23 f.30). Weil das Evangelium eben *ihn* zum Inhalt hat, ist es selber »Kraft Gottes« zur Rettung. Es partizipiert an der rettenden Kraft des gekreuzigten Messias.

6. »Wenn ich schwach bin, bin ich stark« (2. Kor 12,10)

In 2. Kor 12,10 rühmt sich Paulus: »Wenn ich schwach bin, dann bin ich stark.« Macht er hier eine paradoxe Aussage – besteht seine Kraft also *in* seiner Schwachheit?[64]

»Schwachheit« ist generell ein Kennzeichen *dieser* Welt, *dieses* Äons (1. Kor 15,43).

> Die »Elemente«, aus denen diese Welt besteht, sind »schwach« (Gal 4,9); das »Fleisch«, das ein Kennzeichen dieser Welt ist (1. Kor 15,50), ist »schwach« (Röm 6,19; vgl. 8,7 f.)[65], und seinet-

61 In 2. Kor 6,7 bezieht sich die Parallelisierung »im Wort der Wahrheit, in der Kraft Gottes« wahrscheinlich ebenfalls auf den Zusammenhang von Verkündigung und bestätigenden Wundern, vielleicht auch in Eph 3,6 f., wonach Paulus das Evangelium anvertraut wurde »nach der Macht seiner (Gottes) Stärke« (vgl. O'Brien, The Letter to the Ephesians, 239).

62 Kol 2,12 kann deshalb vom Glauben *an* die Kraft Gottes sprechen; »Kraft Gottes« steht hier für den Inhalt des Evangeliums.

63 In Röm 8,34 betont Paulus die Auferstehung Jesu stärker als seine Kreuzigung: »Christus (ist hier), der gestorben ist, vielmehr noch auferstanden ist, der zur Rechten Gottes ist, der für uns einsteht«. Dass 1. Kor 1–2 das Kreuz mehr betont als die Auferstehung, liegt daran, dass die Korinther alles ausblenden bzw. verachten, was mit Schwachheit zu tun hat.

64 So Héring, La seconde épitre de Saint Paul aux Corinthiens, 97: »un grandiose paradoxe«.

65 Paulus kann dies in Gal 6,8 zu einem Gegensatz zuspitzen: auf der einen Seite Fleisch = Verderben, auf der anderen Seite Geist (als die Kraft der neuen Schöpfung) = ewiges Leben (d. h. Leben in der neuen Schöpfung).

wegen auch das Gesetz (Röm 8,3)[66]. Alles, was zum gegenwärtigen Äon gehört, ist zur Vergänglichkeit bestimmt (Röm 8,20–22; 1. Kor 7,31b). Nichts in diesem Äon hat die Kraft, Menschen für die kommende Welt, das Königreich Gottes, die neue Schöpfung bereit zu machen. Auch ein Teil der Vorschriften im Gesetz des Mose bezieht sich auf die »Elemente der Welt«, d. h. auf das Materielle in seiner vergänglichen Form in diesem Äon (Gal 4,3.9; Kol 2,8.20), so das Beschneidungsgebot, die kalendarischen Vorschriften und die Speisegebote (1. Kor 7,19; Gal 4,10; 5,6; Kol 2,16.21 f.).[67] Das Befolgen dieser Vorschriften »vermag nichts zu bewirken« im Blick auf die neue Schöpfung (Gal 5,6; 6,15; Kol 2,23).[68] Das Einzige, was etwas »vermag«, ist »der Glaube, der in der Liebe wirksam ist« (Gal 5,6; vgl. Kol 2,6–8.19; 3,14), denn der Glaube macht sich am Messias fest, von dem Gesetz und Propheten zeugen (Röm 1,2; 3,21), und die Liebe erfüllt das ganze Gesetz (Gal 5,14; Röm 13,9), ist also jene »Einhaltung der Gebote«, die auch im neuen Äon zu praktizieren ist (1. Kor 7,19).[69]

Weil dieser Äon insgesamt von Schwachheit gekennzeichnet ist, kann Paulus die Existenz der Nichtchristen als »schwach« bezeichnen, im Sinne von: nicht mit den Kräften des neuen Äons begabt, nicht der neuen Schöpfung teilhaftig (Röm 5,6). Aber in gewisser Hinsicht ist auch die Existenz der Christen noch »schwach«, obwohl sie in anderer Hinsicht schon »neue Schöpfung« sind (2. Kor 5,17): schwach deshalb, weil sie durch ihren Leib, ihren »äußeren Menschen«, immer noch mit diesem Äon verbunden und ihm ausgesetzt sind (2. Kor 4,7–18). Zu dieser Schwachheit gehören Schwierigkeiten

66 Das Gesetz Gottes ist nach Röm 7,14 zwar »heilig, gerecht und gut«, aber es hat wegen der Schwachheit des Fleisches nicht die Kraft, einen Menschen zum Leben der kommenden Welt zu führen. Nach 1. Kor 15,56 ist das Gesetz »die Macht der Sünde«, was im Sinne von Röm 7,8.11 so zu verstehen ist, dass die Sünde das Gesetz als Machtinstrument missbraucht, um Menschen zu verführen (so auch Lang, Die Briefe an die Korinther 241; Schrage, Der erste Brief an die Korinther 4, 382).
67 Zu diesem Verständnis der »Elemente der Welt« s. Stettler, Kolosserhymnus, 70 f.; ders., Opponents, 176.192 f.
68 Das Gesetz »herrscht« deshalb über die Juden nur, solange sie nicht »tot« sind für die alte Welt (Röm 7,1).
69 Siehe dazu Stettler, Paul, 203–205.208–211; ders., Endgericht, 191–194.199–202; vgl. ders., Purity of Heart, 488–495.

und Verfolgung, Krankheiten[70], Vergänglichkeit und Tod, Anfälligkeit für Versuchung und Sünde und wohl auch die Inadäquatheit des menschlichen Gebets[71].

Paulus selbst ist also nicht nur »schwach« in seinen rhetorischen Fähigkeiten – dies jedenfalls nach dem Urteil der Korinther (2. Kor 10,10; 11,8.21)[72] –, sondern auch im Blick auf körperliche Leiden und seelische Verzagtheit: In Galatien und Korinth geschah seine Verkündigung »in Schwachheit und in Furcht und in viel Zittern« (Gal 4,13–15; 1. Kor 4,2); in Mazedonien bedrängten ihn »von außen Widerspruch und Anfeindung, im Innern Angst und Furcht« (2. Kor 7,5), und über die Verfolgung, die Paulus in Ephesus erfuhr, schreibt er: »Wir wurden weit über (unsere) Kraft hinaus belastet, so dass wir sogar am Leben verzweifelten« (2. Kor 1,8). In den sog. Peristasenkatalogen zählt Paulus detailliert auf, welche konkreten Schwierigkeiten und Leiden er schon durchmachen musste (1. Kor 4,9–13; 2. Kor 4,8–12; 6,4–10; 11,23–29; 12,10; vgl. 12,7).[73]

Gerade dieser Schwachheiten »rühmt« sich Paulus (2. Kor 11,30; 12,5.9), d. h. er sieht in ihnen einen Vorteil. Er »hat Gefallen an den Schwachheiten, Misshandlungen, Nöten, Verfolgungen und Ängsten«, und zwar »um des Messias willen«[74]: »Denn wenn ich schwach bin, dann bin ich mächtig« (2. Kor 12,10).[75] Paulus bezieht sich hier auf eine Zusage des Auferstandenen, die er in einer Offenbarung empfangen hat und in V. 9a zitiert: »Meine Gnade ist genug für dich, denn die Kraft kommt in Schwachheit zur Vollendung«. Mit »die

70 Vgl. 1. Kor 11,30; Phil 2,26 f.; 2. Tim 4,20.

71 Vgl. Röm 8,26.

72 Ein weiterer gewichtiger Vorwurf der Korinther, wie er aus dem 2. Korintherbrief deutlich wird, betrifft die finanzielle Unabhängigkeit des Paulus, die ihn mit den niedrigen gesellschaftlichen Schichten assoziiert (s. Roberts, Weak Enough, 287 f.).

73 Zu den verschiedenen Aspekten der Schwachheit des Paulus s. auch Roberts Weak Enough, 301–303.

74 »Um des Messias willen« kann sich entweder auf die aufgezählten Leiden beziehen, die Paulus wegen seines Dienstes für ihn durchmachen muss, oder auf das Verb »ich habe Gefallen« (so z. B. Thrall, The Second Epistle to the Corinthians 2, 830) – dann ist es wegen der Zusage des Christus, seine Kraft in Paulus wirken zu lassen (V. 9), dass Paulus an den Leiden Gefallen finden kann.

75 Ähnlich Röm 5,3: »Wir rühmen uns unserer Bedrängnisse, weil wir wissen, dass die Bedrängnis Geduld bewirkt, die Geduld Bewährung, die Bewährung Hoffnung, die Hoffnung macht nicht zu Schanden«.

Kraft« ist die Kraft des Auferstandenen gemeint, die er durch seinen Geist in Paulus wirksam sein lässt. Das wird durch V. 9b deutlich, wo sie als »Kraft des Messias« erläutert wird.

Die Kraft des Auferstandenen, die durch den Apostel wirkt (s. o. zu 2. Kor 13,3), steht also nicht im Gegensatz zu seinen vielfältigen Erfahrungen der Schwachheit. Anders, als die Korinther es ihm vorwerfen, wirkt Paulus sehr wohl in apostolischer Vollmacht – in der Verkündigung, in Zeichen und Wundern sowie in der Gemeindezucht.[76]

Freilich ist Christi Kraft gerade *in* der Schwachheit wirksam. Dies wird in den Peristasenkatalogen deutlich. So zählt Paulus in 2. Kor 6,4–7a positive Wirkungen der Kraft Christi inmitten seiner eigenen Schwachheit auf: Standhaftigkeit, harte Arbeit, lautere Gesinnung, Erkenntnis, Langmut, Güte, ungeheuchelte Liebe, die Verkündigung der Wahrheit, die (Wunder wirkende[77]) Kraft Gottes.

Auch in 2. Kor 5,9 f. kontrastiert Paulus die erfahrenen Schwachheiten und die Wirkungen von Christi Kraft:

»Wir werden verkannt	*und doch anerkannt*[78];
wir sind wie Sterbende,	*und seht: wir leben;*
wir werden gezüchtigt	*und doch nicht getötet;*
uns wird Leid zugefügt,	*und doch sind wir jederzeit fröhlich;*
wir sind arm	*und machen doch viele reich;*
wir haben nichts	*und haben doch alles*«.

Weitere Beispiele sind 1. Kor 4,12b–13a:

»Wir werden beschimpft	*und segnen;*
wir werden verfolgt	*und halten stand;*
wir werden geschmäht	*und trösten*«,

76 Siehe oben; ferner 2. Kor 10,3–6; Gal 2,8; Eph 3,7; Kol 1,29; 1. Tim 1,12; 2. Tim 4,17.
77 Vgl. Schlatter, Paulus, der Bote Jesu, 532.
78 Verkannt von der Welt, anerkannt von Gott und den Gemeinden (s. Wolff, Der zweite Brief des Paulus an die Korinther, 142).

und 2. Kor 4,8–11:

> »Von allen Seiten werden wir in die Enge getrieben
> *und finden doch noch Raum;*
> wir wissen weder aus noch ein *und verzweifeln dennoch nicht;*
> wir werden gehetzt *und sind doch nicht verlassen;*
> wir werden niedergestreckt *und doch nicht vernichtet.*
> Wohin wir auch kommen, immer tragen wir das Todesleiden Jesu an unserem Leib,
> *damit auch das Leben Jesu an unserem Leib sichtbar wird.*
> Denn immer werden wir, obgleich wir leben, um Jesu willen dem Tod ausgeliefert,
> *damit auch das Leben Jesu an unserm sterblichen Fleisch offenbar wird.*«

An diesen Beispielen wird deutlich, dass sich die Kraft Christi in den Bedrängnissen, die Paulus erfährt, in zweifacher Weise auswirkt:

Zum einen wird Paulus durch die Schwierigkeiten nicht aufgerieben, sondern in ihnen von Christus bewahrt und versorgt und bekommt sogar die Kraft, an der Hoffnung festzuhalten und »jederzeit fröhlich« zu sein (vgl. weiter z. B. Röm 5,3; 1. Kor 10,13; Phil 4,13; Kol 1,11; 2. Tim 1,8).

Zum anderen kann Paulus gerade wegen seiner vielfältigen Bedrängnisse andere »reich machen« und »trösten«: Er ist schwach mit den Schwachen (2. Kor 11,29; vgl. 1. Kor 12,22; 1. Thess 5,14), und seine Erfahrung des Trostes Gottes in großer Not wird fruchtbar zum Trost für seine Gemeinden (2. Kor 1,3–11).[79] Wenn er als Apostel schwach ist, dient das also der Stärkung seiner Gemeinden – deshalb kann er sich freuen, wenn er schwach ist und seine Gemeinden stark (2. Kor 4,12; 13,9).[80]

79 In 1. Kor 9,22 ist mit »den Schwachen wurde ich ein Schwacher, um die Schwachen zu gewinnen« wohl eher die Schwäche des Gewissens gemeint (vgl. 1. Kor 8,7–12; so Lang, Die Briefe an die Korinther, 120). Paulus kann ähnlich auch von der Schwäche des Glaubens sprechen (vgl. Röm 14,1 f.; 15,1 und das Gegenteil Röm 4,19: Abraham war nicht schwach im Glauben).

80 In 1. Kor 4,10 findet sich eine ähnliche Formulierung, sie ist dort aber ironisch gemeint und bezieht sich auf den Dünkel der Korinther, die den »schwachen« Paulus verachten.

Wenn Paulus sagt: »Wenn ich schwach bin, dann bin ich stark«, dann macht er also keine paradoxe Aussage im Sinn von: »Wenn ich schwach bin, ist das gerade meine Stärke«. Nicht seine *Schwäche* ist seine Stärke, genauso wenig, wie die Schwäche Christi am Kreuz *per se* die Kraft des Kreuzes ausmacht. Es geht Paulus nicht darum, in der Ohnmacht die wahre Kraft zu sehen, sondern darum, dass die menschliche Schwachheit der Ort ist, an dem sich die Kraft des Auferstandenen besonders manifestieren kann.[81]

7. Die Kraft Gottes in den Glaubenden

Die Kraft Gottes und seines auferstandenen Messias ist nach dem *Corpus Paulinum* nicht nur in den Aposteln wirksam, sondern in allen Glaubenden. In Eph 3,16 finden wir das Gebet, dass Gott die Adressaten »*mit Kraft stärke am inneren Menschen* durch den Heiligen Geist« (vgl. 2. Kor 4,16), ähnlich betet Paulus auch in Röm 15,13, dass die Kraft des Heiligen Geistes überreiche Hoffnung bewirke, in Kol 1,11 für Geduld durch die göttliche Kraft[82] und in 2. Thess 1,11, dass die göttliche Kraft das »Werk des Glaubens« hervorbringe. Eph 6,10 fordert die Adressaten auf: »Werdet stark im Herrn und in der Macht seiner Kraft«, nämlich indem sie die Heilsgüter bewusst ergreifen und aus ihnen leben (V. 11–17). Hier ist die aktive Rolle der Glaubenden im Blick. Schließlich kann Paulus sowohl das Wollen als auch das Vollbringen auf die Wirksamkeit Gottes zurückführen (Phil 2,13; vgl. 1. Thess 2,13), und auch nach Eph 3,20 ist Gott der, »der *durch die Macht, die in uns wirkt,* unendlich viel mehr tun kann,

81 So auch Kopfermann, Abschied, 4: »Die Ohnmacht des Apostels und die Vollmacht Christi werden nicht paradoxal gleichgesetzt, sondern die menschliche Ohnmacht ist der einzige Raum, in dem sich die Kraft Christi dem Willen Gottes gemäß entfalten kann.« Vgl. die schöne Formulierung von Schmeller: »Deshalb steht die Schwachheit, die die Korinther an ihm kennengelernt haben, nicht im Widerspruch zu seinem Anspruch auf Autorität … Mit ›… dann bin ich stark‹ ist also gemeint, dass die Kraft Gottes, die Paulus zu außergewöhnlichen Missionsleistungen und ekstatischen Erfahrungen verhilft, auch in seiner Schwachheit wirkt und dort besonders deutlich wahrnehmbar ist, weil hier menschliches Vermögen jedenfalls ausscheidet.« (Schmeller, Der zweite Brief an die Korinther 2, 324)

82 Vgl. Röm 5,3; 1. Tim 1,8.

als wir erbitten oder uns ausdenken können«. Diese Macht ist offensichtlich der Heilige Geist (vgl. V. 16 und 2. Tim 1,7).[83]

Neben dieser Wirksamkeit der göttlichen Kraft, die allen Christen gilt, kennt Paulus auch vielfältige besondere Geistwirkungen (Charismen oder Geistesgaben), mit welchen Gott die Einzelnen begabt (1. Kor 12,4–7; Eph 4,16). Eines dieser Charismen ist die Gabe der »Kraftwirkungen« (ἐνεργήματα δυνάμεων/δυνάμεις, 1. Kor 12,10.28 f.; ähnlich Gal 3,5). Gemeint sind vielleicht Wundertaten, die nicht Heilungen sind, da diese einem anderen Charisma zugeordnet sind (1. Kor 12,9.28.30).

8. Fazit: Ohnmacht und Macht Gottes

In welcher Weise spricht also Paulus von Gottes Ohnmacht am Kreuz? Für Paulus »war Gott im Messias« (2. Kor 5,19[84]), und »in ihm wohnt die ganze Fülle der Gottheit in leiblicher Form« (Kol 2,9; vgl. 1,19). Für Paulus wohnt Gott nicht nur in der Weise im Messias Jesus, wie sein Geist in allen Gläubigen wohnt. In Kol 1,19; 2,9 meint »Fülle« (πλήρωμα) die Herrlichkeit Gottes, die früher Stiftshütte und Tempel »füllte« (πληροῦν), also seine Israel und der Welt zugewandte, offenbare Seite, seine Gegenwart – in rabbinischer Terminologie ausgedrückt: seine Schechina (שְׁכִינָה).[85] Gottes Schechina ist im Messias Jesus in leibhafter Gestalt (σωματικῶς) gegenwärtig. Sie nimmt leibliche Form an[86] und begegnet jetzt *als* Leib, *als* Mensch unter Menschen.

Wenn nun der Messias leidet und gekreuzigt wird, dann leidet und stirbt die Schechina Gottes, seine »Fülle«, seine den Menschen zugewandte, offenbare Seite. Die paulinischen Aussagen erlauben es nicht, wie die spätere Zwei-Naturen-Lehre die leidende menschliche Natur Jesu von seiner zum Leiden unfähigen göttlichen Natur zu unterscheiden. Es ist *Gott,* der leidet und stirbt, allerdings nicht der Vater, sondern der Sohn, welcher sein »Bild« ist (Kol 1,15; 2. Kor 4,4),

83 In 2. Tim 2,1 ist es »die Gnade im Messias Jesus«, durch die Timotheus stark werden soll.

84 ἦν kann auch im Sinne eines periphrastischen Imperfekts mit καταλλάσσων zusammengezogen werden, aber auch dann besagt der Satz, dass Gott im Christus handelte.

85 Dazu und zum Folgenden s. Stettler, Kolosserhymnus, 251–266.

86 Vgl. Phil 2,7: »Er nahm Knechtsgestalt an«.

d. h. seine der Welt zugewandte Offenbarungsgestalt.[87] Es ist kaum vorstellbar, dass der Vater, der seine Liebe zu uns durch den Kreuzestod seines Sohnes erweist (Röm 5,8), von diesem Tod unberührt bleibt.[88] Insofern muss man tatsächlich von einem innertrinitarischen Geschehen sprechen, das dem gemeinsamen Handeln der trinitarischen Personen am Kreuz vorausgeht und ihm entspricht.

Paulus kann in diesem Zusammenhang von der Ohnmacht oder Schwäche Gottes sprechen (2. Kor 1,25).[89] Wir haben gesehen, dass es sich dabei weder um einen Wesenszug Gottes handelt noch um eine »Entwicklung« Gottes dergestalt, dass er sich so in die Welt hineingäbe, dass er sich ihr nicht nur ohnmächtig auslieferte, sondern ihr gegenüber ohnmächtig *bliebe*. Vielmehr ist das, was *in den Augen dieser Welt*, auf der Ebene dieses Äons, wie Schwäche aussieht, *in Wirklichkeit*, d. h. in Gottes Augen und von seiner beginnenden Neuschöpfung her gesehen, Gottes Kraft, welche alle Kraft, die sich in diesem Äon findet, bei weitem überragt. Es ist die Kraft, welche vollbringt, was nichts in diesem Äon zustande bringt, nämlich die Rettung aus dieser Welt hinaus, aus ihrer Verfallenheit an Sünde und Tod, hinein in die Heiligkeit der neuen Schöpfung (vgl. 1. Kor 1,31). Um diese Rettung zu bewirken, hat sich der liebende Gott in seinem Sohn den zerstörerischen Kräften dieser Welt ausgeliefert und stellvertretend für seine Geschöpfe das Todesgericht erlitten.

In den Augen der Welt scheint das Kreuz die völlige Ohnmacht Gottes zu offenbaren:

> »Hier ist Gott Nicht-Gott. Hier triumphieren der Tod, der Feind, die Nicht-Kirche, der Unrechtsstaat, die Lästerer, die Soldaten – hier triumphiert der Satan über Gott.«[90]

In Wirklichkeit aber wurde am Kreuz die Macht des Todes, der Sünde und der Welt besiegt:

87 Zum »Bild Gottes« s. Stettler, Kolosserhymnus, 104–132.

88 Es geht um »den Ernst der Zuwendung Gottes zu den Menschen, die Tiefe göttlicher Selbsterniedrigung und … den uns so nahen Gott und sein abgründiges Erbarmen« (Welker, 2017 in reformierter Sicht, 4 f.).

89 Wörtlich: »das Schwache Gottes«.

90 Iwand, Kreuz, 407.

> »Hier wird deutlich, wie weit die Sünde reicht, dass sie bis in die tiefsten Tiefen der Gottheit reicht, dass sie dort vernichtet, dort für uns – um unseretwillen! – überwunden werden muss, dass es keinen anderen Weg gibt ihrer ledig zu werden, als diesen hier von Gott selbst beschrittenen Weg.«[91]

Der gekreuzigte Messias ist nach Paulus nicht im Tod geblieben, sondern durch Gottes Kraft auferweckt worden, so dass er gegenwärtig machtvoll herrscht und seine Feinde unterwirft, bis Gott alles in allem sein wird (1. Kor 15,20–28). Sein Evangelium, sein »Wort vom Kreuz«, bittet die Menschen, sich mit Gott versöhnen zu lassen, und erweist sich an den Glaubenden als Gottes rettende Kraft. Alle, die jetzt durch ihre Zugehörigkeit zum Christus mit einer neuen Existenz beschenkt sind, können durch keine Kräfte dieser Welt mehr getrennt werden von der »Liebe Gottes, die im Messias Jesus ist« (Röm 8,38 f.; vgl. 1. Kor 3,18–23). Zwar haben die Glaubenden durch ihren Leib noch Anteil an der Schwäche dieses Äons, und insbesondere die Apostel sind in mannigfacher Weise diesen Schwächen ausgesetzt. Ihre menschliche Schwäche ist aber gerade der Ort, an dem sich die Kraft des Auferstandenen besonders klar manifestieren kann, so dass deutlich wird, »dass die überschwängliche Kraft von Gott sei und nicht von uns« (2. Kor 4,7).

Mit Wolfram Kopfermann können wir festhalten:

> »Es geht hier in keiner Weise um ein Paradoxon: Weder ist das Todesleiden Jesu zugleich sein Auferstehungsleben, noch repräsentiert unsere Ohnmacht als solche zugleich seine Macht usw. Vielmehr ist unser Tod der ›Raum‹, in dem sich sein Leben, ist unsere Kraftlosigkeit der ›Ort‹, an dem sich seine Kraft entfaltet.«[92]

Diese Kraft zeigt sich bei den wahren Aposteln in der Wirksamkeit ihres Dienstes und in den Wunderzeichen, welche die Verkündigung des Kreuzes begleiten, aber auch im Durchhaltevermögen

91 Iwand, Kreuz, 409 f.

92 Kopfermann, Abschied, 2. Hingegen »erzeugt« falsche Kreuzestheologie »eine Frömmigkeit, die das Negative als Positives ausgibt. Man soll in den Abgrund blicken, der als Abgrund bleibt« (ebd., 3).

inmitten vielfältiger Schwierigkeiten und nicht zuletzt darin, dass die erfahrenen Schwierigkeiten für andere zur Hilfe werden.

Bei allen Gläubigen äußert sich die in ihnen wirksame Kraft Christi in der wachsenden Stärke ihres Glaubens, ihrer Hoffnung und ihrer tätigen Liebe sowie in mannigfaltigen Kraftwirkungen des Geistes, den Charismen. Wahre, d.h. »neutestamentliche Kreuzestheologie … entlässt ihn [den Menschen] in die Weite des Dienstes für Gott …, weil hier das Kreuz stets von Ostern her verstanden wird und seine Sinnrichtung auf Ostern hin (damit auch seine Offenheit für die Pfingsterfahrungen) erhalten bleibt.«[93] »Falsche Kreuzestheologie« hingegen »bekennt, dass Glaube, wahre Kirche, überhaupt alles *Wirken des Geistes Gottes verborgen,* unanschaulich, aller menschlichen Wahrnehmung unzugänglich, nur Gott bekannt sei.«[94]

Ohnmacht und Macht Gottes sind bei Paulus kein Paradoxon. Er setzt sie nicht gleich! Indem sich Gott in seinem Sohn ganz dem Zerstörungsgericht der Welt ausliefert und sich so der Welt gegenüber schwach macht, besiegt er die Welt und alle ihre bösen Kräfte, und indem seine Kraft den Sohn vom Tod auferweckt, setzt er die neue Schöpfung in Gang, welche durch die Kraft des Geistes in und unter den Glaubenden schon Realität ist und dereinst durch dieselbe Kraft ihre auch leiblich-kosmische Vollendung erfahren wird.[95]

Bibliografie

Bonhoeffer, Dietrich, DBW 12: Berlin 1932–1933, hg. v. Carsten Nicolaisen und Ernst-Albert Scharffenorth, München: Kaiser, 1997.

Bonhoeffer, Dietrich, DBW 8: Widerstand und Ergebung: Briefe und Aufzeichnungen aus der Haft, hg. von Christian Gremmels, Eberhard Bethge und Renate Bethge in Zusammenarbeit mit Ilse Tödt, München: Kaiser, 1988.

Bray, Gerald, Can God Suffer?, in: Reformation Today, Vol. 8 Issue 2, 1999, http://www.theologian.org.uk/doctrine/cangodsuffer.html (abgerufen am 06.08.2019).

93 Kopfermann, Abschied, 2.

94 Ebd., 3. Es ist also sehr wohl mit dem paulinischen Verständnis von Kreuzestheologie zu vereinbaren, wenn »Christen von Gebetserhörungen, Freude am Herrn, geistlichem Wachstum, Sieg über sündige Gewohnheiten, Gewinnung größerer Zahlen von Menschen für das Evangelium, … von vollen Gotteshäusern, von Heilungen, von Zeichen und Wundern reden« (ebd., 3f.)!

95 Vgl. Welker, 2017 in reformierter Sicht, 7.

Brewis, Robert D., So Passionate He Is Impassible: Impassibility Defined and Defended, in: Churchman 131 (2017), 119–138.

Caputo, John D., The Weakness of God: A Theology of the Event, Indiana Series in the Philosophy of Religion, Bloomington IN: Indiana University Press, 2006.

Gräbe, Petrus J., The Power of God in Paul's Letters (WUNT 2,123), Tübingen: Mohr Siebeck, 2000.

Hall, David R., The Unity of the Corinthian Correspondence (JSNT.S 251), Edinburgh: T.&T. Clark, 2003.

Heckel, Ulrich, Kraft in Schwachheit: Untersuchungen zu 2. Kor 10–13 (WUNT 2,56), Tübingen: Mohr Siebeck, 1993.

Héring, Jean, La seconde épitre de Saint Paul aux Corinthiens (CNT 8), Neuchâtel und Paris: Delachaux & Niestlé, 1958.

Hermanni, Friedrich, Das Böse und die Theodizee: Eine philosophisch-theologische Grundlegung, Gütersloh: Gütersloher Verlagshaus, 2002.

Hill, Wesley, The ›New Orthodoxy‹: Only the Impassible God Can Help, https://www.firstthings.com/web-exclusives/2015/01/the-new-new-orthodoxy (abgerufen am 06.08.2019).

Hofius, Otfried, Zur Auslegung von Römer 9,30–33, in: Ders., Paulusstudien II (WUNT 1,143), Tübingen: Mohr Siebeck, 2002, 155–166.

Iwand, Hans Joachim, Das Kreuz, in: Ders., Nachgelassene Werke. Neue Folge, Bd. 2: Christologie. Die Umkehrung des Menschen zur Menschlichkeit, hg. v. Eberhard Lempp und Edgar Thaidigsmann, Gütersloh: Gütersloher Verlagshaus 1999, 406–410.

Jonas, Hans, Der Gottesbegriff nach Auschwitz, in: Ders., Philosophische Untersuchungen und metaphysische Vermutungen, Frankfurt a. M. und Leipzig: 1992, 190–208.

Kammler, Hans-Christian, Die Torheit des Kreuzes als die wahre und höchste Weisheit Gottes: Paulus in der Auseinandersetzung mit der korinthischen Weisheitstheologie (1. Korinther 1,18–2,16), in: ThBeitr 44 (2013), 290–305.

Kammler, Hans-Christian, Kreuz und Weisheit: Eine exegetische Untersuchung zu 1 Kor 1,10–3,4 (WUNT 1,159), Tübingen: Mohr Siebeck, 2003.

Kasper, Walter, Revolution im Gottesverständnis: Zur Situation des ökumenischen Dialogs nach Jürgen Motmanns ›Der gekreuzigte Gott‹, in: Michael Welker, Hg., Die Diskussion um Jürgen Moltmanns Buch »Der gekreuzigte Gott«, München: Kaiser, 1979, 140–148.

Kessler, Hans, Allmacht oder Ohnmacht? Über Gottes Wirken in der Welt, https://www.forum-grenzfragen.de/wp-content/uploads/2011/12/kessler_allmacht.pdf (abgerufen am 06.02.2020), abgedruckt in: ders., Gott – warum er uns nicht loslässt (Topos-Taschenbücher 1091), Kevelaer: Butzon & Bercker, 2016, 57–96.

Klein, Rebekka A. und Friederike Rass, Hg., Gottes schwache Macht: Alternativen zur Rede von Gottes Allmacht und Ohnmacht, Leipzig: Ev. Verlagsanstalt, 2017.

Klein, Rebekka, Die Schwachheit Gottes als subversive Macht: Eine kreuzestheologische Relektüre der Körperimaginationen der Moderne, in: Dies. und Friederike Rass, Hg., Gottes schwache Macht, 227–243.

Klein, Rebekka, und Friederike Rass, Einleitung: Gottes Macht – Eine nachmetaphysische Spurensuche, in: Dies., Hg., Gottes schwache Macht, 8–22.

Kopfermann, Wolfram, Abschied von einer falschen Kreuzestheologie, https://www.anskar.de/wp-content/uploads/2016/04/W_Kopfermann_Abschied_von_einer_falschen_Kreuzestheologie.pdf (abgerufen am 06.08.2019; = überarbeitete Fassung 2015 von: Wolfram Kopfermann, Abschied von einer falschen Kreuzestheologie, in: Rundbrief der Geistlichen Gemeinde-Erneuerung in der Evangelischen Kirche, 25. September 1987, 9–12).

Lang, Friedrich, Die Briefe an die Korinther (NTD 7), 17. Aufl. (2. Auflage dieser neuen Bearb.), Göttingen: Vandenhoeck & Ruprecht, 1994.

Link-Wieczorek, Ulrike, Verzweiflung im Leiden und Ringen um den Gottesglauben, in: Dies., Ralf Miggelbrink, Dorothea Sattler, Michael Haspel, Uwe Swarat und Heinrich Bedford-Strohm, Nach Gott im Leben fragen: Ökumenische Einführung in das Christentum, Gütersloh: Gütersloher Verlagshaus/Freiburg i. Br.: Herder, 2004, 20–46.

Moltmann, Jürgen, Der gekreuzigte Gott: Das Kreuz Christi als Grund und Kritik christlicher Theologie, München: Kaiser, 1972.

Moltmann, Jürgen, Trinität und Reich Gottes: Zur Gotteslehre, München: Kaiser, 1980.

O'Brien, Peter T., The Letter to the Ephesians (The Pillar New Testament Commentary), Leicester: Apollos, 1999.

Rahner, Karl, Im Gespräch, Bd. 1: 1964–1977, hg. v. Paul Imhof und Hubert Biallowons, München: Kösel, 1982.

Roberts, Mark Edward, Weak Enough to Lead: Paul's Response to Criticism and Rivals in 2Corinthians 10–13 – A Rhetorical Reading, Diss. masch., Vanderbilt University 2002, http://citeseerx.ist.psu.edu/viewdoc/download?doi=10.1.1.615.2289&rep=rep1&type=pdf (abgerufen am 13.04.2018).

Rolf, Sibylle, Crux sola est nostra theologia: Die Bedeutung der Kreuzestheologie für die Theodizeefrage, in: NZSTh 49 (2007), 223–240.

Schlatter, Adolf, Paulus, der Bote Jesu: Eine Deutung seiner Briefe an die Korinther, Stuttgart: Calwer, 1934.

Schmeller, Thomas, Der zweite Brief an die Korinther, 2. Teilband: 2 Kor 7,5–13,13 (EKK 8/2), Neukirchen-Vluyn: Neukirchener/Ostfildern: Patmos, 2015.

Schrage, Wolfgang, Der erste Brief an die Korinther, 1. Teilband: 1Kor 1,1–6,11 (EKK 7/1), Zürich und Braunschweig: Benziger/Neukirchen-Vluyn: Neukirchener, 1991.

Schrage, Wolfgang, Der erste Brief an die Korinther, 4. Teilband: 1. Kor 15,1–16,24 (EKK 7/4), Zürich und Braunschweig: Benziger/Neukirchen-Vluyn: Neukirchener, 2001.

Smith, Mark, ›Only the Non-Suffering God Can Help‹: Recovering the Glory of Divine Impassibility, in: Churchman 126 (2012), 147–162.

Stettler, Christian, Das Endgericht bei Paulus: Framesemantische und exegetische Studien zur paulinischen Eschatologie und Soteriologie (WUNT 1,371), Tübingen: Mohr Siebeck, 2017.

Stettler, Christian, Der Kolosserhymnus: Untersuchungen zu Form, traditionsgeschichtlichem Hintergrund und Aussage von Kol 1,15–20 (WUNT 2,131), Tübingen: Mohr Siebeck, 2000.

Stettler, Christian, Paul, the Law and Judgement by Works, in: EvQ 76 (2004), 195–215.

Stettler, Christian, Purity of Heart in Jesus' Teaching: Mark 7:14–23 as an Expression of Jesus' Basileia Ethics, in: JThS 55 (2004), 467–502

Stettler, Christian, The Opponents at Colossae, in: Stanley E. Porter, Hg., Paul and His Opponents (Pauline Studies 2), Leiden: Brill, 2005, 167–200.

Stuhlmacher, Peter, Biblische Theologie des Neuen Testaments, 2 Bde., Göttingen: Vandenhoeck & Ruprecht, Bd. 1, 3. Aufl. 2005/Bd. 2, 2. Aufl. 2012.

Thießen, Jacob, Demut als christliche Lebensweise: Eine Studie zu den Paulusbriefen in ihrem hellenistischen und biblischen Kontext, in: EJTh 24.1 (2015), 5–18.

Thrall, Margaret, A Critical and Exegetical Commentary on the Second Epistle to the Corinthians, Vol. 2: Commentary on 2 Corinthians 8–13 (ICC), Edinburgh: T.&T. Clark, 2000.

Tietz, Christiane, Der leidende Gott, in: Panorama: Intercultural Annual of Interdiciplinary Ethical and Religious Studies for Responsible Research 23 (2011), 107–120 (zuerst abgedruckt in: Bonhoeffer-Rundbrief: Mitteilungen der Internationalen Bonhoeffer-Gesellschaft. Sektion Bundesrepublik Deutschland, Nr. 91, März 2010, 25–41).

Tietz, Christiane, Rechtfertigung und Heiligung, in: Klaus Grünwaldt, Christiane Tietz und Udo Hahn, Hg., Bonhoeffer und Luther: Zentrale Themen ihrer Theologie, Hannover: Amt der VELKD 2007, 79–104.

Tück, Jan-Heiner, Passion Gottes? Zum unerledigten Disput um die Rede vom leidenden Gott, in: Diacovensia 23 (2015), 9–34.

Vattimo, Gianni, Jenseits des Christentums: Gibt es eine Welt ohne Gott?, Aus dem Italienischen von Martin Pfeifer, München: Carl Hanser, 2004.

Vollenweider, Samuel, Toren als Weise: Berührungen zwischen dem Äsopro-man und dem 1. Korintherbrief, in: Paul-Gerhard Klumbies und David Du Toit, Hg., Paulus: Werk und Wirkung. FS A. Lindemann, Tübingen: Mohr Siebeck, 2013, 3–20.

Vollenweider, Samuel, Weisheit am Kreuzweg: Zum theologischen Programm von 1Kor 1 und 2, in: Andreas Dettwiler und Jean Zumstein, Hg., Kreuzestheologie im Neuen Testament (WUNT 1,151), Tübingen: Mohr Siebeck, 2002, 43–58.

von Balthasar, Hans Urs, Ist der Gekreuzigte ›selig‹?, in: IKZ Communio 16 (1987), 107–109.

von Balthasar, Hans Urs, Theodramatik, Band IV: Das Endspiel, Einsiedeln: Johannes, 1983.

von Sass, Hartmut, Dreifaltige Uneinigkeit: Gottes Selbstanfechtung als Modus trinitarischer Schwachheit, in: Rebekka A. Klein und Friederike Rass, Hg., Gottes schwache Macht, Leipzig: Ev. Verlagsanstalt, 2017, 147–162.

Welker, Michael, 2017 in reformierter Sicht, 46. Internationales Ökumenisches Seminar (4.–11. Juli 2012): Was tun mit 2017? Die ökumenische Herausforderung des Jubiläums, Institut für ökumenische Forschung Straßburg, https://www.ecumenical-institute.org/wp-content/uploads/2012/10/Seminar-2012-Welker.pdf (abgerufen am 19.04.2018).

Weyl, Dominik, Von der Verwundbarkeit der Menschen und Gottes: Überlegungen im Anschluss an Dietrich Bonhoeffer, in: Hermeneutische Blätter 23 (2017): 62–74.

Winter, Bruce W., After Paul Left Corinth: The Influence of Secular Ethics and Social Change, Grand Rapids MI und Cambridge UK: Eerdmans, 2001.

Winter, Bruce W., Philo and Paul Among the Sophists, SNTS.MS 96, Cambridge: University Press, 1997.

Wolff, Christian, Der zweite Brief des Paulus an die Korinther (ThHK 8), Leipzig: Ev. Verlagsanstalt, 3. Aufl. 2017 (unveränd. Nachdr. d. 2., korr. Aufl. 2011).

Wolter, Michael, Paulus: Ein Grundriss seiner Theologie, Neukirchen-Vluyn: Neukirchener 2011.

Žižek, Slavoj und John Milbank, The Monstrosity of Christ: Paradox or Dialectic?, hg. von Creston Davis, Cambridge MA: MIT Press, 2009.

Jörg Frey

Das Ringen des Paulus um die Einheit der Gemeinde

Der erste Korintherbrief als Vermittlungsschreiben und seine integrative Argumentationsstruktur*

Was ich im Folgenden präsentiere, ist ein Gesamtverständnis des 1. Korintherbriefs, eine dezidiert theologisch orientierte Lektüre, nicht zuletzt inspiriert von der Frage, was sich aus diesem Brief an Perspektiven für ein Verständnis der christlichen Kirche und der Gemeindearbeit ergeben kann. Ich verstehe diesen thematisch vielfältigsten Brief des Paulus als ein Zeugnis seiner Kreuzestheologie,[1] die gerade in diesem Schreiben (1. Kor 1,18–25) programmatisch zur Sprache gebracht wird und die den Brief in seinen wesentlichen Teilen und Diskursen prägt. So gesehen, erscheint dieses Schreiben als ein eindrückliches Bemühen des Apostels, mit den unterschiedlich geprägten Gruppen in der korinthischen Gemeinde in Wertschätzung und Korrektur so umzugehen, dass diese auf der Basis des Kreuzes Christi zueinander und auf die Einheit des Leibes Christi hingeführt werden. Dies lässt sich erkennen an der Art und Weise, wie die verschiedenen Teile des Briefes und ihre jeweilige Argumentation aufeinander bezogen und miteinander verschränkt sind.

Vorausgesetzt ist dabei die literarische Einheit des Schreibens[2] und ein Verständnis der Charakteristik der in den einzelnen Briefteilen angesprochenen Gruppen, das ich zunächst kurz begründen muss.[3]

* Überarbeitete und leicht erweiterte Fassung des an der STH Basel am 28. April 2018 gehaltenen Referats. Die Fußnotenverweise mussten auf das Notwendigste begrenzt bleiben.

1 Zur Definition von Kreuzestheologie und zu ihrer paulinischen Entfaltung s. Frey, Paulinische Perspektiven, 443–484; s. weiter ders., Rechtfertigungstheologie, 415–441.

2 Dazu grundlegend die Argumentation bei Merklein, Einheitlichkeit, 345–375; s. auch Schnelle, Einleitung, 79–82.

3 Zu den Fragen des städtischen Umfeldes und zur sozialen Struktur der Gemeinde kann hier auf den Beitrag von Benjamin Schließer in diesem Band verwiesen werden.

1. Differenzen und Konflikte in der korinthischen Gemeinde

Der 1. Korintherbrief bietet ein breites Spektrum von Schwierigkeiten, denen eine junge Gemeinde, wohl nur ca. 5 Jahre nach ihrer Gründung, ausgesetzt war. Die korinthischen Jesusnachfolger, die mehrheitlich wohl aus einem paganem Hintergrund kamen, also nicht schon an das Leben mit dem jüdischen Monotheismus und seiner Gesetzesobservanz gewohnt waren, standen in vielerlei Lebensbereichen vor der Aufgabe, neue Sichtweisen und Maßstäbe aufzunehmen und einzuüben. Ein Modell dafür oder gar eine Tradition, an die sie sich hätten anpassen können, gab es noch nicht. Das zeigt sich an den von Paulus thematisierten ethischen Fragen und Problemen: Ein Gemeindeglied lebte wohl in einem inzestuösen Verhältnis mit seiner Stiefmutter (1. Kor 5), andere nahmen offenbar bedenkenlos Prostitution in Anspruch (1. Kor 6,12–20), wieder andere zogen sich aus asketischen Neigungen von ihren Ehepartnern zurück (1. Kor 7,1ff.). Einige Jesusnachfolger trugen ihre Rechtstreitigkeiten vor öffentlichen Gerichten aus (1. Kor 6,1–11), und manche nahmen – offenbar auch ohne Bedenken – an Banketten in den Speisesälen paganer Tempel teil (1. Kor 8–10). All dies konnte oder musste zumindest bei manchen anderen Gemeindegliedern Anstoß erregen.

Nicht zuletzt im korinthischen *Gottesdienst* bzw. präziser den *Gemeindeversammlungen,* wo Menschen von unterschiedlichem Status[4] und Bildungsstand vermutlich in mehreren Hausgemeinden zusammentrafen, scheint es zu (offenen oder verdeckten) Konflikten gekommen zu sein: Ganz gleich, wie man konkret den Mahlablauf in Korinth rekonstruiert,[5] lässt sich der paulinischen Problemanzeige

4 Dies gilt zumindest, sofern man für die frühchristlichen Gemeinden mit einer sozialen Strukturkohärenz, d.h. einer gewissen Repräsentanz der gesellschaftlichen Schichten (vielleicht unter Ausnahme der allerobersten Ebenen) in den christlichen Gemeinden rechnet. So grundlegend Meeks, First Urban Christians, 51–73. Diese Einschätzung hat die auf Adolf Deissmann (Paulus, 1911) zurückgehende Sichtweise, dass es sich bei den frühen Christen v.a. um eine Unterschichtgruppierung gehandelt hätte, weithin abgelöst. Vgl. Stegemann/Stegemann, Urchristliche Sozialgeschichte, 249–261; s. auch Theißen, Soziale Schichtung, 231–271; Barclay, Thessalonica and Corinth, 49–74.

5 Zur Analyse s. den »Klassiker« von Bornkamm, Herrenmahl und Kirche, 270–308, und im Anschluss daran Hahn, Herrenmahl bei Paulus, 23–33; weiter Theißen, Starken, 272–289; ders., Soziale Integration, 290–317; den instruktiven Beitrag von Lampe, Das korinthische Herrenmahl, 183–213.

zur gemeindlichen Mahlfeier (1. Kor 11,17–34) entnehmen, dass es dabei wohl zu einer »ostentative[n] Prasserei« einiger »im Angesicht der Armen« kam, durch die die anderen, »weniger Begüterten in der Gemeinde … bloßgestellt« wurden.[6] Demgegenüber bemüht sich der Apostel, den Korinthern ein dem Charakter der Mahlfeier »angemessenes« (=»würdiges«) Verhalten zu vermitteln, wobei es letztlich um das soziale Miteinander geht, in dem kein Gemeindeglied beschämt werden soll.[7]

Auch um die von einigen Gemeindegliedern praktizierte Glossolalie, eine ekstatische, aber für andere unverständliche Form des gottesdienstlichen Sprachhandelns, gab es Auseinandersetzungen, die sich aus 1. Kor 12–14 noch partiell rekonstruieren lassen:[8] Während die einen diese Form der Rede als eine besondere Gabe des göttlichen Geistes, ja als Geschenk von Engelssprachen (vgl. 1. Kor 13,1), hochschätzten, sahen andere die lallenden Reden und Gebete wohl als »kindisch« an – oder allzu sehr in der Nähe dionysischer Raserei – und wollten die so »Begabten« gerne in Schranken weisen.

In dieser Situation haben die Verantwortlichen der Gemeinde, konkret vermutlich eher die Gebildeten, die schreiben konnten oder Schreiber zur Verfügung hatten, den Apostel in einem »Fragebrief« um seine Stellungnahme gebeten (1. Kor 8,1). Wir können aus den περὶ δέ-Anschlüssen (1. Kor 7,1; 8,1; 12,1 etc.) zumindest teilweise jene Punkte erschließen, in denen Paulus auf die von den Korinthern angefragten Punkte antwortet. Sie fragten ihn also nach seiner Stellung zu den »Geisteswirkungen«, seiner Haltung zum »Götzenopfer« (1. Kor 8,1), also dem Fleisch aus heidnischer Produktion und den Einladungen in heidnischen Häusern, und zur Ehe und damit verbundenen Fragen (1. Kor 7,1.25).[9] Die anderen Probleme

6 Zeller, Korinther, 368.
7 Dabei betrifft das adverbiale ἀναξίως (=»unwürdig«; 1. Kor 11,27) gerade nicht die später so betonten Fragen von persönlicher Mahlvorbereitung oder gar individueller »Würdigkeit«, angemessenem Abendmahls-Verständnis, feierlich-liturgischer Ausgestaltung, oder amtstheologisch-korrekter Durchführung. Was das gefeierte Mahl »kein Mahl des Herrn« (1. Kor 11,20) sein lässt, ist eben jenes soziale Verhalten, das die durch Jesu Tod gestiftete Gemeinschaft leugnet.
8 Dazu s. u. Abschnitt 3.2.
9 Weitere Fragen betrafen vielleicht seinen Kollegen Apollos (1. Kor 16,25) und seine Kollektensammlung (1. Kor 16,1), doch bleibt eine Unsicherheit, ob περὶ δέ … immer auf einen von den Korinthern genannten Punkt verweist. Für die

der Gemeinde, und zwar die Fragen, die die Gemeinde in einem eher negativen Licht erscheinen lassen, wie Parteiungen, der Inzestfall, Prostitution, Streitereien vor paganen Richtern, die Probleme bei der Mahlfeier und die Leugnung der Auferstehung der Toten durch einige Gemeindeglieder, standen offenbar nicht im Fragebrief der Gemeinde bzw. ihrer Leitenden. Über sie hat Paulus aus anderen, wohl mündlichen Quellen erfahren (vgl. 1. Kor 1,11) und man kann vermuten, dass es andere Gemeindeglieder waren, die dem Apostel darüber Informationen zukommen ließen; vielleicht nicht die Leitenden, sozial Höherstehenden oder Gebildeten, sondern einfachere und vielleicht ärmere Gemeindeglieder, die verständlicherweise daran Anstoß nahmen, dass andere ungeniert um Geldangelegenheiten prozessierten, sich ethisch allerlei Freiheiten erlaubten oder beim Gemeindemahl durch ihr Verhalten andere »beschämten«. Die Annahme hat einiges für sich, dass auch die für die einzelnen Gemeindeglieder oder Gruppen diskussionsbedürftigen Themen je nach Stand oder Bildungsgrad unterschiedlich waren.[10]

Auffällig ist, dass Paulus gleich zu Beginn des Briefes mit einem Thema einsetzt, das ihm nur mündlich zugetragen wurde. Der Fragebrief hatte offenbar nichts über den sogenannten »Parteienstreit« enthalten, den Paulus vorneweg und prioritär thematisiert. Offenbar war es den Verantwortlichen der Gemeinde nicht als anstößig erschienen, dass verschiedene Gruppen sich auf je unterschiedliche Prediger bezogen, die einen auf den rhetorisch gebildeten Apollos, der nach Paulus in Korinth gewirkt hatte, andere auf Paulus, der die Gemeinde ja gegründet hatte, dann aber weitergezogen war, und wieder andere auf Petrus, von dessen Wirken in Korinth wir nichts Sicheres wissen, der aber als urchristliche Autorität völlig unstrittig war. Mündlich hatte Paulus von diesen Parteiungen erfahren (1. Kor 1,11), und bevor er die Fragen der Gemeindeleiter beantwortet setzt er alles daran, die Gemeinde zu überzeugen, dass solche Parteiungen unsinnig und unangemessen sind.[11]

o.g. Theman aus 1. Kor 7,8–10 und 12–14 ist dies auch aufgrund der jeweiligen Argumentationsstruktur besser begründet.

10 S. dazu grundlegend Theißen, Die Starken und die Schwachen in Korinth.

11 Man kann sogar sagen, dass Paulus die Mehrzahl der Themen, die er »ungefragt« anschneidet, gerade auch die ethischen Themen von Inzest, Prostitution und Prozessieren (1. Kor 5–6), vor der »Abarbeitung« der Fragen der Korinther thematisiert. Nur die Probleme des Gottesdienstes (1. Kor 11) wer-

Aber nicht nur die ersten vier Kapitel des Briefs, in denen Paulus sich konkret mit diesen »Parteiungen« auseinandersetzt, sind geprägt von der Absicht, die unterschiedlichen Gruppen der Gemeinde auf ihre gemeinsame Grundlage und die in Christus begründete Gemeinschaft hin zu weisen. Der ganze Brief ist durchzogen von einer *integrativen Argumentationsstruktur.* Er bietet nicht nur Argumente und Appelle, sondern auch Anreize und Modelle zur Integration der Gegensätze, im Dienst des Ringens um den Erhalt der Einheit der Gemeinde. Dies möchte ich im Folgenden an drei Modellfällen – und zugleich an drei wichtigen Passagen des Schreibens vorführen. Dabei soll jeweils kurz die Situation skizziert und dann die Argumentation des Apostels analysiert werden.

2. Der korinthische »Parteienstreit« und die Charakterisierung der Gemeinde-Gruppen

Zuvor ist jedoch dieser »Parteienstreit«, den Paulus in 1. Kor 1,11f anspricht und bis zum Ende von Kapitel 4 ausführlich thematisiert, zu betrachten. Was steckt dahinter, wenn einer sagt »Ich gehöre zu Paulus«, ein anderer: »Ich (gehöre) zu Apollos«, wieder ein anderer: »Ich (gehöre) zu Kephas« und – vielleicht – noch ein anderer: »Ich gehöre zu Christus«? Die Forschung hat vor allem über die vierte Aussage heftig diskutiert, ob es sich neben den Zuordnungen zu einzelnen menschlichen Verkündigern tatsächlich um eine »Christuspartei« handeln kann, wie diese dann zu beschreiben ist, oder ob diese vierte Aussage nicht eher eine rhetorische Übersteigerung des Paulus ist, der damit schon hier deutlich machen will, wie absurd das Parteiengezänk der korinthischen Jesusnachfolger ist.[12] Da die Forschung im Blick auf eine mögliche »Christus-

den mit den verwandten Problemen von 1. Kor 12–14 zusammengestellt, und die Argumentation bezüglich der Auferstehung der Toten (1. Kor 15) bildet den thematischen Abschluss, bevor dann in 1. Kor 16 noch kleinere Fragen, Reisepläne und Grüße folgen.

12 So einflussreich Käsemann, Einführung, X: »Eine Christuspartei hat es überhaupt nicht gegeben. Die sie vermeintlich kennzeichnende Losung ›ich bin des Christus‹ wird als ironisierende Überbietung der anderen umlaufenden Parolen, also aus spezifisch paulinischer Rhetorik zu begreifen sein.«

partei« nur höchst divergente Spekulationen hervorgebracht hat[13] und in 1. Kor 3,22 nur noch die drei menschlichen »Häupter« Paulus, Apollos und Kephas genannt sind, an anderen Stellen (1. Kor 3,4.5; 4,6) sogar nur Paulus und Apollos, spricht tatsächlich Vieles dafür, dass wir nur mit drei Gruppen zu rechnen haben, hinter denen sich je ein spezifisches Anliegen oder Konzept verbirgt, das freilich nicht unbedingt mit dem Denken des je genannten »Gewährsmanns« deckungsgleich sein muss.[14]

Wie kann man diese drei Gruppen näher charakterisieren? Auch hier gibt es in der Forschung viel Unsicherheit.[15] Mehr als eine hypothetische Rekonstruktion ist hier nicht möglich.[16]. Diese ist dann brauchbar, wenn sie die textliche Kommunikation in hinreichender Differenziertheit erklärt. Die ältere Forschung hat hier gerne eine »korinthische Theologie« oder »Häresie« angenommen und dann alle Missstände, von den ethischen Problemen bis zur Leugnung der Auferstehung auf diese eine »enthusiastisch-libertinistische«[17] oder »gnostische« Haltung[18] *der* Korinther zurückgeführt. Ein solches Modell ist sicher zu undifferenziert, und wir müssen bedenken, dass Paulus in seinem Schreiben nicht mit einer einzigen Gruppe

13 S. die knappen Überblicke bei Merklein, Brief I, 115–118; Lindemann, Korintherbrief, 39–41. Die Palette geht von der Annahme einer streng judenchristlichen Gruppe (so bei Baur, Christuspartei, 61–206) über libertinistische Pneumatiker (so wirkungsvoll Lütgert, Freiheitspredigt, 1908, der – wie schon im Titel erkennbar – das Paradigma der sogenannten »Schwärmer« der Reformationszeit auf die korinthischen Christen anwendet) bis hin zu Gnostikern (so Schmithals, Gnosis in Korinth, 1969). Es ist bezeichnend, dass die Ausleger die »eigentlichen« Gegner des Paulus meist in der sogenannten Christuspartei sahen, hier weiß man am wenigsten und konnte am besten spekulieren.

14 Es wäre unangemessen, wenn man etwa für die sich auf Paulus berufenden Christen annehmen wollte, sie hätten eine erkennbar paulinische Theologie vertreten. Hier ist vielmehr mit Missverständnissen oder Verkürzungen zu rechnen, bei Zeitgenossen des Paulus mindestens ebenso sehr wie bei seinen späteren Interpreten, bei theologisch möglicherweise wenig geschulten Heidenchristen in Korinth ohnehin.

15 S. den Forschungsüberblick bei Sellin, Hauptprobleme, 3011 ff., sowie die Diskussion bei Merklein, Brief I, 134–152.

16 Zu diesem Zirkel s. Merklein, Brief I, 115.

17 So Lütgert, Freiheitspredigt.

18 So auch noch Schrage, Korinther 1, 54–63.

von »Gegnern« zu tun hat – im Grunde überhaupt noch nicht mit Gegnern[19] –, sondern mit verschiedenen Gruppen im Gespräch ist.

Den beachtlichsten Vorstoß in dieser Richtung hat m. E. Helmut Merklein in seinem Kommentar gemacht.[20] Das von ihm vorgelegte Modell lege ich im Folgenden meiner Interpretation zugrunde. Dabei ist im Wesentlichen mit drei Gruppen zu rechnen, die sich in je unterschiedlicher Weise auf Paulus, Apollos und Kephas beriefen.[21]. Zugleich ist zu berücksichtigen, dass nicht alle im Brief angesprochenen Themen und Probleme in gleicher Weise auf die Unterschiede zwischen diesen drei Gruppierungen bezogen werden können. Deren Differenzen sollten zudem nicht einseitig in theologischen Lehrmeinungen gesehen werden, vielmehr dürften Fragen der sozialen Gruppenidentität, für die nicht zuletzt Bildungs- und Statusdifferenzen ursächlich waren, eine wesentliche Rolle gespielt haben.[22] Besonders signifikant sind nach der Analyse Merkleins die auch kompositorisch für den Brief grundlegenden und einander in gewisser Weise ›komplementär‹ zugeordneten Teile 1. Kor 1–4 und 12–14. Doch zunächst zu den drei in 1. Kor 1,11f genannten Gruppen in ihrer Zuordnung zu einzelnen Verkündigern:

a) *Kephas:* Da Paulus in der Nennung der »Häupter« mehrfach den Namen des Kephas (1. Kor 1,11; 3,22) weglässt und nur sich und Apollos erwähnt, dürfte die an Petrus orientierte Gruppe in Korinth eher von untergeordneter Bedeutung gewesen sein. Es ist unsicher, ob Petrus Korinth je besucht hat. Da er nichts Schriftliches hinterlassen hat und auch Gal 2,11 ff. nur ein Bild in polemischer Brechung zeichnet, bleiben die von ihm faktisch vertretenen Positio-

19 Methodisch ist zu beachten, dass zwischen dem ersten und dem zweiten Korintherbrief deutliche Verschiebungen in der korinthischen Situation zu konstatieren sind. Die »Gegner«, die im zweiten Brief (v. a. 2. Kor 10–13; s. 11,4) deutlich erkennbar sind und als Konkurrenten Misstrauen gegen Paulus säen, sind im ersten Brief noch nicht am Werk.

20 Merklein, Brief I, 114–152.

21 Eine selbständige »Christuspartei« schließt auch Merklein (Brief I, 146 f.) aus.

22 Es geht in vielen der behandelten Punkte nicht primär um »theologische Richtigkeiten«, sondern auch um »Frömmigkeitsstile« und den Umgang mit ihnen. Dies wird gern übersehen, wenn man einseitig auf die theologischen »Aussagen« achtet.

nen unsicher.[23] Am ehesten verbindet sich mit ihm das Anliegen eines geordneten Zusammenlebens von Juden- und Heidenchristen, und interessanterweise ist auch im ersten Korintherbrief die ethnisch-religiöse Opposition »Juden« und »Griechen« in der programmatischen Passage 1,22–24 prominent benannt. Unter den Themen des ersten Korintherbriefes könnte somit vor allem die am ehesten die Frage des Götzenopferfleisches und der Einladung in heidnische Häuser den mit seiner Person verbundenen Anliegen zugeordnet werden, so dass man in der Kephas-Gruppe am ehesten »eine gemischte, aus Juden- und Heidenchristen bestehende Gruppe sehen« könnte, »die sich u. a. gegen eine freizügige Praxis in Sachen Götzenopferfleisch wandte«.[24] Im Blick auf die anderen Themen des Briefs lässt sich Petrus hingegen nicht mit einer spezifischen Position verbinden. Der stärkste Gegensatz bestand wohl zwischen den an Apollos und Paulus orientierten Gruppen.[25]

b) *Apollos:* Klarer bestimmbar sind wohl die Anliegen jener Gruppe, die sich auf Apollos bezog, auch wenn unser historisches Wissen über diese Figur gleichfalls begrenzt ist.[26] Nimmt man die Informationen aus Apk 18,24f. auf, dann war der alexandrinische Judenchrist schriftgelehrt und wortgewaltig. Aus seiner Heimat könnte er Elemente alexandrinisch-jüdischer Weisheit mitgebracht und so eine eher weisheitlich orientierte Konzeption des Christusglaubens vertreten haben. Er war nach der Abreise des Paulus in Korinth aufgetreten, und es ist nachvollziehbar, dass er mit seiner rhetorischen Kunst andere Hörer ansprechen konnte als Paulus. Jesusnachfolger, die erst durch ihn zur Gemeinde

23 Im Unterschied zu Einschätzungen der älteren Forschung (z. B. bei F. C. Baur) war Petrus aber kein »radikaler« Vertreter des »Judenchristentums«, also einer auf Toraobservanz beharrenden Position, sondern für eine Verkündigung an »Heiden« durchaus offen. S. zur Diskussion zuletzt Heilig, Älteste Petrus-Tradition und neuste Paulus-Perspektiven, der im Gespräch mit den neueren Paulusperspektiven Gal 2,11ff. in interessanter Weise mit Apg 10 verbindet.

24 Merklein, Brief I, 149.

25 Merklein, Brief I, 151, vermutet gar, dass »sich die Kephas-Partei in Reaktion auf den Streit zwischen Apollos- und Paulus-Gruppe gebildet hat.«

26 Zur Diskussion s. jetzt Vollenweider, Apollos of Alexandria. Paulus lässt nirgendwo einen Zweifel daran aufkommen, dass Apollos wirklich Jesusnachfolger und – nach ihm – ein legitimer und geachteter Gemeindemitarbeiter war. Nur Lukas scheint mit der Notiz, Apollos hätte nur von der Taufe des Johannes gewusst, hier eine Ein- und Unterordnung vornehmen zu wollen.

gekommen waren, wussten von Paulus nur vom Hörensagen und orientierten sich daher natürlicherweise eher an dem, der sie zum Glauben geführt hatte.

Dass Gemeindeglieder in Korinth eine weisheitlich geprägte Konzeption christlichen Glaubens vertraten und lebten, liegt angesichts von 1. Kor 1–4 nahe, wo Paulus sich zentral mit Weisheit und Rhetorik auseinandersetzt, wohl gerade, weil diese von der dort angesprochenen Gruppe besonders geschätzt wurde. Diese weisheitsorientierte Konzeption lässt sich weniger aus der Missionsverkündigung des Paulus erklären, der selbst nicht die Weisheit, sondern das Kreuz zum Kernbegriff seiner Verkündigung gemacht hat. Plausibler ist es, die Anstöße zur weisheitlichen Reflexion des Christusglaubens in Korinth im späteren Wirken des Apollos zu sehen. Auch das bedeutet nicht, dass alles, was die korinthischen Jesusanhänger vertraten, von Apollos so verkündigt worden war, aber es ist doch plausibel, dass sich die korinthischen Anhänger der Weisheitslehre auf Apollos berufen haben. Textlich wird dies durch die Verweise auf Apollos in 1. Kor 1–4 nahegelegt. In 3,1ff. wird der Gegensatz von Pneumatikern und »Fleischlichen«, von Vollkommenen und Unmündigen erwähnt und dann auf die beiden Parolen »ich gehöre zu Paulus« bzw. »ich zu Apollos« bezogen, und in 4,6 heißt es dann: »Dies aber, Brüder, habe ich auf mich und Apollos angewandt um euretwillen …, damit sich nicht einer für den einen gegen den anderen aufbläht.«

Naheliegend ist auch, dass es eher gebildete und vielleicht wohlhabendere Kreise waren, die von einer solchen intellektuell akzentuierten Konzeption angesprochen wurden. Wir können hier nicht im Detail erörtern, in welchem Maße diese korinthischen Christen dann auch mit einigen anderen im Brief verhandelten Problemen, den ethischen Fragen von 1. Kor 5–6, dem »liberaleren« Umgang mit den Götzenopfern oder auch den Schwierigkeiten im Verständnis der Auferstehung der Toten, in Verbindung gebracht werden können, aber auch hier wird es Verbindungen gegeben haben.

c) *Paulus:* Treffen diese Erwägungen zur Apollos-Gruppe zu, dann kann man erwägen, in der Gruppe, die sich auf Paulus berief, eine hinsichtlich ihres Bildungsstandes wie auch in der Grundkonzeption ihres Glaubens andersartige Gruppe zu sehen. Dabei muss man keinesfalls postulieren, dass mit der Berufung auf Paulus auch ein richtiges Verständnis seiner Theologie verbunden war. Aufgrund dieser unangemessenen Voraussetzung hat sich die Forschung meist besonders schwer mit der Identifikation derer getan, die sich in Korinth auf Paulus beriefen.[27] Helmut Merklein hat hier den interessanten Vorschlag gemacht, dass bei den Paulus-Anhängern in besonderer Weise an die Glossolalen zu denken sei, eben jene, die im Gottesdienst eine nicht an den Intellekt gebundene Äußerung des Geistes praktizierten.[28] Die Geistbegabung war diesen Jesusnachfolgern vielleicht gerade deshalb so wichtig, weil sie ihnen eine Würde verlieh, die ihnen sonst – nach ihrer Bildung und ihrem Status – nicht zuteilwerden konnte.[29] Einiges spricht dafür, dass diese Christen von Seiten der höher Gebildeten als »unmündig« angesehen wurden. Vielleicht haben sie ihre Praxis selbst unter Verweis auf den Apostel und Gemeindegründer gerechtfertigt, was die Bitte der Autoren des Fragebriefs um seine Stellungnahme begründete.

Der Vorschlag Merkleins ist inspirierend. Er wagt, wozu sich die protestantische, v. a. lutherisch-orientierte Forschung lange nicht durchringen konnte: eine Gruppe von enthusiastischen »Schwarmgeistern«[30] mit Paulus in Verbindung zu bringen. Aber wenn man nicht annehmen muss, dass diejenigen, die sich auf den Apostel beriefen, auch seine Theologie in all ihrer Tiefe verstanden haben, sondern vielleicht einfach nur von seiner eigenen religiösen Praxis (die Glossolalie einschloss) wussten, dann ist diese Annahme sinnvoll und führt die beiden Teile 1. Kor 1–4 und 1. Kor 12–14 komplementär zueinander: Während Paulus in Kapitel 1–4 mit der Apollos-Gruppe diskutiert und diese kritisch korrigiert, spricht er in Kapitel 12–14 wertschätzend und kritisch die Gruppe der Glossolalen – evtl. die »Paulus«-Gruppe – an. Paulus argumentiert in den Kapiteln 1–4 eher weisheitskritisch mit Hinweisen auf die »Torheit« der Verkündigung und das »Geheim-

27 Die knappe und skeptische Bemerkung bei Lindemann, Korintherbrief, 40, spiegelt dies: »Obwohl wir über die Theologie des Paulus sehr gut informiert sind, können wir nicht erkennen, welche theologische Position die Anhänger des Paulus eingenommen haben könnten.«

28 Merklein, Brief I, 140–145.

29 Dazu auch Theißen, Psychologische Aspekte, 296–303.

30 So der pejorative Terminus bei Lütgert, Freiheitspredigt.

nis« des göttlichen Ratschlusses, während er sich in den Kapiteln 12–14 eher an die Glossolalen wendet und sich mit ihrer Praxis auseinandersetzt, z. B. mit dem Appell zu Vernünftigkeit und verständlicher Rede (1. Kor 14,20). Dies zeigt schon, wie sehr sich Paulus im Ganzen des Briefes darum bemüht, die unterschiedlichen Gruppen in der Gemeinde in ihrer intellektuellen, sozialen und konzeptuellen Gegensätzlichkeit zusammen zu halten und aufeinander hin zu weisen.

Dieses *integrative* Grundanliegen in der Argumentation des Briefes soll nun im Blick auf drei Diskurse – um die Weisheit, um das ›Götzenopferfleisch‹ und um die Geisteswirkungen – entfaltet werden.

3. Die integrative Argumentation des Paulus in den zentralen Diskursen seines Briefes

Paulus schreibt der gesamten Gemeinde in Korinth, nicht einer einzelnen Gruppe oder Hausgemeinde. Er solidarisiert sich auch nicht mit einer Teilgruppe, etwa derjenigen, die sich auf ihn selbst beruft. Damit verdeutlicht er vorneweg, dass er nicht nur ein »Parteihaupt« sein will. Er ist Gründer, ja »Vater« der ganzen Gemeinde (1. Kor 4,15) und sieht sich in der Pflicht, diese als Ganze seelsorglich anzusprechen und zurechtzubringen. Deshalb tritt er auch in den verschiedenen Teilen seines Briefes den beiden hauptsächlich identifizierbaren Gruppen, den Vertretern eines weisheitlich orientierten Glaubens und den glossolal bewegten Gemeindegliedern, wertschätzend und kritisch gegenüber, jeweils mit kritischer Zustimmung und einem Hinweis auf das Wahrheitsmoment der entgegengesetzten Position, aber ohne diese Gruppe (oder die jeweilige Gegenseite) generell als fehlgeleitet zu bezeichnen.

3.1 Die integrative Argumentation in 1. Kor 1–4

Der Anfang des Schreibens greift, nach dem Präskript (1,1–3) und einem kurzen Proömium (1,4–9), sofort das von Paulus identifizierte, ihm aus mündlichen Quellen zugetragene Problem der »Parteiungen« auf. Die Mahnung zur Einheit (1,10) steht am Anfang des aus unterschiedlichen thematischen Blöcken zusammengesetzten Hauptteils, und eröffnet zugleich die erste ausführliche Erörterung

(1,10–4,21), in der es mit der Thematik von Kreuz und Weisheit eben um jene »Grüppchenbildung« geht. Natürlich tadelt Paulus die Gemeinde wegen der Spaltung explizit (1,10) und fordert sie auf, dieses Parteiendenken und das damit verbundene, an falschen Maßstäben orientierte Sich-Rühmen aufzugeben (s. auch 3,3 f.; 3,2; 4,6). Weil Appelle bekanntlich wenig nützen, bietet er in diesem ersten Teil des Briefs eine ausführliche Argumentation, die die Unsinnigkeit des Parteiendenkens verdeutlichen und die ganze Gemeinde wieder auf ihren wahren Grund zurück führen soll. Dabei zieht Paulus alle Register seiner eigenen rhetorischen Kunst[31].

Vorweg stellt Paulus als fundamentale Prämisse des ganzen Briefes – durchaus dem »Themasatz« des Römerbriefs in Röm 1,16f analog – seine These vom »Wort vom Kreuz« (1,18), d. h. dem Evangelium von der Heilsmacht des Kreuzestodes Jesu: Dieses ist eine »Torheit« im Blickwinkel der weltlich »Weisen«, »uns aber« – und das schließt Paulus mit allen Adressaten zusammen – eine Kraft zur Rettung und somit ein Ausdruck der Weisheit Gottes, die die menschliche Weisheit außer Kraft gesetzt und damit zu einer Umkehrung der Maßstäbe, einer Umwertung der Werte, geführt hat.[32] Dieser epistemologische Basissatz liegt nicht nur der Argumentation in 1,10–4,21, sondern dem ganzen Brief zugrunde, insofern es in allen Diskursen des Briefes darum geht, den Blick vom Kreuz her auf die »Schwachen« (8,7.13 u. ö.) oder »Unwerten« (12,22–24) zu richten und so die Praxis der Liebe (8,1; 13,1 ff.) zu wahren. Nicht zufällig fügt Paulus der Rede von der Umkehrung der weltlichen Maßstäbe einen Verweis auf die konkrete Zusammensetzung der Gemeinde an, die für die Adressaten die Wahrheit dieses Grund-Satzes bestätigen konnte: Auch in Korinth hat Gott »nicht viele Weise nach dem Fleisch, nicht viele Mächtige, nicht viele Vornehme« berufen (1,26), sondern gerade »was schwach ist vor der Welt« (1,27). Dieser besondere Blick auf das Geringe und weltlich Verachtete korrespondiert dem Kreuzesgeschehen, und so soll auch das Denken und das Miteinander der Korinther dem entsprechend gestaltet sein. Dies zeigt sich in mehreren thematischen Erörterungen des Briefes.

31 Zur Kunst der Argumentation in diesem Abschnitt s. Merklein, Brief I, 108–114.

32 Zur Interpretation dieses *locus classicus* der paulinischen Kreuzestheologie s. Frey, Paulinische Perspektiven zur Kreuzestheologie, 466–473.

Sachlich geht es Paulus in diesen Kapiteln um eine Kritik an dem Verhalten der »Weisheits-Gruppe«, d. h. derer, die – wohl in Hochschätzung des Predigers Apollos – an einer intellektuellen Durchdringung des Glaubens, an wohlgestalteter Rede und einem wohlgestalteten äußeren Erscheinungsbild interessiert sind.[33] Doch wie formuliert Paulus diese Kritik? Nicht in einer generellen Zurückweisung oder Verwerfung von Weisheit und wohlgestalteter Rede, und erst recht nicht so, dass er in seiner Selbstpräsentation auf all dies verzichtete, um dann selbst als »Barbar« zu erscheinen.

Ganz im Gegenteil: Im Dienste der Kritik am Verhalten der Weisheitsanhänger schlüpft Paulus in 1. Kor 2,6–16 selbst in das Gewand des Weisheitslehrers, der die »wahre«, unvergängliche Weisheit lehrt, die diesem Äon verborgene (2,6) »Weisheit Gottes« (2,7). Und wenn die korinthischen Adressaten »vollkommen« (2,6) sein wollen, dann werden sie sich an dieser Weisheit orientieren wollen. Charakterisiert wird diese Weisheit aber mit Attributen, die sie der intellektuellen Zugänglichkeit gerade entheben: Sie ist »im Geheimnis verborgen« (2,7), sie enthält, »was kein Auge gesehen und kein Ohr gehört hat« (2,9), sie ist Gegenstand einer »uns« – d. h. Paulus und all seinen Adressaten – gegebenen Offenbarung (2,10 ff.). Somit ist sie nur kraft des der Gemeinde gegebenen göttlichen Geistes zu erfassen (2,11 f.), während sie dem natürlichen Menschen als Torheit erscheint (2,14).

So redet Paulus als Weisheitslehrer weisheitskritisch und bringt seinen Adressaten die von ihm selbst vertretene, der ›Menschenweisheit‹ entgegengesetzte Botschaft nahe: das »Wort vom Kreuz«, die Orientierung an dem Geschehen, in dem Gott selbst scheinbar töricht und Anstoß erregend gehandelt hat, aber gerade so in paradoxer Form seine gegenüber der Weisheit der Welt überlegene Weisheit zur Geltung gebracht hat.

Wenn die Korinther dem zustimmen, dass dieses Geschehen – und nichts anderes (2,2) – die christliche Botschaft im Kern bestimmt, dann müssen sie auch anerkennen, dass ihr eigenes Schielen auf geis-

33 Man kann durchaus fragen, wo die »Geistesverwandten« dieser Weisheit in der gegenwärtigen Christenheit zu suchen sind. Ist das nur »Kulturprotestantismus« oder eine intellektuell anspruchsvolle Theologie – oder sollte man hier nicht auch an »durchgestylte« Gottesdienste, telegene Performances etc. denken? Bevor man Paulus dabei zum Kulturpessimisten macht, ist jedoch zu bedenken, dass der Apostel all dies – auch eine gute Rhetorik – nicht generell verwirft (und partiell selbst praktiziert). Nur das Kriterium ist ein anderes.

tigen Tiefsinn und rhetorische Gefälligkeit unsachgemäß ist. Das wertende Vergleichen zwischen unterschiedlichen Predigern, Apollos und Paulus (3,4 ff.; 4,6) oder anderen Gemeindemitarbeitern, wäre nach derartig unangemessenen Kategorien dann hinfällig.

Diese grundlegend (kreuzes-)theologische Argumentation unterstützt Paulus mit vielfältigen rhetorischen Mitteln. Nur wenige von diesen können hier benannt werden:

Zu Beginn seiner Erörterung setzt Paulus geschickt rhetorische Fragen ein, die die Absurdität der Parteibildungen deutlich machen soll (1,13): »Ist Christus etwa zerteilt? Ist denn Paulus für euch gekreuzigt? Oder seid ihr auf den Namen des Paulus getauft?« Bereits hier mussten die Adressaten erschrocken abwehren und die Absurdität des Parteienwesens erkennen.

Paulus argumentiert mit evidenten Sachverhalten. So weist er die Gemeinde darauf hin, dass Gott in ihren Reihen nicht viele aus den Gebildeten, Wohlhabenden und Vornehmen berufen hat. Das mag einerseits ein Anhaltspunkt im Blick auf die soziale Struktur der Gemeinde sein, aber zugleich wird damit eine theologische Perspektive eingenommen: Anhand der für sie evidenten konkreten Zusammensetzung der Gemeinde sollen die Adressaten wahrnehmen, dass Gottes Hinneigung in besonderem Maße dem Geringen und Verachteten gilt (1,26 f.). Außerdem erinnert Paulus die Korinther an sein eigenes Auftreten in der Stadt. In der Vergegenwärtigung dessen, dass Gott die offenbar nicht so glanzvolle Predigt des Paulus, sein Auftreten »in Schwachheit«, ja »mit Furcht und Zittern« (2,3), dadurch beglaubigt hat, dass auch und gerade durch dieses Auftreten bei den Korinthern Glauben geweckt wurde.

Nicht zuletzt argumentiert Paulus mit seinem eigenen Beispiel – hier mit dem Beispiel seiner Leiden im apostolischen Dienst und der vielen von ihm erduldeten widrigen Umstände: In ihnen bildet sich das Leiden Christi ab, d. h. der Apostel demonstriert am eigenen Leib, was es mit dem Wort vom Kreuz auf sich hat. Diesem Beispiel sollen die Korinther in einer *mimesis* folgen (4,16), was nicht Nachahmung des paulinischen Lebensstils meint, sondern ein Verhalten, das dem Wort vom Kreuz entspricht. So ist jeder Selbstruhm durchkreuzt, und auch die Faszination an menschlicher Rhetorik und tiefgründigen Einsichten sowie die Begeisterung für einzelne, besonders »vollmächtige« Verkündiger, die die Gemeinde zu spalten droht, ist als fehlgeleitet entlarvt.

Wir sehen also, wie Paulus in diesem Abschnitt, in dem er zugleich die epistemologische Grundlage seiner Argumentation, die Rede von der Umkehrung aller weltlichen Werte durch das »Wort vom Kreuz«, einflicht, besonders die »Weisheitsorientierten« unter seinen Adressaten anspricht: Er geriert sich selbst als Weisheitslehrer, bejaht ihre Suche nach Weisheit grundsätzlich, aber stellt die Kriterien und v.a. die Beurteilungsvorgänge vom Kreuz Christi her grundlegend in Frage. Dabei wird die eigentlich anzustrebende göttliche Weisheit gerade mit Aspekten des rational nicht mehr Fassbaren, des Geheimnisses und der Offenbarung verbunden, d.h. mit Aspekten, die vermutlich dem Glaubensverständnis der anderen, den Apollos-Anhängern gegenüberstehenden Gruppe, entsprochen haben könnte. So werden diejenigen, die sich womöglich gerne jenen anderen als »Unmündigen« oder gar »Kindischen« überlegen fühlten (vgl. 3,1f.), in ihrem falschen Rühmen (1,29.31) und Richten (4,3.5) als »fleischlich« (2,1.3) und selbst unreif (2,2) überführt und doch in ihrem Streben nach der göttlichen Weisheit (aber mit richtigen Kriterien und gemäß dem Vorbild des Paulus selbst) bestärkt. So wirkt Paulus in seiner Argumentationsweise der Spaltung entgegen, überführt in solidarischer Liebe die Fehlgeleiteten und korrigiert sie durch den Seitenblick auf die *particula veri* des Glaubenskonzepts derer, die ihnen unverständlich fremd sind.

3.2 Die integrative Argumentation in 1. Kor 12–14

Im Blick auf die Argumentation in den Kapiteln 12–14 lässt sich eine ganz analoge Strategie erkennen. Dort geht es ja, aufgrund der Anfrage der korinthischen Gemeinde bzw. ihrer Verantwortlichen, um die Frage nach den Geisteswirkungen (πνευματικά: 1. Kor 12,1)[34] in den korinthischen Gemeindeversammlungen. Die Erörterung in 1. Kor 12–14 lässt erkennen, dass die Praxis ekstatischer Geistphänomene, vor allem der sogenannten Glossolalie, Spannungen

34 Der Genetiv ist hier wohl in ein Neutrum aufzulösen: Es geht nicht um besonders »geistliche« Personen – eine solche Charakterisierung würde der egalisierenden Tendenz in 1. Kor 12–14 gerade zuwiderlaufen. Für Paulus sind gerade alle Christen Geistbegabte und damit πνευματικοί (vgl. Gal 6,1; Röm 8,9 und auch 1. Kor 2,13). Hier geht es vielmehr um die Geisteswirkungen oder die »Dinge des Geistes«. Zur Differenz von πνευματικά und χαρίσματα s. Fee, First Epistle, 575f.

hervorgerufen hatte.[35] Obwohl solche Phänomene im Umfeld der griechischen Religion keineswegs analogielos sind,[36] wurde die Fähigkeit zur Glossolalie von den davon bewegten Gemeindegliedern als ganz besondere Würdigung angesehen, als ein Begabtsein mit Engelssprachen,[37] das die so Beschenkten in unmittelbare Verbindung mit der himmlischen Welt brachte. Hingegen konnte das Phänomen der Glossolalie von außen auch als eine bacchantische Raserei oder einfach als Verrücktsein missverstanden werden konnte. Das Phänomen blieb vor allem deshalb uneindeutig, weil das Sprechen der Glossolalen, das man heute wohl am ehesten als freie Vokalisation beschreiben könnte,[38] zwar einen emotionalen Ausdruck, aber keinen klaren Sinn vermitteln konnte. Für andere, nicht derart »ekstatisch« begabte Gemeindeglieder, blieb dieses Geschehen, sofern kein keine verständliche und vermittelnde »Deutung« hinzukam, unverständlich und letztlich anstößig. Wer mit dieser Fähigkeit begabt war, konnte sich hingegen in gewissem Sinne »elitär« über die anderen, diesbezüglich Unkundigen und natürlich auch über die sonst bestehenden Statusgrenzen erhaben wissen. Das Phänomen drohte somit die gemeinsamen gottesdienstlichen Versammlungen zu spalten (12,25) – eine Wirkung, die bei »charismatischen« Phänomenen unserer Tage, auch wenn diese nicht notwendigerweise den damaligen Praktiken gleichen, durchaus auch zu beobachten ist.

Folgt man dem Modell Helmut Merkleins, dann dürften die Glossolalen sich für ihre Praxis gerade auf Paulus berufen haben, der selbst solche ekstatischen Geistphänomene kannte und nach seinem

35 S. zum Verständnis der paulinischen Argumentation neben den Kommentaren besonders Heckel, Paulus und die Charismatiker, 117–138; zum Hintergrund und zur Erklärung der Phänomene Theißen, Psychologische Aspekte paulinischer Theologie 256–291; zum Hintergrund und zur Erklärung der Phänomene Theißen, Psychologische Aspekte, 256–291; zu psychologischen Erklärungsversuchen ebd., 304–340; s. weiter Tibbs, Religious Experience, 2007.

36 S. dazu den Überblick bei Klauck, Von Kassandra bis zur Gnosis, 289–312; weiter Forbes, Prophecy and Inspired Speech, 1995.

37 S. dazu besonders 1. Kor 13,1 oder auch 2. Kor 12,4; im Hintergrund könnten Traditionen wie 2. Hen 19,6 oder TestHiob 47,6 ff. stehen, wo die drei Töchter Hiobs durch einen wunderwirkenden Gürtel u. a. mit himmlischen Sprachen begabt werden und schon auf Erden in solchen Sprachen sprechen. S. dazu Theißen, Psychologische Aspekte, 289–291.

38 Dazu s. Klauck, Kassandra, 290 und die dort angegebene Literatur.

Selbstzeugnis in 14,18 die Glossolalie praktizierte.[39] Die korinthischen Glossolalen könnten ihr Verhalten sogar von Paulus »gelernt« haben [40] und sich dann, als ihre Praxis von anderen, vermutlich stärker rational ausgerichteten Christen, hinterfragt oder kritisiert wurde, zur Rechtfertigung ihres gottesdienstlichen Verhaltens auf Paulus berufen haben. Dies würde die Bitte der Verantwortlichen an Paulus, zu den »Dingen des Geistes« Stellung zu nehmen, erklären.

Auch die Besprechung dieses Problems in 1. Kor 12–14 bietet ein Beispiel der *integrativen* Argumentation des Paulus. Dabei ist – quasi spiegelbildlich zur Argumentation in 1. Kor 1–4 – zu erkennen, dass der Apostel sich selbst zunächst als Pneumatiker vorstellt, der die Fülle der Geistwirkungen uneingeschränkt bejaht und auch die Praxis der Glossolalie für sich selbst in Anspruch nimmt, um dann auf dieser Basis der elitären Selbsteinschätzung der Glossolalen entgegenzutreten. Auch hier geht es um die *Integration* der unterschiedlichen Gruppen und Frömmigkeitsstile, um ihren Zusammenhalt – als Glieder an einem Leib und Teilhaber an der gemeinsamen gottesdienstlichen Versammlung, die allen zum Nutzen und der Gemeinde zum Aufbau dienen soll. Gerade in den Gemeindeversammlungen soll die Zusammengehörigkeit erkennbar werden, und die unterschiedlichen »Glieder« des Leibes sollen in gegenseitiger Fürsorge und Rücksichtnahme und in besonderer Wertschätzung des (scheinbar) Geringen einander zugeordnet sein.

Wie in dem Diskurs von 1,10–4,21 gleich zu Beginn, in 1,18, mit dem »Wort vom Kreuz« der soteriologische Grund und damit auch das Kriterium der Glaubensexistenz der Gemeinde benannt worden war, so formuliert Paulus auch hier zu Beginn des thematischen Diskurses ein Kriterium, das die unterschiedlichen Positionen auf ihren gemeinsamen Grund zurückführt, nämlich das Christusbekenntnis: »Niemand verflucht Jesus, der durch den Geist Gottes redet, und niemand kann Jesus den Herrn nennen, außer durch den heiligen Geist« (12,3). Wo Menschen sich zu Christus als ihrem Herrn bekennen, da ist (bzw. war schon vorab) Gottes Geist am Werk. Die Gegenwart des einen Geistes in der Gemeinde ist – nicht nur im Sinne theologischen »Wissens«, sondern auch konkreter Erfahrung –

39 S. dazu die Diskussion bei Maier, Mystik bei Paulus, 189–196.

40 Theißen, Psychologische Aspekte, 291 versteht Glossolalie lernpsychologisch als »sozial gelerntes Verhalten«.

der einheitsstiftende Grund, auf dem dann auch über die Stellung und den Wert der vielfältigen Geistphänomene und Frömmigkeitsäußerungen gesprochen werden kann.

Wie in einem Stakkato formuliert der Apostel sodann die Einheit gewährende Grundlage der unterschiedlichen Gnadengaben, Dienste und Wirkkräfte: Es ist der eine und selbe Geist, der eine und selbe Herr, der eine und selbe Gott, der hinter diesen unterschiedlichen Phänomenen steht. Dabei werden diese hier dezidiert als »Gnadengaben« (χαρίσματα) und nicht bloß als Geistphänomene (πνευματικά) charakterisiert. All die unterschiedlichen Phänomene, von den eher »rationalen« Fähigkeiten der Weisheit und Erkenntnis bis hin zu den rational nicht zugänglichen Praktiken der Glossolalie und ihrer Deutung, werden gewirkt von dem einen und selben Geist, sie unterliegen seiner Zuteilung (12,11) und sind somit kein Grund zu innergemeindlichen Rangstreitigkeiten. Auch hier zeigt sich eine spezifische Akzentsetzung: Der Bewunderung der ›pneumatischen Höhenflüge‹ durch die korinthischen Adressaten[41] setzt Paulus terminologisch sehr bewusst den Verweis auf die »Gnade« und damit den Geber entgegen. Es ist auch kaum zufällig, dass die »Charismenliste« in 14,7–10, die nicht die Totalität aller möglichen Geistesgaben, sondern eine situationsbezogen relevante Auswahl enthält,[42] zu Anfang jene Fähigkeiten (als »Gaben«) aufführt, die eher den an Weisheit und Rationalität orientierten Gemeindegliedern zuzuordnen sind, während am Ende jene Gaben stehen, die die Gruppe der Glossolalen in besonderer Weise gekennzeichnet haben dürften. Auch dadurch werden die gegensätzlichen Gruppen der Gemeinde einander integrativ zugeordnet und dies unter der Voraussetzung, dass auch ihre unterschiedlichen Frömmigkeitsäußerungen Wirkungen des gleichen Geistes und Gaben desselben Herrn sind.

Ein zweites Kriterium, das Paulus in diesen Kapiteln nachdrücklich zur Geltung bringt, ist das Kriterium des »Aufbaus«, der οἰκοδομή bzw. des Nutzens für den jeweils anderen und so für die

41 Vermutlich hatten die Schreiber des Fragebriefs nach den πνευματικά gefragt (12,1), und eine solche Einschätzung der Phänomene dürfte auch die der Glossolalen gewesen sein, die nach den Geisteserweisen »strebten« (vgl. 12,31; 14,1) und nun von Paulus in diesem allzu menschlichen Streben nach Hohem sanft korrigiert werden.

42 Vgl. Röm 12,4–8; 1. Kor 14,28.29 f.

ganze Gemeinde.[43] Deshalb favorisiert er dann gegenüber der unverständlichen Glossolalie das, was er hier Prophetie[44] nennt, d.h. die verständliche, aufdeckende Rede, die den Menschen »zur Erbauung, zur Ermahnung und zur Tröstung« (14,3) dient und so die Gemeinde »aufbaut« (14,4). Ohne den Wert der Glossolalie zu schmälern (vgl. 14,5), begründet Paulus so die Überordnung der »Prophetie«, deren Nutzen und aufbauende Wirkung in ihrer Verständlichkeit (14,6–12) und damit nicht zuletzt auch in der missionarischen Wirkung auf Außenstehende und interessierte Besucher (14,23–25) besteht. Die Überbewertung der Glossolalie durch einen Teil der korinthischen Gemeinde als himmlische »Engelssprache« wird durch den Hinweis auf den Wert der Verständlichkeit (14,18) relativiert. Damit »erklärt Paulus den Unterschied zwischen der Sprache der Engel und der Sprache der Menschen … zu einem Übersetzungsproblem.«[45] Rhetorisch geschickt bietet sich Paulus dabei als Vorbild an, dem die Adressaten – gerade jene, die sich vielleicht für ihre Praxis auf Paulus beriefen – nacheifern sollen (vgl. 4,16; 11,1). So formuliert er exemplarisch im Ich-Stil (14,19): »Ich will in der Gemeinde viel lieber fünf Worte reden mit dem Verstand … als zehntausend Worte in ›Sprachen‹.« So wird den korinthischen Glossolalen in sanfter Korrektur ihrer Überschätzung dieser für sie geistlich »erhebenden« und sozial aufwertenden Fähigkeit ein Gebrauch nahegelegt, das dem Kriterium der Verständlichkeit und des missionarischen Nutzens entspricht.

Am wirkungsvollsten gelingt Paulus die »Einordnung« der Geisteswirkungen aber durch zwei argumentative Figuren, in denen er hier in hoher poetischer Kunst und in geschickter Verwendung vertrauter Metaphern Modelle zur die Integration der unterschiedlichen Positionen und Gemeindekreise bereitstellt: das Lob der Liebe in 13,1–13 und das Bild vom Leib in 12,12–26.

Paulus verweist auf das entscheidende Kriterium, die Liebe, die nicht nur alle Erkenntnis übersteigt (13,2 vgl. 8,1), sondern auch das

43 Letzteres war schon zuvor in 6,12 und 10,23 in Reaktion auf mögliche korinthische »Parolen« zur Geltung gebracht worden.

44 Eine Differenzierung von Glossolalie und Prophetie findet sich vor Paulus nirgendwo. Vermutlich wurden ekstatische bzw. glossolale Phänomene sonst selbstverständlich der Vielfalt pneumatischer oder »prophetischer« Äußerungsformen subsumiert. Wenn das zutrifft, dann wäre die von Paulus hier vorgenommene Unterscheidung eine paulinische Innovation.

45 Heckel, Paulus und die Charismatiker, 120.

Kriterium für den Wert der Engelszungen ist (13,1). Insofern ist sie die größte aller Geisteswirkungen (13,13), nach der es zuerst zu streben gilt (14,1; vgl. 12,31) und die allein den rechten Gebrauch aller anderen Gaben anzuleiten vermag (14,1–5). Diese Liebe ist – wie Paulus wohl weiß – nicht einfach einzufordern. Deshalb lobt er sie im Zentrum seiner Argumentation in poetischer Diktion, wieder im exemplarischen Ich-Stil (13,1–3.9-12) und in einer Weise, in der man in der Antike auch andere Tugenden loben konnte, im jüdischen Kontexts z. B. die Weisheit (Weish 7,8–14) oder die Wahrheit (3. Esra 4,34–40). Hier wird nicht definiert, auch nicht gefordert, sondern nur beschrieben, ein poetisches Bild gemalt, das fasziniert und so seine Kraft den Hörern vermittelt: »Die Liebe ist langmütig, gütig erweist sich die Liebe, sie eifert nicht, die Liebe prahlt nicht, sie bläht sich nicht auf …, sie sucht nicht das Ihre …« (13,4 ff.). In dieser Beschreibung wird subtil die Motivation geweckt, diesem Ideal nachzustreben, jenen »besseren Weg« (12,31), den der Apostel vorführen wollte, zu gehen. Wo dies jedoch zum Kriterium des Handelns wird, da wird der rechte Gebrauch der Begabungen möglich, denn da haben Selbstsucht und Überheblichkeit keinen Raum mehr, und so können die Spaltungen und Antagonismen überwunden werden.

Das letzte hier zu beschreibende, nicht weniger stark integrativ wirksame Element der paulinischen Argumentation ist das Bild vom Leib, das Paulus in 12,12–26 ausführt. Hier wird die bestehende, da in Christus begründete Einheit angesichts der Vielfältigkeit anschaulich gemacht. Es ist eine Einheit, die gerade auf die wesentliche Verschiedenheit der Glieder angewiesen ist und in der sich deren gegenseitige Zuordnung, im Einsatz zur gegenseitigen Hilfeleistung und in »Außerkraftsetzung physischer, sozialer und ethnisch-religiöser Unterschiede«[46] verwirklicht.

Die Metapher vom Leib wurde in der Antike häufig für unterschiedliche Arten menschlicher Gemeinschaft verwendet, so den Staat (und das Verhältnis zwischen König und Untertanen), das Volk, ein Heer oder auch einen Chor.[47] In all diesen Bezügen ist keine Einförmigkeit der Teile, sondern deren Unterschiedlichkeit in gegenseitiger Zuordnung und Abstimmung kennzeichnend. Die leicht nachvollziehbare Einsicht über das Funktionieren eines Organis-

46 So Wolff, Brief, 302.
47 S. die Belege bei Wolff, Brief, 303 f.

mus überträgt Paulus nun auf die korinthische Gemeinde, als ein Modell, die unterschiedlichen Adressaten – die Glossolalen wie die »anderen«, nachdenken sollen und das im Ganze motivieren soll gegen die Versuchung zur Selbstüberhebung oder zum resignierten Rückzug, und gegen den anmaßenden Anspruch, dass alle anderen dem eigenen Bilde gleich geformt sein sollte.

In seiner Übertragung auf die Gemeinde setzt Paulus zusätzliche Akzente: Er betont nicht nur, dass alle Glieder notwendig sind (12,21 f.) und dass alle zu *einem* Leib zusammengehören – gerade über ethnische und soziale Schranken hinweg: »Juden oder Griechen, Sklaven oder Freie« (12,12 f.; vgl. 12,27), sondern dass darüber hinaus gerade den vermeintlich schwächsten Gliedern besondere Wertschätzung und Fürsorge zuteil werden soll, weil sie eben dies brauchen, damit sie ihre Funktion für das Ganze erfüllen können (12,23–25). In der gegenseitigen Fürsorge der einzelnen Glieder, ja in der wertschätzenden Solidarität mit den in irgend einer Hinsicht als »schwach« oder »weniger wertvoll« Geltenden kommt letztlich wieder das Grundkriterium der Kreuzestheologie, der Aufhebung der weltlichen Maßstäbe dessen, was als wertvoll gelten kann, ja der im Kreuz Christi erwiesenen Hinneigung Gottes zu den Gebrochenen und Schwachen zur Geltung.

Mit dieser ganz außergewöhnlichen »diakonischen« Umakzentuierung des konventionellen und sonst i. d. R. systemstabilisierend verwendeten Leib-Bildes bringt Paulus in besonders deutlicher Weise sein integratives Anliegen zur Geltung. Die weiteren, von ihm eingeführten Kriterien des gemeindlichen Handelns wie die Liebe, die Orientierung am »Nutzen« bzw. dem, was aufbaut, und die Rückführung aller verschiedenartigen Fähigkeiten als »Gnadengaben« auf den einen und selben Geist stützen dies ebenso.

Schließlich zeigt sich – spiegelbildlich zur Argumentation in Kapitel 1–4 – wieder die Argumentationsfigur, dass sich Paulus einerseits mit der Gruppe der Glossolalen zusammenschließt, indem er sich selbst gleichfalls als Glossolale präsentiert, dass er aber andererseits der arationalen Tendenz der Glossolalen eine *particula veri* der anderen Seite entgegensetzt, nämlich die Betonung der Verständlichkeit der Rede im Gottesdienst (14,1–12). Er redet als Pneumatiker, aber kritisch gegenüber einem egoistisch-ungezügelten Ausleben dieser Pneuma-Begabungen.

Kaum zufällig mahnt er die Glossolalen hier, im Verstehen reif und erwachsen, ja »vollkommen« zu sein, in Bezug auf das Böse hingegen »Unmündige« (d.h. hier wohl rein und unschuldig). Mit diesem Gebrauch der Termini »unmündig« und »kindlich« bzw. »erwachsen« und »vollkommen« könnte Paulus Charakterisierungen aufnehmen, die in Korinth vielleicht von Seiten der sozial oder bildungsmäßig Bessergestellten (oder auch der »Starken«; vgl. Kapitel 8–10) den ihnen weniger reif oder mündig erscheinenden (vielleicht auch »Schwachen«) entgegengehalten wurden. Wenn es um den Aufbau der Gemeinde und um den missionarischen Nutzen geht (vgl. 14,23–25), dann sollen sie nicht in anti-rationaler Mystifizierung an den ihnen gewährten »himmlischen Privilegien« festhalten noch diese »rücksichtslos« gegenüber den anderen, diesbezüglich weniger begabten praktizieren, sondern sich um der Liebe und der Einheit des Leibes willen um einen verständlichen und auch für Außenstehende ansprechenden Ablauf der Gemeindeversammlungen bemühen.

Insofern erscheint die argumentative Strategie des Paulus gegenüber den an Weisheit und Erkenntnis interessierten Gemeindegliedern in den Kapiteln 1–4 und gegenüber den Glossolalen in den Kapiteln 12–14 analog und »spiegelbildlich«, aber je vom Interesse geleitet, die jeweilige Gruppe auf die andere und auf die Einheit des Leibes hin zu weisen.

3.3 Die integrative Argumentation in 1. Kor 8–10

Eher kurz sei noch ein drittes Fallbeispiel für die integrative Argumentationsweise angeführt, das Problem des »Götzenopfers« (1. Kor 8,1–11,1), nach dessen Bewertung Paulus vermutlich von den Vertretern der Gemeinde gefragt wurde und die er in einer recht ausführlichen Argumentation beantwortet,[48] wobei terminologisch die Gegenüberstellung von »starken« und »schwachen« Gemeindegliedern auffällt – eine Opposition, die Paulus später in Röm 14–15 vermutlich in etwas anderer Konnotation erneut verwendet.[49]

Auch wenn diese beiden Gruppen sich nicht einfach auf die in den Kapiteln 1–4 und vermutlich auch in den Kapiteln 12–14 angesprochenen Gruppen abbilden lassen, handelt es sich auch hier

48 Dabei ist vorausgesetzt, dass die Argumentation in 8,1–11,1 literarisch einheitlich ist und die unterschiedlichen Ratschläge des Paulus auf etwas unterschiedliche Situationen bezogen sind (s. dazu auch Gäckle, Starken, 112–115).

49 Dazu und zur Interpretation des Abschnitts s. ausführlich Gäckle, Starken, 110–288. Zum vermutlichen Hintergrund der Terminologie s. ebd., 36–109.

um ein Gegenüber zweier unterschiedlicher Gruppen korinthischer Jesusnachfolger, die sich hinsichtlich ihrer Stellung zum Essen von Fleisch unterschieden, insbesondere dem möglicherweise durch pagan-kultische Riten »kontaminierten« Fleisch, das hier mit in einer ganz jüdischen Terminologie »Götzenopferfleisch« (εἰδωλόθυτον) genannt wird. Dabei ist zu berücksichtigen, dass Fleischgenuss für ärmere Schichten ohnehin nur selten möglich war, in der Regel nur bei öffentlichen Fleischverteilungen, die es bei Siegesfeiern sowie städtischen oder religiösen Festen wie z. B. den isthmischen Spielen oder bei der Bewerbung wohlhabender Bürger um städtische Ämter gab, oder gegebenenfalls bei Vereinsmählern, bei denen zumeist auch ein pagan-kultischer Bezug (durch Libationen o. ä.) gegeben war. Hingegen waren private Einladungen mit Fleischgenuss oder der eigene Erwerb von Fleisch auf dem Markt den besser gestellten Stadtbewohnern vorbehalten. Einfache Gemeindeglieder kannten daher Fleisch wohl »ausschließlich als Bestandteil heidnisch-religiöser Feiern. Fleischgenuss und Götzendienst mußte für sie daher viel enger zusammengehören als für Mitglieder höherer Schichten«.[50] Die Differenzen, um die es hier ging, haben also gleichfalls eine soziale Komponente, zugleich scheinen diejenigen, die für sich die Freiheit zum Genuss des (vielleicht nur von anderen so genannten) »Götzenopferfleisches« beanspruchten, auch auf eine gewisse »Erkenntnis« (8,4–6; vgl. 8,1 f.) hingewiesen zu haben. Eine Nähe zu den Vertretern der »Weisheits-Gruppe« ist daher zu vermuten, wohingegen die andere Gruppe weniger klar zu bestimmen ist. Vielleicht verband sie Jesusnachfolger jüdischer Herkunft mit solchen, die noch einen sehr frischen Eindruck der paganen Religiosität in sich trugen (vgl. 8,7).

Für Juden war der Verzehr von »Götzenopferfleisch« und damit auch die Teilnahme an entsprechenden Veranstaltungen verboten, und die Verweigerung des Verzehrs von »verunreinigendem«[51]

50 So Theißen, Starken, 278 f.; s. auch Schnabel, Korinther, 438.

51 Verunreinigung erfolgte durch das in einem nicht korrekt geschächteten Fleisch verbliebene Blut sowie durch den kultischen Charakter der paganen Schlachtung, das nach jüdischer Auffassung die Materie in Kontakt mit Götzen gebracht hatte. Vgl. tHul 2,18: »Wenn man [ein Tier] schlachtet für … die Sonne, für den Mond, für die Sterne, für die Tierkreisbilder, für den großen Engelfürsten Mikhael oder für einen kleinen Wurm, siehe, so ist es Fleisch von Opfern für Tote« (d. h., es ist verboten).

Fleisch galt »als *status confessionis*, der bis zum Martyrium durchgehalten wurde«[52] (vgl. Dan 1,8; Tob 1,10 f.; Est 4,17 LXX; JosAs 8,5; Arist 142; 4. Makk 5,2). Größere Diasporasynagogen hatten oft auch eigene Speiseräume und eigene Schlachter,[53] wo eine solche Infrastruktur nicht vorlag, war der völlige Verzicht auf Fleisch die einzige Möglichkeit, in der Diaspora die Berührung mit paganen Kulten zu vermeiden.

Da die korinthischen Jesusnachfolger nicht im Rahmen einer Diasporasynagoge lebten, stellte sich zumindest für Glaubende mit nichtjüdischem Hintergrund die Frage, ob der Verzehr von möglicherweise kultisch geschlachtetem Fleisch auch für sie verunreinigend sein musste und wie ggf. im Alltag – nicht zuletzt der sozial bessergestellten Gemeindeglieder – mit diesen Fragen umzugehen war. Sollten sie, um den Verzehr von Götzenopferfleisch sicher zu vermeiden, auch darauf verzichten, Fleisch vom Markt zu konsumieren (10,25), weil dessen Herkunft und Qualität zumindest nicht immer eindeutig zu erkennen war?[54] Sollten sie selbst auf Gastmählern, zu denen sie aus gesellschaftlichen oder geschäftlichen Gründen geladen sind, auch auf den Fleischgenuss verzichten, oder sich sogar ganz von solchen Einladungen fernhalten, was sie ja letztlich aus der ihrer gesellschaftlichen und wirtschaftlichen Stellung verdrängt und in eine Randexistenz gebracht hätte?[55] Oder ist es für Jesusnachfolger möglich, dieses Fleisch zu essen, ja sogar bei Mahlzeiten in den Speiseräumen paganer Tempel (8,10) oder gar an paganen Kultfeiern teilzunehmen (10,14–22), weil die »Götzen« im Licht der jüdischen Tradition und des Christusglaubens »Nichtse« sind und keine wirkliche Macht haben? Hier zeigt sich die nicht zu

52 So Schrage, Korinther 2, 217.

53 Dazu Claußen, Versammlung, 197.

54 Man kann nicht davon ausgehen, dass alles auf dem Markt verkaufte Fleisch mit kultischen Riten geschlachtet worden war. 1. Kor 10,25 legt dies nicht nahe, und die Verhältnisse des *makellum* von Pompeii lassen sich nicht so verallgemeinern, wie dies in der älteren Forschung (Lietzmann, Korinther, 51 f.) häufig geschah. Zwischen profan geschlachtetem Fleisch und Opferfleisch wurde insofern durchaus unterschieden. Zur Modifikation der älteren Forschungspositionen s. Klauck, Herrenmahl und hellenistischer Kult, 274–279; Gäckle, Starken, 178–180, und auch Schnabel, Korinther, 437 f.

55 Das Problem zeigt sich am Rande in 1. Kor 5,10b, wo Paulus gegenüber Missverständnissen klärt, was er in einem früheren Brief (»Vorbrief«) an die Korinther gemeint hatte.

unterschätzende Herausforderung, die sich Jesusnachfolgern aus dem paganen Kulturkreis stellte, dass sie den angemessenen Umgang mit vielen Aspekten des täglichen Lebens im Horizont des neuen Glaubens erst lernen mussten.

Einige Gemeindeglieder scheinen jedenfalls aus dem Glauben an den einen Gott und den einen Herrn Jesus Christus (8,6) und dem Wissen um die Nichtigkeit der Götzen (8,1) die Freiheit abgeleitet zu haben, alles zu essen und selbst Einladungen zu Mählern in pagane Speiseräume zu folgen.[56] Für Menschen aus einem nichtjüdischen Umfeld waren jüdische Speisetabus und die Sorge, in einem nicht richtig geschächteten Fleisch könne sich noch Blut befinden, ohnehin noch nie relevant gewesen. Vielleicht dachten sie auch, bloß äußerliche Verunreinigungen seien im Blick auf das geistliche Verhältnis zu Gott und dem Herrn Jesus Christus irrelevant (6,13; vgl. 8,8). Andere Gemeindeglieder, vielleicht aus einem jüdischem Hintergrund, sehr wahrscheinlich aber auch ehemalige Heiden, denen die Faszinationskraft der paganen Kulte noch plastisch vor Augen stand (8,7), konnten – vielleicht gerade deshalb – eine gewisse »Skrupulosität« nicht einfach ablegen und mussten jenes Verhalten irritierend und anstößig empfinden. Paulus weiß um diesen Konflikt und die unterschiedlichen Sichtweisen wohl nicht nur aus der Anfrage der korinthischen Briefschreiber, sondern vielleicht auch aus weiteren, ihm von anderen zugetragenen Informationen.[57]

Dass Paulus hier unvermittelt mit einer Terminologie hantiert, die er nur noch einmal später im Römerbrief (Röm 14,1–15,13) in einem analogen Konflikt in leicht verschobener Konnotation verwendet, lässt vermuten, dass er die wertende Bezeichnung der Gruppen als »Starke« und »Schwache« nicht aus freien Stücken verwendet, sondern hier eine von den Korinthern selbst verwendete Bezeichnung aufnimmt. Wie Volker Gäckle in seiner Dissertation herausgearbeitet hat, dürfte die Bezeichnung »Schwache« nicht primär auf

56 1. Kor 8,4b scheint eine solche »Parole« der (einen Gruppe der) Korinther, eventuell der Fragebrief-Schreiber zu sein. Zwar ist formal durch nichts markiert, dass es sich hier um ein Zitat handeln könnte, und Paulus bietet die Aussage in einer Form, die durchblicken lässt, dass er das hier formulierte Wissen durchaus teilt. Andererseits setzt er dem »Wissen« (8,1a) und auch der Bekenntnis-Aussage 8,6 auffällige Einschränkungen entgegen (8,1b–3; 8,7). Zu den »korinthischen« Zitaten in diesem Abschnitt s. Gäcke, Starken, 37–41.

57 So Klauck, Herrenmahl, 246.

einen niedrigen sozialen Status hinweisen, sondern semantisch »auf kognitiv-rationalen, edukativen oder psychisch-emotionalen Kategorien« basieren.[58] So lässt sich vermuten, dass die korinthischen »Starken« eben jene, die im Blick auf den Fleischgenuss eine gewisse Skrupulosität nicht leichthin abzulegen vermochten, pejorativ als »Schwache«, d.h. kognitiv oder emotional noch etwas Zurückgebliebene, bezeichneten und so deren Bedenken und Skrupel abtun konnten, während sie für sich selbst eine »Erkenntnis« (8,1 f.7.10 f.), die ihnen die erwähnte Freiheit zu geben schien.

Wie reagiert Paulus auf diese Herausforderung? Wie beantwortet er die Anfrage, die wohl eher von der »Starken« ausgegangen sein dürfte?[59] Es zeigt sich eine Strategie, die der in den beiden anderen Konfliktfeldern wahrgenommenen in Vielem entspricht:

Zunächst stellt sich Paulus durchaus hinter das »Wissen« der »Starken« oder, wenn man so will, der »liberalen« Gruppe. Seine Formulierungen im Wir-Stil (8,1b.4b.6) lassen erkennen, dass er sich mit den von ihnen formulierten Erkenntnissen sachlich durchaus einverstanden erklärt: Die paganen Götter der Umwelt sind nach der biblischen Tradition und angesichts des Bekenntnisses zu dem einen Gott und dem einen Herrn Jesus Christus (8,6)[60] tatsächlich nichtig, und ihnen kommt keine berücksichtigenswerte Wirklichkeit oder gar Wirksamkeit zu.[61] Essen oder nicht essen ist im Blick auf die Christusbeziehung in der Tat irrelevant (8,8). Keine Speise ist *per se* »kontaminiert«, so dass die Berührung damit als solche gefährlich oder zu fürchten wäre. Diese Argumentation ist ethisch von

58 Gäckle, Starken, 108.

59 Dies ist v.a. zu vermuten, wenn Sätze wie 8,1b; 8,4b oder vielleicht auch 8,6 Zitate aus dem Fragebrief sein dürften.

60 Das hier von Paulus rezipierte urchristliche Bekenntnis ist eine Modifikation des jüdischen Urbekenntnisses, des Shema-Israel, in dem nun die Rede von dem einen Herrn und Gott (Dtn 6,5) »binitarisch« entfaltet wird und so der eine Gott und der eine Herr Jesus Christus in einem Atemzug bekannt werden, ohne dass dabei für die so Bekennende der jüdische Monotheismus in Frage gestellt gewesen wäre. Vgl. Hofius, »Einer ist Gott – Einer ist der Herr«, 95–108; Waaler, Shema, 2007.

61 Neben der prophetischen Götzenpolemik steht freilich schon im antiken Judentum eine zweite Interpretation, die die paganen Götter als Dämonen auffasst. Paulus nimmt v.a. in 1. Kor 10,14–22 auch Aspekte jener Deutung auf. Zum Verhältnis beider s. Gäckle, Starken, 230–233; anders und ausführlich Woyke, Götter, 2005.

erheblicher Relevanz,[62] denn hier zeigt sich ein Verständnis christlicher Freiheit gegenüber der Umwelt, das von allen schlichten Auflistungen von Geboten und Verboten kategorial unterschieden ist und das seinen Grund eben darin hat, dass der Christusglaube nach dem Verständnis des Paulus relational konstituiert ist.[63] Darin ist Paulus in seiner ethischen Reflexion herausfordernd »modern«.

Doch bringt die Argumentation – die sich hier primär an die »Wissenden« wendet – darüber hinaus neue Aspekte ins Gespräch: Es geht ja nicht nur um einen zu begreifenden Sachverhalt, sondern auch darum, wie dessen Vermittlung bzw. dem Umgang mit der jeweiligen Einsicht auf die anderen und ihr »Gewissen« wirkt (8,10) – also um die Beziehung nicht nur zu Christus, sondern auch zu den anderen, die ebenfalls zu ihm gehören (8,11b), um die gemeindliche Beziehungsebene: Deshalb geht es auch nicht nur um eine Erkenntnis, die die einen schon haben und die anderen eben nur durch bessere Aufklärung noch vermittelt bekommen müssten.

»Die Erkenntnis bläht auf, aber die Liebe baut auf« (8,1b), Die Liebe muss zur Wahrheit hinzukommen, und diese Liebe äußert sich nach Paulus gerade im Blick auf den »schwachen« Bruder oder die »schwache« Schwester, und im barmherzigen Umgang: Paulus lenkt den Blick der Wissenden darauf hin, dass nicht alle Gemeindeglieder denselben Grad an Einsicht haben (8,7) und dass die von einigen bedenkenlos praktizierte und in aufklärender Belehrung oder gar Überredung propagierte Freiheit eben jene »Schwachen« in innere Nöte bringen kann. Wo diese gegen ihr Gewissen zum gleichen Handeln verleitet werden, da kann der so entstehende innere Zwiespalt ihren Glaubens- und Heilsstand gefährden, ja ihnen zum Verderben werden.

Paulus lenkt den Blick auf die konkreten und gegebenenfalls schädlichen Folgen des jeweiligen Verhaltens: Die Freiheit ist nicht negiert, aber durch andere Kriterien modifiziert: »Alles ist erlaubt, aber nicht alles nützt; alles ist erlaubt, aber nicht alles baut auf« (10,23). Die Kriterien, die Paulus hier einführt, sind – übrigens wie in den Kapiteln 12–14 – der Nutzen und die aufbauende Wirkung

62 Dies gilt auch gerade angesichts der Tatsache, dass sich solche religiös-magischen Vorstellungen in der christlichen Religiosität immer wieder herausgebildet und bis in die Gegenwart erhalten haben.

63 Dazu s. die gründliche Arbeit von Rehfeld, Relationale Ontologie, 2012.

im Blick auf die einzelnen anderen bzw. die Gemeinde, sowie, letztlich alles einschließend, die Liebe. Wo ein bestimmtes Verhalten für andere zerstörend wirkt, da soll der einzelne eher auf den Gebrauch seiner eigentlich gegebenen Freiheiten verzichten.

Wie in 1. Kor 13 argumentiert Paulus im Zentrum der Argumentation in einer exemplarischen Verwendung der »Ich«-Rede, zunächst mit einer persönlichen Formulierung: »Wenn meine Speise meinen Bruder zu Fall bringt, will ich nie mehr Fleisch essen, damit ich meinen Bruder nicht zu Fall bringe.« (8,13). In Kapitel 9 bringt Paulus dann in einem längeren Exkurs sein persönliches Beispiel des Verzichts auf ihm eigentlich zukommende »Rechte« (hier konkret: von der Gemeinde Unterhaltsleistungen zu erhalten) ins Spiel, und dieses persönliche Beispiel soll die Korinther – und zwar insbesondere die »Starken« – dazu motivieren, im Auslegen ihrer prinzipiell zugestandenen Freiheiten Rücksichtnahme walten zu lassen.

Es geht in vielen praktischen Fragen nicht um Dinge, die einfach nur »erlaubt« oder »verboten« wären. Das wäre eine neue Gesetzlichkeit, die Paulus hier gerade nicht einführen will. Es geht vielmehr um den liebenden Blick, der letztlich dadurch motiviert ist, dass die »schwachen« Gemeindeglieder genauso wie die »Starken« Gegenstand der liebenden Heilszuwendung Christi sind (8,11: »der Bruder, wegen dem Christus gestorben ist«), und dass in der Fluchtlinie des Kreuzes Christi gerade den Schwachen besondere Aufmerksamkeit zuteilwerden soll (vgl. 12,23 f.). Eine »rücksichtslose« Praxis christlicher Freiheit wäre lieblos, schädlich und letztlich ein Vergehen gegenüber Christus selbst und seiner Liebe für die »Schwachen«.

Für die zu klärenden Situationen formuliert Paulus dann doch eine praktikable, vergleichsweise pragmatisch-liberale Lösung: An heidnischen Kulthandlungen und an Mählern in heidnischen Tempeln sollen die Glaubenden nicht teilnehmen. Dies verträgt sich nach seiner Überzeugung nicht mit der gleichzeitigen Teilhabe am Tisch des Herrn, an der Gemeinschaft des Leibes Christi (10,14.21). Hier gilt in der Tat ein striktes Verbot. Hingegen sollen die Korinther das Fleisch vom Markt ohne falsche Skrupel kaufen und essen (10,25), und auch bei privaten Einladungen sollen sie frei essen, sofern nicht besonders auf den kultischen Charakter des Fleisches hingewiesen wird (10,27 f.). Damit trägt Paulus konstruktiv zu einer Lösung der Fragen der Korinther bei, in einer auffälligen Liberalität, die die Kirche später nicht mehr durchgehalten hat.[64] Wichtiger aber ist, dass er mit den von ihm betonten Kriterien der *Liebe* bzw. *Rücksichtnahme* auf den anderen und des *Nutzens* bzw. der aufbauenden Wirkung auch in diesem ethischen Konfliktpunkt auf das Zusammenleben und die Einheit der verschiedenen Gruppen der Gemeinde hin argumentiert. Diese integrative Argumentationsstruktur ist auch hier durch das allen geltende Heilsgeschehen im Kreuz Christi motiviert.

4. Abschließende Erwägungen

In dem Modell des einen Leibes mit vielen, unterschiedlichen und einander zugeordneten Gliedern verbinden sich wesentliche Elemente der integrativen Argumentation des Briefes. Paulus liegt daran, die unterschiedlichen Gruppen in der Gemeinde zusammen zu führen, aufeinander hin zu weisen – in unterschiedlichen Konfliktfällen und über ethnische, soziale und bildungsmäßige Schranken hinweg.

Dies geschieht – grundlegend – auf der Basis des in Christus für alle gemeinsam gewirkten Heils, auf der Basis des Kreuzesgeschehens. In diesem erfahren die Glaubenden eine fundamentale Neuorientierung. Sie sind nicht mehr auf sich selbst und ihre ethnischen, sozialen oder religiösen Qualitäten gegründet, und jede Selbstgründung, jedes eigene »Rühmen« (1,31) ist letztlich hinfällig. Die neue Grundlage ist vielmehr eine von Christus geschenkte. Dieser soll nun auch die Haltung der Gemeindeglieder und ihr gemeindliches Verhalten entsprechen.

Im Kreuzesgeschehen wird die Umkehrung der menschlichen Wertmaßstäbe manifest. Die Weisheit der Menschen erweist sich als Torheit, die Torheit Gottes als Weisheit; der selbstbezogene Hochmut der Menschen und das Schielen nach dem Hohen und Eindrucksvollen erweist sich als verkehrt und verderblich, während die demütige Zuwendung zum anderen, die Rücksicht auf die Schwachen und der Blick auf den gemeinsamen Nutzen und den Aufbau der Gemeinde als verheißungsvoll erscheint. Liebe und Rücksicht-

64 Das Essen von Götzenopferfleisch ist wird im sogenannten »Aposteldekret« (Apg 15,20.29; vgl. 21,25) abgelehnt und gilt schon in der Johannesapokalypse (Apk 2,14.20) oder in der Didache (Did 6,3) als Götzendienst. Die Haltung des Aposteldekrets hat sich somit letztlich gegen Paulus durchgesetzt. Zum Überblick s. Gäckle, Starken, 288–291.

nahme als Kriterien des gemeinschaftsfördernden Verhaltens werden in der paulinischen Argumentation aber nicht einfach gefordert, sondern durch eine subtile Kunst der Überzeugung gleichsam schmackhaft gemacht (so in 1. Kor 13) und durch den Rückgriff auf ein gängiges Bild (vom Leib; s. 1. Kor 12,12–26) sowie auf das Vorbild des Apostels selbst (1. Kor 9) plausibilisiert. Sofern die Adressaten dieses Vorbild als authentisch anerkennen konnten, musste sich ihnen auch die Motivation bieten, ihre – sehr wohl gegebenen – Freiheiten nicht rücksichtslos, egoistisch oder gedankenlos auszuleben, sondern in ihrem Verhalten auf die Folgen für andere und den Nutzen für das Ganze zu sehen. So praktiziert der Apostel im ersten Korintherbrief Gemeinde-Aufbau, Integration der unterschiedlichen Gruppen und Motivation der Gemeindeglieder zu eigenem integrativem Verhalten.

Können aus diesem urchristlichen Paradigma Impulse für unsere gegenwärtige gemeindliche Praxis entnommen werden? Die Gemeinde in Korinth lebte von der Erfahrung des gemeinsamen Glaubens, sie wusste um ihre Erwählung und Berufung durch den einen Herrn – dies war kognitiv eine wesentliche Grundlage für das in der Gemeinde praktizierte Miteinander von Menschen von sehr unterschiedlicher sozialer und kultureller Prägung. Die Erfahrung der Überwindung herkömmlicher Schranken bot insbesondere für die Schichten, die davon profitierten (sozial Schwache, nicht zuletzt auch Frauen), eine erhebliche Motivation zur Beteiligung. Für die besser gestellten Gemeindeglieder entstanden zugleich nicht geringe Herausforderungen: Von ihnen wurde erwartet, beim Mahl mit niedrigeren Schichten, die vielleicht ein ganz anderes kulturelles Verhalten zeigten, an einem Tisch zu sitzen (und sich nicht in eigene Kreise zurückzuziehen). Auf sie zielt daher ein gewichtiger Teil der Motivation des Paulus, nicht nur in Kapitel 8–10 des Briefes, sondern auch in anderen Konfliktlagen wie z. B. der Praxis des Herrenmahls (11,17–34) oder den ethischen Fragen um Rechtsstreitigkeiten vor öffentlichen, d. h. heidnischen Gerichten oder die Inanspruchnahme von Prostitution (Kapitel 5–6).

Das paulinische Paradigma zeigt vielleicht, dass eine auf die Gemeinschaft bezogene Ethik der Liebe und Rücksichtnahme nicht ohne die Grundlage bestimmter Werte existieren kann, die das entsprechende Verhalten motivieren. Es zeigt auch, dass eine solche Ethik dann ihre besondere Kraft entfaltet, wenn für die Adressaten eine Plausibilitätsbasis für sie gegeben ist, d. h. wenn sie in bestimmten Kontexten bereits erfahren haben oder erfahren können, dass integratives Verhalten letztlich allen – auch ihnen selbst – nützt, und dass der rücksichtslose Egoismus nicht der Schlüssel zum gelingenden Miteinander in der Gemeinde ist.

Es ist vielleicht gerade das Zeichen einer evangelischen, d.h. auf das Evangelium bezogenen Ethik, dass sie darum weiß, dass gemeinschaftsbezogenes Handeln und integrative Haltungen nicht einfach eingefordert werden können. Positive Erfahrungen und positive Leitbilder dienen der Motivation. Der evangelische Aspekt des Nachdenkens über die Möglichkeiten integrativen Handelns liegt freilich grundlegend in dem Wissen darum, dass der Mensch nur dann zur Zu-Wendung frei ist, wenn er die Gründung seines Lebens nicht selbst zu schaffen hat, sondern sich einem Grund außerhalb seiner selbst verdankt – dem *extra nos* des im Kreuz zugewandten Heils.

Bibliografie

Barclay, John M. G., Thessalonica and Corinth. Social Contrasts in Pauline Christianity, JSNT 47 (1992), 49–74.

Baur, F. Ch., Die Christuspartei in der korinthischen Gemeinde, der Gegensatz des petrinischen und paulinischen Christentums in der alten Kirche, der Apostel Petrus in Rom, TZTh 5 (1831), 61–206 (wieder abgedruckt in: Ders., Ausgewählte Werke 1, 1–146).

Bornkamm, Günther, Herrenmahl und Kirche bei Paulus, in: Ders., Studien zum Neuen Testament, Berlin: Evangelische Verlagsanstalt, 1985, 270–308.

Claußen, Carsten, Versammlung, Gemeinde, Synagoge. Das hellenistisch-jüdische Umfeld der frühchristlichen Gemeinden (StUNT 27), Göttingen: Vandenhoeck & Ruprecht, 2002.

Deissmann, Adolf, Paulus. Eine kultur- und religionsgeschichtliche Skizze, Tübingen: Mohr Siebeck, 1911.

Gäckle, Volker, Die Starken und die Schwachen in Korinth und Rom (WUNT II/200), Tübingen: Mohr Siebeck, 2004.

Fee, Gordon D., The First Epistle to the Corinthians (NIC), Grand Rapids: Eerdmans, 2. Aufl. 1988.

Forbes, Christopher, Prophecy and Inspired Speech in Early Christianity and Hellenistic Judaism (WUNT II/75), Tübingen: Mohr Siebeck, 1995.

Frey, Jörg, Paulinische Perspektiven zur Kreuzestheologie, in: Ders., Von Jesus zur neutestamentlichen Theologie, 443–484.

Frey, Jörg, Rechtfertigungstheologie im Ersten Korintherbrief, in: Ders., Von Jesus zur neutestamentlichen Theologie, 415–441.

Frey, Jörg, Von Jesus zur neutestamentlichen Theologie, Kleine Schriften 2 (WUNT 368), Tübingen: Mohr Siebeck, 2016.

Hahn, Ferdinand, Das Herrenmahl bei Paulus, in: Trowitzsch, Michael (Hg.), Paulus, Apostel Jesu Christi, Festschrift Günter Klein, Tübingen: Mohr Siebeck, 1998, 23–33.

Heckel, Ulrich, Paulus und die Charismatiker, ThBeitr 23 (1992), 117–138.

Heilig, Christoph, Älteste Petrus-Tradition und neuste Paulus-Perspektiven, in: Frey, Jörg/Wallraff, Martin (Hg.), Petrusliteratur und Petrusarchäologie: Römische Begegnungen, Rom und der Protestantismus 4, Tübingen: Mohr Siebeck, 2020, 9–42.

Hofius, Otfried, »Einer ist Gott – Einer ist der Herr«. Erwägungen zu Struktur und Aussage des Bekenntnisses 1. Kor 8,6, in: Evang, M./Merklein, H./ Wolter, M. (Hg.), Eschatologie und Schöpfung, Festschrift E. Grässer (BZNW 89), Berlin: Walter de Gruyter, 1997, 95–108.

Käsemann, Ernst, Einführung, in: Ferdinand Christian Baur, Ausgewählte Werke in Einzelausgaben, hg. v. Klaus Scholder, Bd. 1: Historisch-kritische Untersuchungen zum Neuen Testament mit einer Einführung von Ernst Käsemann, Stuttgart-Bad Cannstadt: Frommann, 1963, VIII–XXV.

Klauck, Hans-Josef, Herrenmahl und hellenistischer Kult: Eine religionsgeschichtliche Untersuchung zum ersten Korintherbrief, NTA 15, Münster: Aschendorff, 2. Aufl. 1986.

Klauck, Hans-Josef, Von Kassandra bis zur Gnosis. Im Umfeld der frühchristlichen Glossolalie, ThQ 179 (1999), 289–312.

Lampe, Peter, Das korinthische Herrenmahl im Schnittpunkt hellenistisch-römischer Mahlpraxis und paulinischer Theologia Crucis (1. Kor 11,17–34), ZNW 82 (1991), 183–213.

Lietzmann, Hans, An die Korinther I/II, HNT 9, Tübingen: Mohr, 9. Aufl. 1965.

Lindemann, Andreas, Der erste Korintherbrief, HNT 9/1, Tübingen: Mohr Siebeck, 2000.

Lütgert, Wilhelm, Freiheitspredigt und Schwarmgeister in Korinth. Ein Beitrag zur Charakteristik der Christuspartei (BFChTh 12,3), Gütersloh: Bertelsmann, 1908.

Maier, Hans-Christian, Mystik bei Paulus. Zur Phänomenologie religiöser Erfahrung im Neuen Testament, TANZ 26, Tübingen/Basel: Francke, 1998.

Meeks, Wayne A., The First Urban Christians. The Social World of the Apostle Paul, New Haven: Yale University Press, 1983.

Merklein, Helmut, Der erste Brief an die Korinther, Kapitel 1–4, ÖTBK 7/1, Gütersloh/Würzburg: Gütersloher, 1992.

Merklein, Helmut, Die Einheitlichkeit des ersten Korintherbriefes, in: Ders., Studien zu Jesus und Paulus (WUNT 43), Tübingen: Mohr Siebeck, 1987, 345–375.

Rehfeld, Emanuel L., Relationale Ontologie bei Paulus. Die ontische Wirksamkeit der Christusbezogenheit im Denken des Heidenapostels (WUNT II/326), Tübingen: Mohr Siebeck, 2012.

Schmithals, Walter, Die Gnosis in Korinth. Eine Untersuchung zu den Korintherbriefen (FRLANT 66), Göttingen: Vandenhoeck & Ruprecht, 3. Aufl. 1969.

Schnabel, Eckhard, Der erste Brief des Paulus an die Korinther (HTA), Witten: Brockhaus, 2. Aufl. 2010.
Schnelle, Udo, Einleitung in das Neue Testament, Göttingen: Vandenhoeck & Ruprecht, 7. Aufl. 2011.
Schrage, Wolfgang, Der erste Brief an die Korinther, 1. Teilband: 1. Kor 1,1–6,11 (EKK VII/1), Zürich u. a.: Benziger, 1991.
Schrage, Wolfgang, Der erste Brief an die Korinther. 1. Kor 6,12–11,16 (EKK VII/2), Zürich u. a.: Benziger, 1995.
Sellin, Gerhard, Hauptprobleme des Ersten Korintherbriefes, in: ANRW 25/4 (1987), 2940–3044
Stegemann, Ekkehard/Stegemann, Wolfgang, Urchristliche Sozialgeschichte. Die Anfänge im Judentum und die Christusgemeinden in der mediterranen Welt, Stuttgart: Kohlhammer, 2. Aufl. 1997.
Theißen, Gerd, Soziale Schichtung in der korinthischen Gemeinde, in: Ders., Studien zur Soziologie, 231–271.
Theißen, Gerd, Die Starken und die Schwachen in Korinth. Soziologische Analyse eines theologischen Streites, in: Ders., Studien zur Soziologie, 272–289.
Theißen, Gerd, Soziale Integration und sakramentales Handeln. Eine Analyse eines theologischen Streites Streites, in: Ders., Studien zur Soziologie, 290–317.
Theißen, Gerd, Studien zur Soziologie des Urchristentums (WUNT 19), Tübingen: Mohr Siebeck, (1979) 3. Aufl. 1989.
Theißen, Gerd, Psychologische Aspekte paulinischer Theologie (FRLANT 131), Göttingen: Vandenhoeck & Ruprecht, 1983.
Tibbs, Clint, Religious Experience of the Pneuma. Communication with the Spirit World in 1 Corinthians 12 and 14 (WUNT II/230), Tübingen: Mohr Siebeck, 2007.
Vollenweider, Samuel, Apollos of Alexandria. Portrait of an Unknown, in: Kraus, T. J. u. a. (Hg.), Alexandria – Hub of the Ancient World (WUNT), Tübingen: Mohr Siebeck, 2020 (im Druck).
Waaler, Erik, The Shema and The First Commandment in First Corinthians. An Intertextual Approach to Paul's Re-reading of Deuteronomy (WUNT II/253), Tübingen: Mohr Siebeck, 2007.
Wolff, Christian, Der erste Brief des Paulus an die Korinther (ThHK 7), Leipzig, Evangelische Verlagsanstalt, 1996.
Woyke, Johannes, Götter, ›Götzen‹, Götterbilder. Aspekte einer paulinischen ›Theologie der Religionen‹ (BZNW 132), Berlin/New York: Walter de Gruyter, 2005.
Zeller, Dieter, Der erste Brief an die Korinther (KEK 5), Göttingen: Vandenhoeck & Ruprecht, 2010.

Die Autoren

Prof. Dr. Jörg Frey ist Ordentlicher Professor für Neutestamentliche Wissenschaft mit den Schwerpunkten Antikes Judentum und Hermeneutik an der Theologischen Fakultät der Universität Zürich und Research Associate der University of the Free State, Bloemfontein, Südafrika.

Prof. Dr. Benjamin Schliesser ist Außerordentlicher Professor für Neues Testament an der Theologischen Fakultät der Universität Bern.

Prof. Dr. Harald Seubert ist Ordentlicher Professor für Philosophie, Religions- und Missionswissenschaft an der STH Basel.

Prof. Dr. Christian Stettler ist Titularprofessor für Neues Testament und Antikes Judentum an der STH Basel und Privatdozent für Neues Testament an der Theologischen Fakultät der Universität Zürich.

Prof. Dr. Jacob Thiessen ist Ordentlicher Professor für Neues Testament an der STH Basel.